産業・組織心理学講座

第5巻

PSYCHOLOGY OF CONSUMER BEHAVIOR
IMPROVING RELATIONSHIP BETWEEN CONSUMER AND COMPANY

Japanese Association of Industrial/Organizational Psychology

消費者行動の心理学

消費者と企業のよりよい関係性

産業・組織心理学会
[企画]

永野 光朗
[編]

北大路書房

産業・組織心理学会設立 35 周年記念講座
刊行の言葉

　本学会は 2019（令和元）年に設立 35 周年を迎えた。1986（昭和 61）年 11 月 15 日の設立大会以来これまで，節目ごとに学会のあり方を明確化し，学会の役割として学会の知見を集約し，世に広く還元することを試みてきた。すなわち，設立 10 周年には『産業・組織心理学研究の動向　産業・組織心理学会 10 年の歩み』（1994 年　学文社）として学会のあり方行く末を模索し，設立 25 周年には『産業・組織心理学ハンドブック』（2009 年　丸善）として本学会の知見を集約し，世に広く還元する試みを行った。

　今ここに設立 35 周年を迎え，産業・組織心理学を取り巻く心理学界の情勢をみるに，さかのぼること 2015（平成 27）年 9 月，心理学領域における初の国家資格として公認心理師が法制化されたことをあげることができよう。大学における公認心理師養成カリキュラムにおいて，産業・組織心理学は必須科目（実践心理学科目）と位置づけられたのである。これを受けて，本学会は産業・組織心理学を標榜するわが国における唯一の学会として，日本心理学会の求めに応じ，公認心理師大学カリキュラム標準シラバス（2018 年 8 月 22 日版）を提案した（日本心理学会ホームページを参照）。

　このように産業・組織心理学の位置づけが注目される昨今の情勢にかんがみ，設立 35 周年においては，産業・組織心理学のこれまでの知見を集約し，初学者（公認心理師資格取得希望者含む）から若手研究者，実務家のよりどころとなることを目的として，基礎（第 1 巻）から応用（第 2 巻～第 5 巻）までを網羅した本講座を刊行した。本講座が産業・組織心理学会の現時点における到達点を示し，今後を展望することができれば望外の喜びである。

　2019（令和元）年 9 月

　　　　　　　　　　　　　　　　　　　　　編者を代表して　　金井篤子

―― 産業・組織心理学会設立35周年記念講座 ――
編集委員一覧

■ 企画
産業・組織心理学会

■ 編集委員長
金井篤子　名古屋大学大学院教育発達科学研究科教授

■ 編集委員
細田　聡　　関東学院大学社会学部現代社会学科教授
岡田昌毅　　筑波大学大学院人間総合科学研究科教授
申　紅仙　　常磐大学人間科学部心理学科教授
小野公一　　亜細亜大学経営学部経営学科教授
角山　剛　　東京未来大学学長・モチベーション行動科学部教授
芳賀　繁　　株式会社社会安全研究所技術顧問，立教大学名誉教授
永野光朗　　京都橘大学健康科学部心理学科教授

■ 各巻編集担当
第1巻：金井篤子
第2巻：小野公一
第3巻：角山　剛
第4巻：芳賀　繁
第5巻：永野光朗

はじめに

　本書は産業・組織心理学会設立35周年を記念して編まれた講座（全5巻）の第5巻であり，産業・組織心理学の4つの領域のうち「消費者行動」に関するものである。

　人間が営む「消費」という行為は，個人の心理的プロセスが消費という行動として具現化されたものであり，そこには認知，感情，動機づけ，学習，パーソナリティ，社会性といった人間が持つ種々の心理的特性が反映される。このことから，知覚心理学，学習心理学，人格心理学，社会心理学といった心理学の各分野の研究成果を応用することで消費者行動・心理のメカニズムが解明されている。また経済学や脳科学といった他分野の学問的知見を駆使して，消費者行動を説明できる理論体系を発展させていくことも重要である。

　本書は消費者行動研究について理解し，かつ研究分野の今後の展開を把握できることを念頭に置いて構成されている。

　第1章「消費者行動研究の意義と目的」ではこの研究分野の基本的な目的と，消費者行動への心理学的アプローチが消費生活の向上や企業活動に果たす意義について説明する。

　第2章「消費者行動研究の方法論」では，消費者行動を解明するためのさまざまな研究法やアプローチについて解説する。またビッグデータやソーシャルメディアを活用した研究方法についても述べる。

　第3章「消費者の購買意思決定過程」では，日常的に行われる購買における意思決定過程を代表的な理論に基づいて説明し，近年の新しい観点についても紹介する。

　第4章「消費者への説得過程」では，特に企業の立場から広告などにより消費者の態度や行動を変容するための働きかけとそれを受容するプロセス（説得過程）について社会心理学の理論や実証研究を基礎にして解説する。

　第5章，第6章および第7章「消費者行動の規定要因」では，消費者行動の規定要因を「個人差要因」と「状況要因」および，マクロな要因である「社会

的影響」に分類し，それらに基づく解説を行う．今日的なテーマでありマーケティング活動の視点からも必要性が高まっている「店舗内の消費者行動」や「クチコミ」に関する最新の研究なども取り上げる．

第8章「消費者問題と消費者保護」では，消費者保護・消費者利益の視点に立って，企業と消費者自身の双方の視点から具体例を引用しながら解説し，消費者や社会に不利益をもたらす問題行動やその解決方法について述べる．

第9章および第10章「消費者行動研究の新展開」では，近年もしくは今後の新しい消費者行動研究を紹介する．第9章では行動経済学や脳科学といった他分野からの新しいアプローチや，アイカメラを使った店頭研究などの新しい方法論を紹介する．また第10章ではマーケティングにおける新たな概念として注目される「顧客エンゲージメント」をキーワードとして企業−消費者間の関係性について解説する．

本書が「個々人および集団が人間の可能性を基盤として成長し，効率的であると同時に健康的かつ生きがいのある組織を形成し心と行動の総合体として作業を遂行し文化的生活者として消費することのできる条件を探求する」という産業・組織心理学会設立の原点に立ち返って，その実現に寄与できることを強く願っている．

第5巻 編者　永野光朗

第 5 巻の発刊に寄せて
私と消費者行動

　私が大学院生であった 1980 年頃から消費者の意思決定や情報処理の研究に認知科学の研究が盛んに採り入れられるようになっていた。当時，AI（人工知能）に消費者の知識や商品選択の仕方を教え込み，人間の代替をする「買物ロボット」を制作すれば消費者意思決定の研究はひとまず完成するのではないかと思い描いていた。

　その後，AI の技術は飛躍的に進展し，2045 年頃には AI が人間の知能を上回るシンギュラリティ（技術的特異点）に達するという予測がなされている。人間の脳と AI の連動も可能となり，人間や社会のあり方も激変する可能性が出てきている。

　シンギュラリティが実際に起こるかどうかを含めて AI の本質についてはさまざまな見方がある。シンギュラリティを仮に迎えたときには消費生活はどのようになるのだろうか。AI が人間の知能を超えると，人は労働や金銭から解放され，エネルギー不足の心配はなくなり，働かなくても好きな暮らしができるユートピアが実現されるという見方もある。

　初期の産業革命では動力やエネルギーの革新，その後のコンピュータの登場によって情報テクノロジーが飛躍的に進展してきた。人間の生活は農耕社会にみられるような肉体労働から解放され，比較的単純な情報処理はコンピュータに置き換えられるようになった。消費者は膨大な量の情報をもとに多くの商品やサービスで多様なニーズや欲求を満たすことができるようになり，便利な生活をすることが可能となった。

　欲求の充足を求めることは人の暮らしを豊かにするために大きな原動力となってきた。現代の心理学では，人は生命の維持に関わるような低次の欲求が満たされると，人間関係や自己実現や尊厳といった高次の欲求を求めると考えられてきた。技術革新とともに衣食住は満たされるようになり，消費離れの現象もみられるようになった。

　シンギュラリティに到達すると，働くことで財やサービスを購入し，生活するという大前提が成り立たなくなり，それまでの人間の価値観や社会規範を激変させる可能性が高い。働かなくてもそれなりの生活ができるようになると，人の行動は何によって動機づけられるのであろうか。人と AI の関係（親しい／対立する），人間同士の関係，一極に集中する巨額の富，社会構造や経済のシステムのあり方など，予見が難しいことばかりである。AI の知能が人類を超えることがあったとしても，それにより人類の叡智がいっそう発展し，人類の豊かさと幸せが実現されることを願いたい。

上智大学経済学部　杉本徹雄

目 次

産業・組織心理学会設立35周年記念講座　刊行の言葉　*i*
編集委員一覧　*ii*
はじめに　*iii*
第5巻の発刊に寄せて「私と消費者行動」　*v*

第1章　消費者行動研究の意義と目的 ……………………………… 1

第1節　消費者行動研究の意義　*2*
　　　1．消費生活の向上
　　　2．企業活動の推進
　　　3．社会経済の繁栄
第2節　マーケティングとの関連性　*4*
　　　1．マーケティングとは
　　　2．マーケティングにおける「4P」戦略
第3節　消費者行動の規定要因とマーケティングへの応用　*7*
　　　1．心理的要因
　　　2．個人特性
　　　3．対人的・社会的要因
　　　4．状況的・物理的環境要因
第4節　消費者行動における心理学的アプローチが果たす意義　*11*

目 次

第2章　消費者行動研究の方法論 … 13

第1節　マルチディシプリナリーな消費者行動研究　*13*
第2節　従来型の消費者行動研究のアプローチ　*15*
　　　1．心理学的アプローチ
　　　2．心理学的アプローチによるデータ収集
　　　3．解釈主義的アプローチ
　　　4．解釈主義的アプローチのデータ収集法
　　　5．購買時点の行動分析
第3節　ビッグデータの活用へ　*23*
第4節　ソーシャルメディアデータ活用の注意すべき点　*28*
第5節　個人情報の保護　*30*

第3章　消費者の購買意思決定過程 … 31

第1節　購買行動の意思決定モデル　*31*
　　　1．ハワード・シェスモデル
　　　2．消費者意思決定モデル
　　　3．多属性態度モデル
　　　4．二重過程理論
第2節　よい意思決定をするために考慮すべき要因　*38*
　　　1．意思決定方略（効用最大化，満足化，多重制約充足）
　　　2．プロスペクト理論
　　　3．後悔最小化
第3節　相互作用を伴う消費者行動　*45*

第4章　消費者への説得過程 … 49

第1節　説得コミュニケーションが態度に及ぼす影響　*49*
　　　1．説得コミュニケーション
　　　2．説得コミュニケーションの処理過程
　　　3．説得に対する抵抗

第 2 節　態度と行動　*57*
　　　1.　態度が行動に与える影響
　　　2.　行動が態度に与える影響
第 3 節　要請の技法　*61*
　　　1.　単純な手がかりの影響
　　　2.　連続した働きかけの影響
　　　3.　一体感の原理

第 5 章　消費者行動の規定要因 1：個人差要因 …………………… 67

第 1 節　消費者行動に影響を与える要因　*67*
　　　1.　消費者行動における個人差
　　　2.　個人要因と環境要因
第 2 節　マーケット・セグメンテーション　*69*
　　　1.　地理的変数（ジオグラフィック変数）
　　　2.　人口動態変数（デモグラフィック変数）
　　　3.　心理的変数（サイコグラフィック変数）
　　　4.　行動変数
第 3 節　パーソナリティと消費者行動　*72*
　　　1.　消費者行動の基盤となる動機づけの個人差
　　　2.　サティスファイサー / マキシマイザーと消費者行動
　　　3.　セルフ・モニタリングと消費者行動
　　　4.　独自性欲求と消費者行動
　　　5.　ブランド・パーソナリティ
第 4 節　ライフスタイルと消費者行動　*81*
　　　1.　AIO アプローチ
　　　2.　VALS

第 6 章　消費者行動の規定要因 2：状況要因 …………………… 87

第 1 節　店舗内購買行動における状況要因の重要性　*87*
　　　1.　消費者の非計画購買と計画購買の分類

viii

2. 店舗内購買行動の現状
第2節　パッケージがもたらす効果　*90*
　　　1. 商品画像の有無と位置
　　　2. パッケージの形状
　　　3. パッケージの色
第3節　陳列やレイアウトがもたらす効果　*94*
　　　1. 陳列位置が非計画購買に及ぼす影響
　　　2. 全体的なレイアウト
第4節　価格に関する店頭での戦略　*96*
　　　1. 端数価格
　　　2. セール表示
第5節　店舗の雰囲気　*99*
　　　1. 店舗内での香り
　　　2. 店舗内での音楽
　　　3. 店舗内の色
第6節　多数の選択肢の中でのブランド選択　*102*
　　　1. ブランド選択における文脈効果
　　　2. 選択のオーバーロード現象

第7章　消費者行動の規定要因3：社会的影響　……………………… 107

第1節　購買行動における対人的影響：クチコミの影響力　*108*
　　　1. クチコミの影響過程
　　　2. クチコミの影響力
第2節　社会の中の「自己」と購買行動：個人の社会動機とアイデンティティ　*114*
　　　1. 消費の外部性
　　　2. 社会の中の「自己」と消費行動
第3節　社会集団の影響と消費者行動：準拠集団と社会的アイデンティティ　*119*
　　　1. 準拠集団とは
　　　2. 準拠集団の影響過程
　　　3. 準拠集団の影響力

第8章　消費者問題と消費者保護　　125

- 第1節　消費者問題の変遷と消費者保護の歩み　*126*
  1. 消費者問題の発生
  2. 消費者問題の変遷と消費者政策
- 第2節　悪質商法と欺瞞的説得　*136*
  1. 悪質商法の現状
  2. 悪質商法に騙される心理
  3. 欺瞞的説得と消費者問題
- 第3節　社会問題としての苦情　*142*
  1. 苦情増加の社会的背景
  2. 苦情行動の心理的背景
  3. 苦情行動の規定因
- 第4節　より良い消費社会の構築に向けて　*145*

第9章　消費者行動の新展開1：消費者行動研究における行動経済学的アプローチと生体情報活用　　149

- 第1節　行動経済学と消費者行動研究　*150*
  1. 行動分析学領域の行動経済学
  2. 行動意思決定論からの行動経済学
  3. 消費者行動研究と行動経済学
- 第2節　神経経済学とニューロマーケティング　*152*
  1. 神経経済学とニューロマーケティングとその方法論
  2. 神経経済学とニューロマーケティングの初期の研究
- 第3節　消費者行動の脳機能画像研究　*156*
  1. プロスペクト理論における参照点とフレーミングに関する知見
  2. プロスペクト理論におけるリスクや不確実性に対する処理に関する知見
  3. プロスペクト理論における価値関数に関する知見
- 第4節　眼球運動測定を用いた消費者行動研究　*165*
  1. 眼球運動の基礎
  2. 眼球運動測定装置
  3. 商品選択における眼球運動測定
  4. 結論

第10章　消費者行動の新展開2：顧客エンゲージメント
企業と顧客との関係性における新たな視点 ……………………… 175

第1節　企業と顧客との関係性の変遷と顧客エンゲージメント　*176*
第2節　顧客エンゲージメント概念の登場の背景　*179*
第3節　顧客エンゲージメントの概念規定と対象範囲　*181*
　　　1. 社会的関係行動としての顧客エンゲージメント
　　　2. 顧客エンゲージメント概念の範囲
　　　3. 顧客エンゲージメントを捉える重要な視点
第4節　顧客エンゲージメントの類似概念との異同　*189*
第5節　今後の課題　*192*

文　献　*195*
索　引　*215*

第 1 章
消費者行動研究の意義と目的

　消費者行動に関する心理学的アプローチは，スコット（Scott, 1903）による「広告の理論」がはじめとされる。その後において発展した心理学理論を基礎とし，消費者研究はその応用分野として展開した。心理学の理論には歴史的変遷があるが，各時代で主流となった心理学理論や人間の行動をテーマとする学問分野の影響を受けてさまざまな研究が進められた。たとえば消費者の購買意思決定に関するハワード・シェスモデル（Howard & Sheth, 1969）は 1960 年代に心理学において隆盛を誇った学習理論（S-O-R 理論）をベースにして構築された代表的なモデルであるが，1970 年代以降は，人間行動を認知的メカニズムに視点を置いてそのプロセスを積極的に解明しようとする認知心理学が主流になり，それに基づく EBM モデル（Engel et al., 1993）などが提唱されていった（第 3 章参照）。また近年では行動経済学や脳科学を基盤とした研究が展開されている（第 9 章参照）。

　消費という重要なテーマの解決について，その時点での人間に関する最新の理論と研究成果を取り入れて取り組むことは重要であると同時に，消費者行動という極めて具体的で現実的なテーマの問題解決において得られた研究成果やその中で用いられた方法論が個々の学問分野や学問的立場にフィードバックされることで，それ自体の進化に寄与することにも意義があると考える。また消費者行動研究は心理学領域内で数々の分野（知覚心理学，学習心理学，認知心理学，人格心理学，社会心理学など）と幅広く連合しており，それらとの相互的影響についても同様のことがいえるだろう。

　本章ではこのような視点に立って，消費者行動研究を進めることの意義と目

的を述べていく。

■第1節■
消費者行動研究の意義

　消費者行動研究は個々の消費者，企業活動あるいはそれらの総体としての社会全体にとって重要な意味を持っている。それぞれの利害関係も念頭に置きながらこれらについて述べている。

1. 消費生活の向上

　人間の生活は，消費で成り立っている。食べ物を食べ，飲み物を飲み，衣服や，住居，電気，家電製品，寝ている時でも寝具を消費している。おいしいものを食べ，心地良く寝られれば，まあまあそれで幸せであったりする。時には，カラオケに行ったり，テーマパークで遊んだり，旅行に行ってのんびりしたりして，時間や空間を消費することもある。消費者行動では，時間や空間の消費なども研究の対象となる。消費者行動研究は，人間の生活，あるいは人間そのものを研究対象とする幅広い学問である。

　商品やサービスを購入し消費するためには，対価が伴う。せっかく対価を支払ったのに，欲求が満たされることがなければ気分が悪い。反対に，期待以上の満足感が得られた場合には，気分が良い。このような消費行動とその結果に対する評価は，1日のうちに何度も繰り返される。消費行動によって，欲求が満たされ満足感が続くか，欲求が満たされずに不満感が募るかは，消費者の日常生活における感情や気分などに作用し，生活の質に影響を与えるものである。

　消費者行動研究は，消費者の心理や行動についてさまざまな角度からアプローチし，個々の消費者がより豊かな生活を送れることを目指す学問である。

2．企業活動の推進

　企業が存続していくためには，商品やサービスを販売し，利益を得なければならない。十分な利益が確保できなければ，雇用者に給与を支払うこともできず，消費者の生活に必要な商品を提供することもできなくなる。さまざまな企業が存続し，生産・販売活動等を行うことによって，消費者の生活は支えられているわけである。

　しかしながら，企業の販売活動やマーケティング戦略は，欺瞞に満ちていると批判されることがある（Boush et al., 2009）。悪質な企業があることは事実であるし，一般的な企業であっても，不祥事を起こしたり，商品の良さを誇張した広告などが見られたりすることも事実である。しかし，このような欺瞞に頼った企業活動は，長くは続かない。そもそも消費者が騙され続けてくれない。購入して「損をした」「失敗した」と思った商品を再び買ってくれる消費者が何人いるであろうか。消費者に満足してもらい，支払った対価以上に価値があると認識してもらえなければ，商品を売り，利益を確保し続けることは難しいのである。

　さらに近年は，企業間の競争が激しく，消費者の奪い合いが起こっている。消費者が満足したとしても，いつ競合他社に顧客を奪われるかわからない状況である。企業が競争に勝ち，消費者に商品を購入してもらうためには，消費者が支払う以上の価値を提供しなければならない。欺瞞的な企業活動では，勝ち残ることは難しいであろう。消費者が，どのようなものに価値を感じ，満足感を得るのか，また，どのような時に商品を購入しようと思うのかなど，消費者の心理や行動を研究することは，企業の存続に関わる重要な意義を持つのである。

3．社会経済の繁栄

　企業が存続し，活動を続けることにより，雇用が生み出される。雇用によって消費者は賃金を得て，生活が営まれる。消費者が得た賃金の使い方は，主に，次の3つに大別することができる。①商品やサービスを購入する，②株や債券

などに投資する，③貯金する，の3つである。①や②のように，消費者が商品を購入したり，投資を行ったりすれば，企業の活動資金となり，設備投資や新たな商品の生産・販売，雇用を生み出す。また，企業の利益や消費者の収入の一部は，税金として国に納められ，社会保障や都市の整備などの恩恵が受けられる。つまり，お金が回ることによって，社会経済が潤い，消費者の生活も支えられるわけである。

しかし，消費者がお金を使うことなく，貯金として保有する額が多くなると，商品は売れ難くなり，企業の資金は減り，雇用も減り，国へ納付される税金も減りといったように，お金の流れが滞って，上述したような恩恵を十分に受けることが難しくなる。これは，社会経済が停滞することにつながる。

消費者がお金を使ってくれることが，社会の繁栄には必須であるが，これには，消費者の心理状態が強く関わっている。将来に対する不安感が強かったり，気分が沈んでいたりすると，消費者の購買意欲は低下し，お金を使わずに貯蓄に回す傾向がみられることが多い。バブル崩壊以降，長く続いた不況も，消費者の「気分」が影響を与えていたといわれる（松原，2001）。消費者の購買意欲が高まるかどうかには，さまざまな要因が絡んでおり，どのような場合に，消費者が商品を購入したくなるのかを検討することは，消費者行動研究においても，重要な研究課題である。

■ 第2節 ■

マーケティングとの関連性

1. マーケティングとは

アメリカ・マーケティング協会（AMA）によれば，マーケティングは「顧客，依頼者，パートナー，そして社会全体にとって価値を有する提供物を創造，伝達，配達，交換するための活動，一群の制度，そして過程である」（AMA, 2008）とされる。この定義ではマーケティングを行う主体が企業だけではなく政府や自治体などの「非営利組織」を含んでおり，その内容も営利活動に限定されな

い幅広い活動を含むものになっていることが特徴である。

　企業の経営活動の中で，マーケティングは中心的な役割を果たしており，消費者行動研究との関わりも深い。マーケティングとは，端的に言うと，消費者を理解し，望まれる商品を望まれる方法で販売し，企業と消費者双方の利益を生み出していくことである。

　一般的に，個人消費者を対象として商品やサービスを提供している企業は，その販売相手である消費者のことを理解したいと考える。消費者の理解を深めることは，競争優位につながるからである。たとえば，いくら高品質・高性能な製品を作ったとしても，消費者がその商品を欲していなければ売れない。反対に，並みの商品であったとしても，消費者が必要とする商品を提供していれば，自然と商品は売れていくものである。さらに，効果的な広告や販売促進などを活用すれば，売り上げをより増大させることができる。消費者の欲求を探り，どのような要因によって影響を受けるかを知ることは，マーケティング戦略を実行する上で必要なことであり，企業に優位性をもたらすのである。

2．マーケティングにおける「4P」戦略

　マーケティングとは何かを説明する際，「4P」という言葉がよく用いられる。「4P」とは，Product（製品），Price（価格），Promotion（販売促進），Place（流通）の頭文字をとったものである。この 4P に関わる戦略を立案し，最大限の利益を生み出す組み合わせを実行することが，企業のマーケティングにおける基本的課題である。

　それぞれの 4P 戦略を立案・実行する過程で，企業は，消費者に対するさまざまな疑問を解決しなければならない。企業が 4P 戦略を計画・実行する上で，どのような関心事が具体的に生じるのかを表 1-1 にまとめた。

　製品戦略においては，まず，消費者がどのような欲求を持っているのかを探り，その欲求を満たす製品を作る必要がある。さらに，消費者が望む商品の特徴やデザインなどを検討し，商品名を決定する。消費者の商品消費量に合わせて，パッケージの大きさやサイズ展開も考えなければならない。

　価格戦略においては，消費者に受け入れられる価格を検討し，その上で企業

表 1-1　4P 戦略を実行する上での企業の主な関心事

製品（Product）	消費者はどのような欲求を持っているのか どのような特徴を持った商品が売れるのか 魅力的なパッケージやデザインはどのようなものか 記憶に残りやすい商品名はどのようなものか どのようなサイズ展開を行うか
価格（Price）	いくらであれば買ってもらえるか 価格表示の仕方はどうするべきか 値上げや値下げを行うべきか 競合商品の販売価格はいくらか 支払方法はどうするか
販売促進（Promotion）	どのような手段を用いて消費者に情報を伝えるべきか どのメディアを使って広告を行うか 消費者の注意を惹きつける広告はどのようなものか 効果的なメッセージの送り方はどのようなものか イベントやキャンペーンなどを行うのは効果的か
流通（Place）	どの店舗で消費者は購買するか 消費者の購買行動に合致する店舗はどこか 立地条件の良い店舗を確保できるか 交通の利便性の良さと賃貸料などのコストとのバランスをどううまくとるか

側も利益を得られるように販売価格を考えることが必要である。同時に，競合商品の販売価格なども調べ，消費者がその価格にどのような反応を示しているかを把握しておくことも重要である。さらに，商品価格の値上げや値下げに対消費者の反応を予測し，価格戦略を実行する。

　販売促進戦略においては，広告，販売促進，イベント，キャンペーンなど，どのような手段を用いて消費者にコミュニケーションを行うかを決定する。その上で，より効果的なメッセージの伝達方法やメディアなどを考える。

　流通戦略においては，消費者が購入する場所や交通の利便性，店舗の顧客層などを考慮し，立地や店舗の種類（コンビニ，スーパー，デパート等）などを適切に選ぶことが必要となる。マーケティングとは，このように消費者を中心に考え，具体的な疑問を解決しながら，効果的な 4P 戦略の組み合わせを実行することである。

　またこのような 4P 理論を顧客の側から新たに見直した考え方として「4C 理論」がある（Lauterborn, 1990）。これは 4 つの P を買い手側の視点で見直し，それぞれを C に置き換えるという考え方である。それらは Customer needs（顧

客ニーズ：商品やサービスに対して消費者が持つ欲求），Customer cost（顧客コスト：商品サービスの購買のために顧客が支払うコスト），Convenience（商品やサービスを入手する上での顧客にとっての購買利便性），Communication（コミュニケーション：企業や店舗からの顧客へのコミュニケーション）である。4つのPを企業からの一方向的なマーケティング活動ではなく，このような顧客の立場から見なすことは消費者利益につながり，より長期的で強固な消費者－企業間の関係性を持続できる結果に繋がると考える。

■第3節■
消費者行動の規定要因とマーケティングへの応用

1. 心理的要因

　企業が効果的だと思える4P戦略を実行したとしても，すべての消費者が商品を購入してくれるわけではない。同じ刺激を与えても，人により反応が異なることは事実である。消費者の行動を解明するためには，心理学的なアプローチが必要である。消費者行動に影響を与える主な要因について，図1-1にまとめた。

　心理的要因としては，個人の欲求の違い，製品に対する興味や関心（関与）の違い，評価やイメージ（態度）の違いなどがある。たとえば，同じ商品を同じ時に見ても，その商品を購入する人としない人がいる。この反応の違いは，もともとその商品に対する欲求を持っていたかどうか，関心の程度，評価やイメージなど，さまざまな心的な要因が影響していると考えられる。さらに，その欲求を持つ人と持たない人に分かれたのは何が原因であったのか，商品に対する関与度を高めるためにはどのような刺激を与えればよいのか，よい態度を形成する手段は何かなど，心理的要因を探求することは，消費者行動研究の中でも中心的課題である。

　先述の4Pとの対応関係で人間としての消費の心理的要因を理解する必要性について説明をする。

図 1-1　消費者行動に影響を与える主な要因

　たとえば，製品（Product）については，人間が物体をどのように知覚しているのか，どのような色やデザインに対して愛着を持つのかといったことを理解する必要がある。

　次に価格（Price）については，価格に対して消費者がどのように反応するのか，といったことが問題になる。スーパーマーケットで使われる台割れ価格が消費者の高い，安いという判断にどのような影響を及ぼすのかが問題になる。また商品の値引きの大きさを表す場合に，それを金額で表すのがよいのか，それとも値引率で表すのがよいのかや，価格が商品の品質イメージにどのような影響があるのか，といったことが問題になる。

　さらに流通経路（Place）については，商品を百貨店で売るのか，それともスーパーマーケットで売るのか，といったことがあげられる。高級品イメージを維持するために百貨店でしか売らないという戦略があるように，どこで売るのかということは重要な問題である。また同じ商品を同じ価格で売る場合に，それを百貨店で売る場合とスーパーで売る場合とで，消費者の価格の捉え方が異

なってくるといった知見もある。

　そして販売促進（Promotion）については，最も消費者の理解が必要な要素といえるだろう。販売促進の最も重要な手段は広告であるが，それを物体として見るならば，消費者がそれをモノとしてどのように知覚するのかということを理解する必要がある。また，それを人を説得して商品に対する態度を変えるための手段であると位置づければ，そのような説得の心理的プロセスを解明するために行われてきた社会心理学的研究（いわゆる説得的コミュニケーション研究）が役立つだろう。また販売促進には，たとえば店頭での陳列技術なども含まれる。店頭での消費者の行動には一定の法則性がみられるが，このようなことを理解することで販売促進を効果的に行うことができる。

2. 個人特性

　消費者の個人特性も，購買行動に影響を与える重要な要因である。年齢や性別，所得，居住地などが含まれる。年齢や性別は，消費者特性の基本的要素であり，食品や洋服など，多くの商品における好みの差を生み出す要因の1つである。居住地や出身地によっても，食べ物の味などに対する好みの差があることはよく知られていることであり，食品メーカーなどでは，販売地域によって味つけに変化をつけていることも多い。

　個人特性は，マーケティングにおける市場細分化の切り口として利用されることが多い。市場細分化とは，消費者のタイプ分けを行い，ターゲットに応じた戦略を考案することである。消費者は多種多様であり，同じ商品，同じ戦略で，すべての消費者を満足させることはできない。そのため，消費者の特性を把握し，ターゲットを見定めて適切な対応をすることが重要である。しかし近年では，消費者の多様化が進み，有効な市場細分化の切り口を見つけることが難しくなっている。そのため，基本的な個人特性に加えて，ライフスタイルやパーソナリティ，心理的側面なども考慮し，総合的に消費者を捉えることによって，より効果的な手段を見つけていくことが主流になっている。

3. 対人的・社会的要因

　消費者行動は，個人的な要因だけでなく，他者や社会の影響も受けることが多い。たとえば，自分が購入しようと思っていた商品が，ネットのクチコミ欄での評判があまりよくない場合，購入をためらったり，他の商品に変更したりすることはよくある。ネット社会になった現代において，購入者のクチコミやランキングの順位などが，他の消費者の購買行動に及ぼす影響力は増している。

　消費者が，商品や店舗を選ぶ際にも，自分の好みだけで選ぶのではなく，購入後にSNSなどで情報発信し，他者から高評価が得られそうかどうかで判断することも多くなっている。消費者間のコミュニケーションは，購買前にも購買後にも密に行われるようになっており，購買意思決定に影響を与える機会が増えている。

　心理学では，コミュニケーション研究における多くの成果が蓄積されており，クチコミ，流行，準拠集団，社会的規範，文化的影響など，消費者行動研究やマーケティングに大いに役立てられている。

4. 状況的・物理的環境要因

　消費者が，商品を購入する際の状況や物理的環境も，重要な要因である。天候や季節などの違いによって，消費者の購買意欲の増減はよく見られる現象である。たとえば，雨の日には，一般的に小売店の来客数が減ることが多いが，傘を店内の目立つ場所に配置換えをしたり，雨の日セールなどを行って，反対に客足を伸ばすこともできる。季節によって需要が減少し，売り上げが落ちた場合には，季節限定品を売り出して希少性をアピールし，需要を喚起することなどもできる。

　時間も消費者の意思決定に重要な影響を与える要因である。時間によって顧客層や商品の販売数が変わる場合には，その消費者の行動に合わせた在庫調整などが必要である。また，時間的なプレッシャー（制限）がある場合には，購買を先延ばしにしたり，意思決定に変化が生じる場合もある（Dhar & Nowlis, 1999）。

店舗の場所や店舗内環境要因は，消費者の購買行動に影響を与え，かつ，企業側がコントロールしやすい要因として注目されている。企業が商品の売り上げを伸ばしたい場合，商品の認知度を高めたり，良い態度形成を試みるなどの戦略が考えられる。しかし，このような消費者の心理的要因にアプローチする方法は，時間やコストがかかるものである。それに対して，店舗内で商品にPOPをつけたり，目立つ場所に陳列するなどの工夫を行うことは，比較的簡単に行うことができ，売り上げ増加につなげることが期待できる。消費者の店舗内行動を探ることは，マーケティング的には，これまでにも注目されてきた分野ではあるが，心理学的見地が取り入れられることによって，今後，大いに研究が進展することが期待されている。
　このように消費者行動に影響を与える規定要因は，多くのものがある。さまざまな角度から消費者を捉え，総合的に消費者行動を研究していくことが求められている。

■ 第4節 ■

消費者行動における心理学的アプローチが果たす意義

　上記のとおり消費者行動に関する研究は多くの立場や，それらの間の利害関係があるという前提の中で進められるが「公正，中立の立場で人間を客観的に理解する」という心理学の基本理念はいずれにおいても不可欠で重要なものといえる。
　繰り返しになるが，これらの消費者に関する研究の成果は実務としてのマーケティング遂行に生かされているといえる。すなわちそれに必要な消費者ニーズの把握や顧客満足（CS：Customer Satisfaction）を高めることの必要性やその方法に関する理論的基礎を提供してくれる。特に従来のマーケティング技術を行政機関の運営や社会変革などに活用したり，企業が自社の利益や顧客だけを考えずに社会全体の利益や福祉向上を意識して活動するという考え方をソーシャル・マーケティング（social marketing）という。

消費者の心理・行動の仕組みの理解はマーケティングを遂行する企業だけではなく，消費者自身にとってもたいへん重要である。営利活動が企業の本質である以上は，その実態の如何にかかわらず消費者が何らかの経済的損失を被る可能性が存在する。企業が消費者の不利益を承知した上で行う営利活動（詐欺的商法や悪徳商法）も多く見られ，消費者の心理的弱点を利用して利潤を得ようとする業者はあとを絶たない（第8章参照）。自己を守るために消費者自身がその行動特性や心理的メカニズムを客観的に理解する必要がある。

　たとえば近年の行動経済学研究（第9章参照）の展開において，人間（消費者）は必ずしも客観的，論理的な思考を行っているわけではないために，売り手である企業が消費者の直観や感情に訴えることで売買が成立し，結果的に消費者が不利益を被る可能性が十分にあることが指摘されている。

　これに関連して独立行政法人・国民生活センターは2017年に「消費者行動を読み解く－行動経済学の視点から－」という特集を組み，第一線の研究者が「暮らしの中の行動経済学」（友野典男氏著），「行動経済学と景表法・競争秩序－公正な消費者取引のために－」（林 秀弥氏著）などのテーマで行動経済学の視点から消費者の脆弱さとリスクを回避するための考え方や方法について解説している（国民生活センター，2017）。

　このような消費者保護政策や消費者教育の促進，あるいは消費者のエコロジー（環境保護）行動の促進といった消費者利益につながる課題の達成においても消費者行動研究の成果は非常に有益なものとなるだろう。

第2章
消費者行動研究の方法論

　消費者行動研究の方法は時代とともに変化している。ビッグデータの時代の到来により，新たな方法論が構築されつつあることからもわかるように，つねに新たなアプローチが開発されている。

■第1節■
マルチディシプリナリーな消費者行動研究

　消費者行動研究法は，生活環境の変化によって大きく変化している。インターネットの登場によって，それ以前は得ることができなかった消費者の行動のデータが収集され，蓄積されていき，そのデータを活用するために，さまざまな分野から新たな分析方法や解析技術が登場してきている。

　消費者行動研究のはじまりは，1930年代のミクロ経済学の消費者の選好理論であるといわれている（清水，1999）。消費の経済的主体である消費者は財やサービスへの支出に対して効用の最大化を行う経済人として捉えられてきた。しかし，その後，社会が豊かになっていくにつれ，趣味や娯楽への支出や，ブランドに価値を求めるという消費者行動が多くみられるようになり，消費者行動が経済的な行動と捉える側面から，消費を通して心の豊かさを求めたり，自己実現を求める行動と捉えるようになり，より人間としての消費者の理解が必要となってきた。そのために，心理学や社会学といった学問の方法論をはじめ，

生活学や家政学といった生活に視点を置いたものや，記号学的アプローチや商業地の選択を距離によって捉える中心地理論などの地理学によるアプローチなどマルチディシプリナリーなアプローチが可能である学問領域である。

さまざまな消費者行動研究へのアプローチがあるが，主流となってきた消費者行動の系譜を青木（2014）は，大きく以下の3つに分けている。まず第1は消費者の「購買動機」を把握することに主眼を置いた研究の流れ，第2は消費者のブランド選択などに着目し，その記述と予測を行おうとする研究の流れであり，今日のマーケティング・サイエンス系の研究に連なっている。そして，第3の系譜は，消費者の選択や意思決定に伴う「情報処理プロセス」の解明に重きを置く研究の流れで認知心理学や認知科学の影響を強く受けながら消費者情報処理理論として体系化されていく。

ピーターとオルソン（Peter & Olson, 2011）を踏まえ，守口・竹村（2012）は消費者行動研究のアプローチ方法のコアとなるディシプリンを「心理学」とした心理学的アプローチ，「文化人類学」をコアとする解釈的アプローチ，「経済学，統計学」をコアとする計量的アプローチとまとめているように，さまざまな領域からアプローチされてきた。近年は非言語的なアプローチとして，バイオメトリクス（心拍，皮膚電気反応（GSR），発汗などの生理・生体測定）やニューロマーケティングの領域においてfMRIの活用などもみられるようになってきている（詳しくは第9章を参照）。

さらに消費者行動研究は現在，大きな変革の時を迎えている。それはデータ環境の変化に起因するものである。デジタル化の進展により生活の中の広い範囲における行動がデジタルデータとして記録できるようになってきた。モノを買う行動で考えてみても，インターネット上で何の情報に接して，その後どのような言葉で情報探索したのか，どの広告をクリックしたのか，SNS（Social Networking Service）ではどのようなブランドの情報をフォローしているのかなど，消費者の行動がすべてデータ化される。また実店舗でも電子マネーやスマートペイメントを利用しての支払いによって，何を購入したのかなどの購入履歴が把握でき，また無人店舗の登場でもわかるように，店内での顔認証システムやコンピュータービジョン，店内のセンサーなどで店舗内において，どのように行動したのかという購買プロセスがデータ化されるようになってきてい

る。さらにスマートフォンなどのモバイルデバイスの利用によって消費者の位置情報も把握できるようになるなど，デジタル化の進展によって膨大なデータが生成し，記録され，蓄積されるようになってきた。そして同時にそれらのデータに対しての新たな分析方法が日々，生まれているのである。それは従来のようにデータを集めて分析する研究法だけではなく，デジタル化に伴って自然と蓄積されるデータを分析する研究法へと広がりを見せ，研究の方向性は大きく変わってきている。

　従来型の研究アプローチの多くは，調査や実験で得られたデータの分析を基に，消費者の行動のモデル化や特性を導き出し，マーケティングの施策に反映させるなど，データ分析の結果を個人に還元して利用することが少なかった。日記をつけてもらうなどの特定の調査方法を除いては，特定の個人のデータを時系列的に蓄積することは困難であり，ある一時点においての意識や行動しか得ることができず，得られたデータは誰のデータなのかという個人を特定して使用することはほとんどなかった。しかし，デジタル化に伴い，個人が特定でき，その個人のデータが時系列で得られる環境が整い，個別のマーケティング施策がリアルタイムに行えるようになったのである。たとえば，その人の過去の履歴の分析からお薦め商品や広告を自動的に抽出して提示するといったようにである。

　このようにデータの集まり方だけではなく，分析方法やその結果の活用の仕方も変わってきているのである。

■第2節■
従来型の消費者行動研究のアプローチ

　消費者行動研究アプローチの基本は，研究の目的に合わせて，調査や実験をデザイン，実施してデータを収集し，分析をするというプロセスである。そのデータ収集，分析の方法として主に用いられてきたものに，ここでは心理学的プローチ，解釈主義的アプローチ，また，データ収集の場として購買の現場で

ある店舗内での行動にフォーカスした店舗内購買行動研究を取り上げる。

1. 心理学的アプローチ

　消費者行動研究で多く用いられているのは，心理学的アプローチである。消費者行動は文字通り，人間の生活の中での消費の側面に焦点を当てたものである。消費行動は人間の行動であり，その行動がアウトプットとして表れるまでの心理的プロセスが存在することを想定する。消費者の心理がわからなければ，消費者の行動は理解できないのである。

　商品を購入し使用するという基本的な消費者の行動を考えてみよう。その商品を購入しようと思ったきっかけ，実際に購入した店舗をどのように選択したのかという動機に関する要因，どのような商品やブランドと比較して購入に至ったのかという意思決定プロセス，パッケージや価格を見てどのように感じたのかといった知覚的な要因，その商品やブランドを知っていたのか，CMを見たことがあるのかなどの認知的要因，その店舗での購買は楽しかったのかどうかといった購買時の感情やその商品を使用したときに生じた感情など，消費行動は心理的状態を常に伴うものであるために，心理学的なアプローチは，消費者行動研究の基本となり，現在の消費者行動研究の理論の多くを生み出している。多くは消費者自身を意思決定の主体とし，購買過程や情報処理プロセスの定式化を目指し，法則性を見出すことを目指す実証主義的なものが多い。

　消費者行動研究の萌芽期において心理学を基本として体系化されものに，刺激－反応（S-R：Stimulus-Response）モデルがある。これは，行動主義的心理学を基本としたものであり，広告や価格などの刺激とそれに対する反応（購入や選択など）を捉えるものである。その後，刺激と反応を媒介する生体（Organism）で捉えようとする「S-O-Rモデル」を消費者行動モデルに適用した「ハワード・シュスモデル」（Howard & Sheth, 1969）などが登場し，「EKB（Engel Kollat Blackwell）モデル」（Engel & Blackwell, 1982）など，消費者行動の包括的な概念モデルが登場してきた。（第3章参照）

　その後，能動的な消費者の内的プロセスに焦点を当てた情報処理心理学を基礎とした消費者情報処理アプローチが登場してきた。その他，顧客満足研究に

おいて，購買前の評価である「期待」と購買後の評価である「成果」の差異で満足を捉える期待不一致モデル，また，社会心理学の態度理論をベースとし，ブランドに対する態度をそのブランドの属性に対する消費者の信念の強さと，その属性の評価の関数であるとする「フィッシュバインモデル」（Fishbein, 1963）に代表される多属性態度モデルなど，消費者行動研究を代表するモデルの多くが心理学をベースとしている。

2. 心理学的アプローチによるデータ収集

消費者行動においても，調査，実験，面接，観察といった心理学的方法によって，測定される消費者自身が消費行動や生活についての内観，内省，また刺激による反応によって得られたデータを用いるものである。

特に質問紙調査は広く使用され，アカデミックではもちろんビジネスの現場で広く使われている調査法である。ホテルやレストラン，小売店などでもサービスに対する評価を調べるために質問紙が設置されていることは多い。また，ブランドに対する調査も多く行われており，たとえばブランドイメージに関するもの，ブランドロイヤルティの評価やブランドに対して消費者はどのような心理的なつながりを感じているのかといった尺度など，数多くの尺度が作成されている。

公的な機関でも多くの調査が質問紙調査により行われているマクロなレベルで，消費者の暮らしぶりや景気観を把握する「消費動向調査」（内閣府）や，社会生活基本調査（総理府統計局）など数多くの調査がある。

また，購買後に消費者が購買したモノやサービスに対する評価である顧客満足度調査は，多くの企業が独自に行っているが，日本版顧客満足度指数（サービス産業生産性協会）は，総計12万人の回答からさまざまな業種の顧客満足度を質問紙調査によりデータを得て分析し公表している。最近では，顧客に対して，そのサービスや商品をどの程度，知り合いに勧める意向があるのかを調査し，その意向別に顧客を分け，推奨者と批判者の比率を求めたNPS（Net Promoter Score）も使用されはじめている。

近年は国勢調査や家計調査といった社会調査においても，質問紙の回収率の

低下が指摘されている。また，正確な標本抽出を行うために使用されてきた住民基本台帳の閲覧が原則非公開となり，特に市場調査においては使用することが困難となった。そしてインターネット上の調査会社が抱える調査モニターおよび調査サイトを利用するいわゆるネット調査では，手軽に短期間で大きなサンプル数の回答を得ることができ，コストが安価であり，デジタル化されたデータが手に入るなどのメリットから，インターネットを利用した調査が多くなってきている。しかし，ネット調査の結果をそのまま従来行われてきた標本抽出による質問紙調査に代わる主要な調査法として捉えるのには，問題があることが指摘されている。大隅（2006）は，ネット調査の不明瞭な点として，調査対象者の集め方，調査の回答者として登録されている回答者（モニター）集団の構成と代表性，計画標本と回収標本の関係，インターネットを使うことで生じる従来型調査とは異なる調査誤差を指摘している。また，三浦・小林（2016）は，インターネット調査では，回答者が調査会社の調査モニターが使用されていることが多いが，調査モニターは，調査の回答の際に，要求に対する努力を最小化しようとする傾向があり，調査回答においては，最善の選択肢ではなく，満足できる選択肢を求める行動として発現する努力の最小化（Krosnick, 1991）を行う傾向が強いことを指摘している。調査会社のモニターは，一日に何回も多くの質問紙調査に回答し，回答に対して謝礼を受け取るということが動機となっており，回答に対して努力をしないという傾向が生じてしまうのである。

　インターネットの普及が全世代にわたり，スマートフォンなどで簡単に回答できる環境が整ってきたが，インターネット調査が簡単に行えるからといって，安易に受け入れるのではなく，どのようにしたらより正確な回答が得られるのかを絶えず考慮しなくてはならない。

　次に実験法についてである。実験法は，要因のコントロールを行った複数の状況下での行動を観測するものである。質問紙上での質問紙実験や実験室などの環境における実験方法がある。実際のマーケティングの現場においても，店頭での陳列や価格，広告表現などの変数を意図的に操作して，売り上げや認知率の違いなどを明らかにするために使用されることが多い。インターネット上では簡単に実験ができることから，ウェブサイト上に広告表現や画像などが違うページを用意し，どちらのページのほうがよりクリックされたか，その後の

購買や資料請求などのトランザクションにつながったのかを調べる A/B テスト（スプリット・ラン）などの施策も広く使われている。

　また，定性調査も多く用いられている。定性調査は，質問紙調査では取得することができない消費者の深い心理を探るために用いられることが多く，消費者のより深い心理を引き出すために，構造化されていない方法でアプローチする調査方法である。よく使用されているものは，対象となる事柄についての個人の深層心理を引き出す深層面接法や，対象者複数名を一緒にインタビューして自由に発言してもらうグループインタビューなどの面接法がある。その他，投影法としては消費者に自由な発想で写真や文章を切り抜いてコラージュを作成してもらう方法や，文章の一部を抜いておき，そこに文章を書き込んでもらい文章を完成させる文章完成法などがある。

3. 解釈主義的アプローチ

　消費者行動研究において実証主義的なアプローチだけではなく，解釈主義的なアプローチによる研究も多く存在する。その背景には，消費の対象として考えられるモノも使い勝手がいいとか，耐久性が高いといったような実用的な価値においてのみ消費されるだけではなく，自己実現やコミュニケーションの手段として消費されたりすること，そして芸術や旅行といった体験なども消費の対象となることが指摘され，実証主義的アプローチによる限界が指摘されはじめてきた。たとえばモノは，モノ単体ではなくそのモノが使用される状況や生活空間，文化を理解することでそのモノの消費の意味が理解できるとする解釈主義的なアプローチが登場してきた。消費行動や購買行動を生活空間から切り取って分析するのではなく，その個人の生活というコンテクストを理解した上で，消費の意味を解釈しようとするものである。解釈主義的アプローチの先駆的なものにベルクら（Belk, 1987）の研究がある。彼らは録音や写真撮影やインタビューからデータを得て，消費の意味を解釈的方法により分析した。その他，ハーシュマンとホルブルック（Hirschaman & Holbrook, 1982）はスポーツや音楽といったように，消費すること自体が目的となる「快楽消費（hedonic consumption）」という考えを提示し，モノの効用ではなく，消費者の内面に

焦点を当て消費経験に重点を置き，それまでの購買時点を中心にした研究から一線を画した研究を展開した。その他，象徴的消費や儀礼的消費など文化的社会的背景や，社会システムといった大きなコンテクストから消費を読み解く動きが生まれてきた。

4. 解釈主義的アプローチのデータ収集法

　解釈主義的アプローチとは，心理学的な実証主義的アプローチとは異なり，生活空間の中でさまざまな要素は関連しあっていると考え購買動機や購買意思決定過程といったようにある一定の状況における要素を抜き出して収集し分析することではなく，消費者の生活やその根底にあるものを理解するために，購買や使用の現場だけを切り放さず生活全体のコンテクストを理解した上で消費を捉えようとするものである。そのためデータの収集も実験や質問紙調査といった実証主義的なアプローチとは異なる。

　解釈主義的アプローチで多く使われているのは，人類学をベースとした参与観察，特に現場を内側から理解するエスノグラフィーによるものである。エスノグラフィーとは，データの収集をして文脈を壊さないように解釈していく過程からなり，行動や習慣といった社会的様式をフィールドワークによって調査し記述していくものである。小田（2010）はエスノグラフィーを「人びとが生きている現場を理解するための方法論」と定義しており，現場を内側から理解する，文脈の中で理解する等のエスノグラフィーの性質をあげているように，消費の現場の内部から消費者を取り巻く空間や背景を描き出すものである。

　近年では，複雑化，曖昧化する市場を理解することが質問紙調査では難しくなってきていることを受け，アメリカの消費財メーカーに対して行われた調査では，市場を理解するために活用している調査法として，エクセレントカンパニーと呼ばれる卓越した企業はエスノグラフィーを用いていることが報告されている。また，新製品の開発ではエスノグラフィーは欠かせない手法となりつつある（白根，2010）。

　アメリカのゼロックスは，交通混雑の緩和を目的としてロサンジェルスの駐車場の活用の調整のためにエスノグラフィーを用いて，駐車をする人たちの行

動を観察した。その結果，駐車場の看板が見過ごされていたり，パーキングメーターの使い方が理解できないといった問題を見出した。駐車場の場所によって料金を変更すること等の施策を行い，交通渋滞の緩和の問題を解決した。交通量やパーキングメーターのデータといった定量的なデータの解析から得られた知見ではなく，実際の消費者の行動を観察した。また，ハイテク企業であるインテルも，エスノグラフィーによって，消費者の年齢によるPCやスマートフォンの使い方の違いや，人々の生活を理解することによって，将来の戦略に役立てている。エスノグラフィーは，ビッグデータの時代においても，顧客データや市場分析データの分析では把握することができない側面の知を得られるとして，ビジネスの現場においても有益な方法として使用され，ビジネスエスノグラフィーという分野が切り開かれている。

　現在では，ソーシャルメディアへ書き込まれた記事やアップロードされた写真，友人とのやりとりなどを観察し分析することも多い。スマートフォンの普及により，簡単に写真や動画がアップロードできるようになり，言語データだけではなく，動きや音声，映像といったデータを活用することも多い。

5. 購買時点の行動分析

　消費者行動研究の中で，購買時点である店舗内の購買行動研究もさまざまなアプローチがある。店頭で消費者に来店時と出店時の二度のインタビューを行い，そこから購買の予定と購買の結果の差を調べ，購買における非計画購買率や，非計画購買を促す要因を探る店頭面接法や，購買中の意思決定過程を言語データとして得るプロトコル法，また，スキャンパネルデータを用いた分析などがある。

　店舗内において消費者がどのように動いているのかという動線の研究は，フェアリイとリング（Farley & Ring, 1966）などが先駆となり，1960年代から数多く行われている。多くが店舗内の消費者の行動を直接観察し動線のデータを得て，パターンを分類したり，また動線と売り上げとの関連などを考察している。店舗内の動線が長くなると非計画購買率が上がる（渡辺，2000）ことも指摘されている。

店頭内では直接観察法のほかには，店舗内でのカメラを利用して動線のデータを得る方法や，購買の決定に至るまでの意思決定過程を購買者に発話してもらいデータを得るプロトコル法などが活用されてきたが，大量のデータをとることは難しかった。しかし，IC チップの入ったタグと無線交信による自動認識システムである RFID（Radio Frequency Identification）の登場によって，このタグをショッピングカートにつけることによって，店舗内をどのように移動したのか，どこに立ち止まったのか，どの程度時間を費やしたのかなどを記録することが可能となり，そのデータを分析して店舗内購買行動の分類やパターン化を行う分類した研究（Larson et al., 2005；Hui et al., 2009 など）も生まれてきた。店舗内で何が購入されたのかについての把握は，従来では POS データによる売り上げデータは古くから消費者行動研究に用いられてきが，個人別の購買行動については把握することができなかった。しかし，企業のポイントカードに POS システムの ID を紐づけた ID-POS データが登場したことにより，個別の個人一人ひとりの購買が把握できるようになり，ID-POS のシステムが広く使われるようになった。POS データからの ID-POS データへの移行は，「何が何個売れたのか」の把握から「誰が何と一緒に何を購入したのか」の把握へと変わった。さらに，初回の来店と 2 回めの来店では購入するものが違うのか，何を購入した人は離反しないのかといった離反分析など，多様な分析ができるようになり，より深い行動の把握が可能となった。
　これらのテクノロジーの進展により，店舗内購買行動における個人別行動や履歴が把握できるようになり，買い物客を対象としたマーケティングであるショッパーマーケティングに活用されつつある。ショッパーマーケティングは消費者ではなく，店舗内での買い物客に焦点を当てたマーケティングであり，店頭をマーケティングの起点として考えるものである。店舗内にいる時だけではなく，スマートフォンのアプリケーションを活用して，店舗外でもショッパーに働きかけていくことができる。
　店舗内では，センサーやカメラ，AI の活用によって，来店客が新規客なのかリピーターなのかの特定，性別や年齢の推定，店内の動線の把握，エリアでの滞在時間，マーケティング施策の効果測定などのデータが簡単に手に入るようになり，店舗内購買行動の分析および研究は進展していくであろう。

■ 第3節 ■

ビッグデータの活用へ

　現在，消費者行動研究は従来のアプローチとは異なる新たな方法が日々，新しく生まれている。その背景となるのはさまざまなデバイスによって，消費者の行動のデータが蓄積されるビッグデータが活用可能となってきたことである。インターネットへのアクセスログ，SNSへの書き込みやアップロードされた画像や動画，および消費者間のつながり，検索サイトでの検索行動，ECサイトでの行動履歴，GPSの使用による位置情報の獲得，その他アプリ使用によって得られるデータなど，消費者の行動や意識，嗜好などのさまざまな種類の多くのデータが蓄積されているのである。さらにIoTの進展により，さまざまなモノがインターネットとつながるようになり，データはどんどんと増えていく。たとえば，自動車の運転の動作や走行の記録，自宅の家電の操作やエアコンの温度設定の記録など，生活の中でも多くのデータが生み出されている。その蓄積であるビッグデータを分析することで，消費者の行動を把握することができるようになっているのである。

　このようなデータ環境の変化から，消費者行動研究が大きな転換点を迎えている。従来の消費者行動研究の多くは仮説検証型であり，モデル化を目指しその目的に合わせて調査や実験を行ってデータを得ていた。つまり，研究目的や分析方法により調査や実験がデザインされ，それによってデータを得る方法や得るデータは異なるというように，目的に合わせてデータを得ていた。つまり，データを集めていたのである。

　しかしながら，ITの進展によってデータは次々と生まれ蓄積された。つまりデータが集まってくるようになったのである。そのデータをどのように分析し，消費者の行動をつかむのか，データをもとに消費者の行動や心理を発見する仮説探索，発見型，抽出型のアプローチが生じてきたのである。さまざまな型の大量のデータを扱い，規則性や関連性を発見するデータサイエンスも進展し，さまざまなアプローチや分析方法が日々提案されている。萩原（2012）は，新しい消費者行動研究の手法を以下の3つにまとめている。まず1つめは，消

費者をパートナーとみなし，関与度の高い消費者やデータを自発的に提供する消費者の協力を得ながら理解を深める。2つめとして，オンライン・オフラインでの観察やモニタリングを通して消費者の日常行動や言葉をデータとして収集する。そして3つめとして映像認識や脳科学など先端テクノロジーのセンシングにより生成されるデータを活用するというものである。このように多様な種類のデータに対してさまざまなアプローチが登場してきているのである。

　ビッグデータを活用したアプローチは，従来のデータを集めて分析したものと比較すると，以下の点において大きなメリットがある。

　まず，リアルタイムのデータが入手できる点である。調査を企画，計画して実行してデータを収集するという手間やタイムラグがない。また，大人数のデータを得ることが可能であり，また，一度，システムができ上がってしまえば，持続的にデータが獲得できるといった点も大きなメリットとしてあげられるだろう。

　さらにビッグデータの活用は，消費者行動分析のアプローチに大きな変化をもたらしている（図2-1参照）。

　まず1点めとしては，購買プロセス全体の把握が可能となった点があげられる。従来は，動機調査や購買後の満足度調査のように，ある段階のみに焦点を当てたものであったが，購買に至る過程が時系列で把握することが可能となったのである。それもID-POSの普及とそのカードが企業間で連携し，また，検

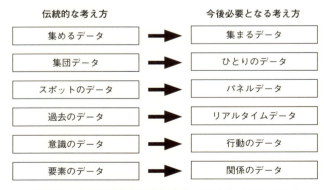

図2-1　今後の消費者行動分析データの変化（萩原，2012）

索サイトや EC サイトとの連携も多くなり，オンライン上だけではなく，実際のコンビニエンスストアなどの店舗での購入など，オンライン・オフラインといった区別なく，行動を把握することができるのである。消費者の購買行動も，オンライン上で情報検索し，その後，実際の店舗で購買したり，また，実際の店舗で品質や価格を確認してから，オンライン上で購入したりと，消費者の購買行動もインターネット上と現実空間を行き来することが多い。また，小売業もそのような消費者の行動に対応し，実店舗とオンライン上のショップを融合させて商品管理や顧客管理や情報の統合を行い，購入場所や配送場所などを当該顧客にとって最適であるような購買プロセスを実現するオムニチャネル化も進展してきている。

　2 点めの変化としてあげられることは，行動過程や意識，嗜好の把握を個人ごとに個別に行うことができるという点である。たとえば，あるブランドや商品の存在をどのコンタクトポイントで認知し，どのように情報探索や比較検討をし，購入に至ったのかという顧客の購買プロセスを可視化したカスタマージャーニーを把握し，購入，使用後にどのような感想を SNS に投稿したのか，その後，どのようなことを検索したのかといった購買以外の生活空間の把握も可能となったのである。

　3 点めは，関係性が把握できる点である。誰と誰がコミュニケーションととっているのか，ソーシャルメディア上で誰が影響力を持っているのかなどのつながりの把握も簡単にできるようになった。人間関係だけではなく，購買意思決定過程において，どの商品とどの商品や情報が関連し合っているのか，この商品に興味を持った人は他のカテゴリーではどのようなものに興味を持っているのかといったように，商品や情報といったつながりも把握できる。さらに，この商品はどのようなキーワードを使って検索されているのか，どのような内容がクチコミされているのかといった言葉との関係も把握できる。たとえば，ミネラルウォーターなら，「おいしい」と「爽やか」のどちらの単語と強い関連があるのかなど，言葉やイメージとの関連も調べることができる。

　関係性の把握にはその空間や社会の関係を可視化することができるネットワーク分析が使用されることが多くなってきている。消費者行動研究に新たに加わった分析方法として，ネットワーク分析について紹介しよう。

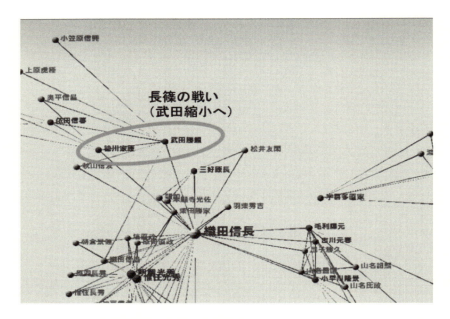

図2-2 史料データより分析した1575年の戦国武将たちのネットワーク（伊藤・明石，2011）

　ネットワーク分析とは現実世界における対象をネットワークで記述し，構造を探るものであり，その分析対象は，生物学的なものや情報ネットワーク，そして人間関係や社会的関係を記述する社会ネットワークなど，多岐に及ぶものである。ソーシャルメディアの普及の背景を受け，消費者がどのような関係を持っているのか，情報がどのように広がっているのかなど，消費者行動分析やマーケティングの分野においても利用されはじめている。

　ネットワーク分析は，古くはハンガリー出身の数学者エルデシュ（Erdös, P.）との関係の近さを共著論文の関係によって規定するエルデシュ数や，ハリウッド映画においてケヴィン・ベーコン（Kevin Bacon）と共演した関係を結んでいったベーコン数など，人間関係の広がりの把握にも使用されてきた。消費者行動の分野においては，ソーシャルメディアから得られるデータによって消費者の交流や，投稿されたクチコミがどのように影響を与え合っているのか，誰が多くの人に影響を与えているインフルエンサーなのかといった関係を抽出することが可能となった。

消費者行動分析にネットワーク分析を利用する際には，個人をノード（点），関係をリンク（線）で表し，関係を可視化する場合が多い（例：図2-2）。先述のエルデシュ数やベーコン数は，ネットワークを介しての距離を表しているものである。それぞれのノードが何本の線とつながっているのかを示すことを次数という。

　ネットワーク分析の2つの視点は，当該個人がどのような関係性を持っているのかというエゴセントリックネットワークと，その社会的システム（たとえば，あるコミュニティや会社員の社員たちなど）が全体としてどのような構造となっているのかというソシオセントリックネットワークであり，個人を中心としたアプローチも，ネットワーク全体を俯瞰したアプローチも可能である。

　ネットワーク分析には，以下の指標が使われることが多い。

・距離
　ある個人から別の個人まで到達するのに，必要なステップ数。
・中心性
　中心性とは，そのネットワークにおいてその人が中心的であるかどうかを図るものであり，基本的には次数が大きいと中心性が高いとする次数中心性や，その人を通る経路が多いほど，中心性が高いとする媒介中心性，ネットワークを構成している人々との距離が小さいことを中心性とする近接中心性など，ネットワークの中心にいると考えることである。中心性が高い人はそのネットワークの中でハブとなっており，インフルエンサーであることが多い。
・密度
　そのネットワークで可能なリンク数に対するノード数の割合。
・クラスター係数
　クラスター係数とは，あるノードの隣接ノード同士が隣接ノードである割合のことで，自分と知り合いA，自分と知り合いBがいる時に，AとBが知り合いであれば，自分，A，Bの三角形ができる。ネットワークにおけるこの三角形の個数の割合がクラスター係数であり，クラスター係数が高ければ，ネットワークの関係性は高いこととなる。この性質をワッツとストロガッツ（Watts & Strogatz, 1998）は「クラスター性」と呼んだ。

さて,ネットワーク分析の消費者行動分析における利用においては,ソーシャルメディア上のクチコミにおいて強い影響力を持つインフルエンサーの特定やインフルエンサーがどれほどの影響力を持っているのかの把握,影響力の源泉は何なのかの把握,またクチコミ情報の流れなどが分析し,マーケティングコミュニケーションにおいての効果的な活用など,マーケティング領域において,実践的に活用されている。

　消費者間ネットワークに関する研究も登場してきている。ゴールデンバーグとレビー（Goldenberg & Levy, 2009）は,ソーシャルメディアの分析を通して,人々を媒介するハブには革新性の高いハブと追随的なハブの2種類に分類でき,革新的なハブは,普及の速度に影響を及ぼし,追随的なハブは市場規模の大きさに影響を及ぼすことを明らかにしている。また,いわゆる「世間は狭い」という現実世界のネットワークに近いスモールワールドネットワークをモデル化し,スモールワールドネットワークの特徴を紐帯や密度も低く,平均経路長が短く,つながりがランダムではないと指摘したダンカンとピーター（Duncan & Peter, 2007）は,影響ネットワークモデルという理論モデルを構築し,影響力の流れについてシミュレーションを行った。その結果,全体に影響を及ぼすほどの大規模な要因は,インフルエンシャル（影響力を持つ人）の存在ではなく,影響力を受けやすい人の数が関係することを指摘している。つまり,普及の成功を説明する要因は,普及の初期段階におけるインフルエンサーの役割ではなく,インフルエンサーからの影響を受けやすいノン・インフルエンシャルの数というネットワークの構造的要因であることを指摘している。

　このように,新たな関係性によって把握するというアプローチが消費者行動研究の新たな方法論の1つとして広まりはじめている。

■第4節■
ソーシャルメディアデータ活用の注意すべき点

　情報の発信者と受信者がネットワークでつながるソーシャルメディアの中で,

特にコミュニケーションのツールとして特化したSNSは，消費者が気軽に自分の行動や意見を書き込んだり，写真をアップロードしたりと消費者の興味や関心，行動が反映されている場であり，市場の興味の指標としてSNS上のデータが使用されることも多い。スターン（Sterne, 2010）はソーシャルメディアから抽出したデータのマーケティングへの活用について，「ブランドについての顧客のクチコミの量を投稿数によって測定する」「クチコミの継時的推移」「購買行動段階ごとのクチコミ」「ファン数」「お気に入り登録数」「投稿内容に見る入れ込み度」など，100にも及ぶ指標を列挙しており，その中にはページビュー数やリンク数といった構造的に把握できるもの，リンク先，書き込みの行為やリツィートといった関係性から把握できるもの，そして書き込みのテキストから把握するものという性質の違ったデータをマーケティングのデータとして活用する方法が示されている。

　しかしながらソーシャルメディアのデータをそのまま消費者の意識や行動を理解するためのデータとして適用するにはいくつもの問題点がある。

　まず，サンプルの偏りの問題であろう。ソーシャルメディアの書き込みをデータとして使用する場合は，ソーシャルメディアに書き込みをしたり，画像や動画をアップロードする人が対象者となるわけである。つまりソーシャルメディアを利用していない，また自分は読むだけで書き込まないという人たちのデータは取得できない。つまり，ソーシャルメディアを利用して自分のことをさらにソーシャルメディアへ書き込みをするという心理的な傾向が存在することも指摘できる。読み手として誰を想定しているのか，周囲の人たちにどう見られたいと思い投稿するのか，書き込みの目的は何なのか，などソーシャルメディアに対する態度の違いが書き込みの内容や頻度などにも影響を及ぼす。また書き込みされた内容は本当の内容なのか，読み手を意識して現実とは違う内容を投稿していることは大いに考えられる。

　また，ソーシャルメディアの世界は，現実の世界をそのまま映し出したものではないということも留意しなくてはならない。たとえば同一商品カテゴリーの中のブランドについて，書き込み数を比較したとしよう。その書き込み数の多いものが，市場シェアが一番高いものだとは限らない。往々にして書き込む内容は日常的なことではなく，旅行先や外食など，非日常的なことが投稿され

る。ソーシャルメディアでは，目新しいことや珍しいことには反応をするという特徴がある。さらにソーシャルメディア上のインフルエンサーに商品などについて投稿してもらい話題にするといったインフルエンサーマーケティングの施策も広く使われるようになり，広告まがいの書き込みも増えてきており，ソーシャルメディアが本当に消費者の生の声を反映したものであると考えることが難しい状況にもなってきている。

■第5節■
個人情報の保護

　前にも述べたように，情報通信技術，IoTの進展によって，購入履歴，通話履歴やコミュニケーションの履歴，アクセスログ，位置情報や移動の情報，身体の動きや状態を把握する活動量計による身体の状態などの個人のデータが収集され，分析されていく。個人の生活が詳細にデータとなり把握することが可能となるのである。その場合，問題となるのが，個人情報の保護である。
　2017年に施行された「個人情報の保護に関する法律」の改正法によって，個人情報の保護が強化されたと同時に，得られた個人情報を活用できないことによる経済活動の停滞を防ぐために，特定の個人として識別することが不可能であり，かつ復元不可能である「匿名加工情報」としての利活用が認められた。
　もちろん，ビッグデータ活用以前から，消費者行動調査において，個人情報の保護は最優先されるべきものであるが，より個人が特定され，生活全般にわたり，よりプライバシーに関連するデータが取得されるような時代になってきたことによって，より個人情報の保護を含め，データ収集，分析における倫理的配慮は留意されなくてはならない。個人データを収集し管理する情報銀行の登場など，個人情報の取り扱いについては，適正な運用を目指して今後さまざまな動きが生じてくると思われるが，消費者行動は個人を，そして広く生活全般を研究の対象とする分野であるからこそ，常に適切な個人情報の取り扱いを強く意識しなくてはならない。

第3章
消費者の購買意思決定過程

　現代社会は，さまざまな商品・サービスにあふれている。消費者は，それら商品・サービスについての情報を集め，商品・サービスについてのベネフィット，コスト，リスクなどを把握し，自分に合った商品・サービスを購入している。そしてそれら商品・サービス購入後，その満足度・後悔などを評価し，再度購入するか否か，あるいは人に薦めるかどうかの判断もしている。加えてそれら商品・サービスのみならず，それらを提供している企業・店舗，あるいは従業員・店員などに対する評価も行い，商品・サービスのみならず，企業やブランドに対するイメージを形成している。

　それでは，消費者はどのようにして購買行動の意思決定，さらには再購入・再利用意思決定をしているのだろうか。本章では，人間の意思決定過程の仕組みを踏まえて，第1節では購買行動に関する意思決定モデルについて概観し，第2節ではよい意思決定をするために考慮すべき要因について述べた上で，第3節で相互作用を伴う消費者の意思決定過程について考察する。

■ 第1節 ■
購買行動の意思決定モデル

　消費者行動を説明するためのモデルにはさまざまあるが，ここでは，①ハワード・シェスモデル，②消費者意思決定モデル（EBMモデルなどから発展させ

たモデル），③多属性態度モデル（態度理論，行動意図モデル，計画的行動理論），④二重過程理論，について概観する。

1. ハワード・シェスモデル

　ハワードとシェス（Howard & Sheth, 1969）のモデル（ハワード・シェスモデル：Howard and Sheth model）は，購買行動を説明するための最も伝統的なモデルの1つで，刺激（stimulus）−生体（organism）−反応（response）という新行動主義の学習理論などを参考に，インプット（刺激）−仮説構成体（hypothetical constructs）−アウトプット（反応）という関連性を仮定したものである。

　刺激変数は，ブランド対象自体あるいはブランド属性に対して行われる言語的・図示的表現を意味している。これら刺激は，商業的環境からの刺激（品質，価格，独自性，利用可能性，サービスなど会社・団体等からの活動）と社会的環境からの刺激（知人・友人などからのクチコミなど）に分けられている。

　仮説構成体は，消費者の内的状態のことで，商業的・社会的環境からの刺激を反映し，仮説構成体を構成する要素同士で相互作用する。仮説構成体は，知覚構成体（情報処理機能を持つ）と学習構成体（概念形成機能を持つ）の2つに分けられている。

　知覚構成体に関しては，購買決定に関連する情報探索および処理機能を持ち，①情報に対する感受性，②知覚バイアス，③情報探索の3つから構成される。

　学習構成体は，①動機，②想起集合（動機を満足させる選択肢の集合。学習プロセスを通して順位づけされる），③決定メディエーター（decision mediators；選択肢と動機をマッチングさせ，それらを順位づけするための心的ルール），④ブランドに対する傾向性（想起集合内にあるブランドに対する消費者の選好），⑤抑制要因（inhibitors；購入行動に重大な影響を与える要因。高価格やブランドの利用可能性の欠如など），⑥ブランド購入に対する満足，から構成される。

　反応変数（アウトプット）は出力変数であり，①注意，②理解，③ブランドに対する態度，④購入意図，および⑤購買行動からなる。なお反応変数の関連

性については，AIDA モデル（Attention, Interest, Desire, and Action model）のように，注意→理解→態度→購入意図→購入行動という階層構造を仮定している。

外生変数は，①購入の重要性，②時間的制約，③パーソナリティ特性，④社会的・組織的環境，⑤社会階級，⑥文化を仮定しており，これらにより，個人差のコントロールや，パラメータ推定の誤差を減少できる。

購入者の意思決定プロセスについては，①広範的問題解決（購入の初期段階。決定メディエーターの形成は不十分で，ブランドを選考基準に基づいて十分弁別できていないため傾向性は低い。情報は積極的に収集する。多くのブランドが想起集合となる。商業的環境からの刺激は直接的な購買反応を誘発する可能性は低い），②限定的問題解決（ブランドに対する傾向性が中くらいのとき。情報探索は広範的問題解決のときほどではなく，多様なブランドを比較し弁別するための情報を探し求める。想起集合は少数のブランドで構成され，各ブランドの選好度は同程度），③ルーチン的問題解決（高いレベルの傾向性を持つ。あまり情報探索をしない。想起集合は1つか2つ）によって異なるとしている。なお衝動的購買行動は強い傾向性や誘導的な商業的刺激の結果で，そのときの想起集合は2，3の強く選好するブランドから構成される。

2. 消費者意思決定モデル

CDP モデル（the Consumer Decision Process model）は，EKB モデル（Engel, Kollat, and Blackwell model）や EBM モデル（Engel, Blackwell, and Miniard model）に基づき発展させたものである（Blackwell et al., 2018）。CDP モデルでは，消費者の意思決定プロセス，必要性認知（need recognition）→情報探索（search for information）→購入前の選択肢評価（pre-purchase evaluation of alternatives）→購入（purchase）→消費（consumption）→購入後の選択肢評価（post-purchase evaluation of alternatives）→放棄（divestment）からなると仮定している。

必要性認知は，人が自分の理想と現実の状態との違いを認識したときに起こり，自分の記憶や環境的影響（文化，社会階級，家族，状況など）や個人差（動

機，知識，態度，性格，価値観，ライフスタイルなど）の影響を受ける。

情報探索は，必要性認知が起こり，自分の満たされない要求を満たしたいときに行われる。情報探索には内的探索（記憶からの検索）と外的探索（家族や友人，マーケットなどからの情報収集）がある。内的探索によって必要性認知が変化・変容する。また外的探索によって何らかの刺激を見つけ，暴露（exposure）→注意（attention）→理解（comprehension）→受容（acceptance）→保存（retention）というプロセスで記憶される。

これらがある程度行われた後に，異なった製品やブランドを比較するための何らかの基準を用いて，購入前の選択肢評価がされ，そして購入，消費という過程をたどる。なお購入前の選択肢評価には環境的影響，購入，消費には個人差が影響する。

消費後に，購入後の選択肢評価が行われ，消費によって得られた経験やパフォーマンスが事前の期待に達していれば満足が生じ，その満足は購入前選択肢評価にフィードバックする。もし自分の期待に達しなければ不満が生じ，そして選んだ選択肢よりもよい結果が得られると期待される選択肢を見つけるため，外的探索が行われる。

放棄はCDPモデルの最後の段階で，消費者には，廃棄処分，リサイクル，リマーケティングなど，いくつかの選択肢がある。

CDPモデルは，消費者が特定の製品やサービスに適合した意思決定をどのようにしているのかを明らかにし，マーケティング担当者が消費者について学ぶことを支援することを目標としている。CDPモデルによって，①消費者の意思決定に影響を及ぼす要因間の関連性の特定，②追加研究のためのトピックの特定，さらに③マーケティングミックス戦略の策定・実施も可能となる。

よってさらに消費者行動を理解し，それらをさまざまなところで適用・応用するためには，個人差要因（1：人口統計学，心理統計学，価値観，パーソナリティ，2：消費者の資源（時間，お金，情報受容度など），3：動機，4：知識，5：態度，環境的影響（文化，社会階級，家族，個人的な影響，状況），そして消費者行動に影響する心理的プロセス（情報処理，学習，態度と行動変容）について，さまざまな状況において，具体的に検証していく必要があると考えられる。

3. 多属性態度モデル

多属性態度モデル（multi-attribute attitude model）は，ローゼンバーグ（Rosenberg, M. J.），フィッシュバイン（Fishbein, 1967a；Fishbein & Ajzen, 1975）などの態度理論に基づいて，消費者行動研究やマーケティング研究に適用したものである。消費者行動研究やマーケティング研究でよく使われるモデルは以下のとおりである（杉本，1982）。

$$A_j = \sum_{i=1}^{n} a_i b_{ij}$$

A_j：ブランドjに対する態度（選好度）
a_i：属性iの重要度
b_{ij}：ブランドjに関する属性iの満足度
n：属性の数

このモデルでは，ある対象に対する消費者の態度（選好度）は，その対象に対する消費者のさまざまな信念の強さ（その対象はある属性とどの程度関連しているのか，どの程度重要・必要であると考えているか）と，その属性に対する評価（対象はその属性を有している／いない，満足／不満，好き／嫌いなどの評価）との関数によって捉え，そして各対象に対する態度の総和を計算し，その総和によって消費者の行動を説明・予測しようとしている。たとえば，エアコンの購入では，属性として価格，機能，省エネの3つがあるとする。ある選択肢に対する態度（選好度）は，3つの属性それぞれ対する重視度と，その選択肢に関してそれら属性がどの程度関連しているか（有している，満足しているなど）という評価との積和で計算される。これらをすべての選択肢について計算し，最も大きな値を取るものが最も選ばれやすいということを意味している。

フィッシュバイン（Fishbein, 1967b）は，態度だけでなく，主観的規範（subjective norm；自分がその行動を取ることをどの程度他者から期待されていると思っているか），つまり規範的信念（normative belief；この状況で

すべきことについての信念）と規範的信念に従う動機づけ（motivation to comply；その規範に従いたいと思う程度）との積和も，行動意図（ある特定の行動・反応を生じさせるもの。対象に対する態度とは異なる）を介して行動に影響するという行動意図モデルも提案している。

$$B \approx BI = [A_{act}]\omega_0 + [\sum_{i=1}^{n} NB_i Mc_i]\omega_1$$

B ：行動（Behavior）
B_I ：行動意図（Behavior intention）
A_{act} ：行動に対する態度（Attitude to act）
NB_i ：規範的信念（Normative Belief）
Mc_i ：規範的信念に従う動機づけ（Motivation to comply）
ω_0, ω_1：それぞれに対するウェイト
n ：属性の数

さらにアイゼン（Ajzen, 1991）は，行動意図モデルに行動統制感（perceived behavioral control；将来の状況に対処するために必要な行動をどれだけうまく実行できるかどうかの判断）を加えた計画的行動理論（theory of planned behavior）に発展させている。行動統制感はバンデュラ（Bandura, 1977）の自己効力感（self-efficacy；ある状況において必要な行動をうまく遂行できるかという自己認知のことで，効力予期（efficacy expectancy；ある行動をうまく行えるかどうかという自分の遂行能力に対する予測）と結果予期（outcome expectancy；自分のとる行動によってある結果が生じるという予測）からなる）と非常に似た概念であり，行動を説明するための重要な要因である。たとえば，ある商品に対して購入態度が肯定的で，周りの人たちも賛成していると感じていた（主観的規範）としても，自分がそれをうまく利用できるという認識を持っていれば購入するが，うまく利用できないと感じた場合には購入を取りやめると思われる。このように態度や主観的規範が同じであったとしても，行動統制感の違いで，行動が異なる可能性がある。

しかしながら評価すべき選択肢や属性が多くなると，これらモデルでの予測

と実際の選択行動とが一致しないことが示されている。たとえばジャコビーら（Jacoby et al., 1974）は，選択肢や評価すべき属性が多くなり情報負荷が増大すると，①予測精度が低下すること，②意思決定までの時間がかかること，③より悪い購入決定をしたとしても，情報量が増えるにつれて満足度は高くなることなどを明らかにしている。これらのことはこれらモデルで用いられている関数が，厳密な意味での線形関数でなかったとしても，行動の予測には限界があるためと考えられる（竹村, 1997）。さらに，選択肢が多い場合には，少ない場合よりも，購入意欲が下がったり，購入した場合の後悔が大きく満足度も低い傾向がある。アイエンガーとレッパー（Iyengar & Lepper, 2000）は，ジャムの試食・購買実験において，24種類のジャムを試食できる場合と，6種類のジャムを試食できる場合とを比較した。それぞれの試食コーナーに集まる人は60％に対して40％でたくさんのジャムを試食できる場合が多いが，実際に購入する人はそれぞれ3％に対して30％で非常に少ないことを明らかにしている。選択肢が多い場合には，多くの選択肢を比較検討できるので楽しさも高まるが，全選択肢を手に入れることはできないため，多くの手に入れられなかった選択肢と自分が手にした選択肢とを比較することになるため，選択肢が少ない場合よりも後悔が大きいことも指摘されている（Roese, 2005）。これらについては，Maximizer（最高の選択を求める人。後悔する傾向が高い）であるか，Satisficer（ある程度のところで満足する人。後悔する傾向が低い）であるかも関係していると考えられる（Schwartz, 2004）。

さらに購入意図に影響を及ぼす要因は，商品を購買する形態によっても変化する。オンラインショッピングでは，態度や行動統制感は行動意図に影響を及ぼすが，主観的規範はそれほど行動意図に影響しないことが示されている（Wang et al., 2007）。よってこれらの影響についても今後検討する必要がある。

4. 二重過程理論

二重過程理論（dual processing theory）は，認知心理学や社会心理学において発展してきた人間の情報処理プロセスを説明するための理論である。この理論では，人間の情報処理プロセスには，システム1（高速，自動的，非意識

的，感情的，ヒューリスティック，経験的，直観的，暗黙的に情報処理をするシステム）と，システム2（低速，意識的，認知的，内省的，熟慮的，分析的，合理的，明示的に情報を処理するシステム）があると仮定しており，さまざまな研究分野においておおむね支持されている（Evans, 2008）。たとえば態度変容に関して，精緻化見込みモデル（elaboration likelihood model；Petty & Cacioppo, 1986, 第4章図4-1参照）では，中心ルート（システム2に相当。情報について熟慮し判断する情報処理。認知的能力を必要とする。）と周辺ルート（システム1に相当。情報をあまり吟味せず感情的に判断する情報処理。認知的資源をあまり必要としない）を仮定し，動機や認知的能力が十分な場合には中心ルート，どちらか一方の場合には，周辺ルートになることを明らかにしている。また推論やバイアスに関して，カーネマンとフレデリック（Kahneman & Frederick, 2005）は，①バイアスのかかったヒューリスティックな判断はシステム1が関連していること，②このようなバイアスのかかった判断に介入して改善させる可能性のある分析的な推論は，システム2と関連していることを示している。

しかしエバンス（Evans, 2008）が指摘しているように，さまざまな分野で研究が進められていることもあり，①各研究において複数の暗黙のプロセスが存在し，②それらのプロセスで提案された全属性を2つのシステムに適切にマッピングあるいは分類することは難しく，さらには③システム1と2は互いに影響し合っている。そのため今後さらにこの理論を精緻化および検証する必要があるといえる。

■ 第2節 ■
よい意思決定をするために考慮すべき要因

現代社会では商品・製品，サービスなどが多種多様に存在する。各個人はそれらの中から自分にとって最もよいものを選択したいと考えている。しかしながら，各個人の要望・要求をすべて満たすようなもの，たとえば低価格，高品質，

高機能などの商品はまず存在しない。多くの場合，「ものはよいが値段が高い」，「値段は手頃でよいけれど，品質や機能が不十分」というようなことが起こる。さらには「価格も機能も十分だが，もう少ししたら新製品が出るかもしれない」，「ある商品が欲しいが，少しお金が足りない。購入を待ちたいが，そうすると売り切れになっているかもしれない。多少無理してでも今買うべきなのだろうか？」と考えてしまうこともよくあることである。つまり私たち消費者は，各商品・製品・サービス等自体に関する要因や自分自身の要因のみならず，それら以外の要因によっても購買行動は大きく変化するのである。さらに何らかのリスクが存在するような商品・製品・サービスも存在する。典型例としては，投資，ギャンブル，保険，病気治療や介護，医薬医療品購入や予防接種なども含む医療サービスなどがこれにあたる。このように日常生活における購買行動であっても大変複雑である。しかしながら，たいていの場合私たちはそれほど大きな問題もなく，上記で示したような日常的な購買行動を繰り返し行っている。ではどのようにしてこのような購買行動意思決定を行っているのだろうか。ここでは，①意思決定をするときの方略（効用最大化，満足化，多重制約充足），②効用最大化をさらに発展させ，状況が意思決定に及ぼす影響も考慮したプロスペクト理論，そして③意思決定をする際に最も重視される方略の１つである後悔最小化について述べる。

1．意思決定方略（効用最大化，満足化，多重制約充足）

　効用最大化（utility maximization）では，各選択肢の効用（たとえば満足度）を評価し，最も効用の大きな選択肢を選ぶ傾向があると仮定している（Edwards, 1961）。ただし人間はすべての選択肢についてのすべての情報を手に入れることはまず不可能であるため，限られた選択肢の中から最もよい選択肢を選ぶことしかできない。サイモン（Simon, 1996）は，人は可能な限り合理的に意思決定しようとするが，認知能力等の限界によって，限定的にしか合理的ではなく，その範囲内でのみ合理的（限定的合理性；bounded rationality）であるため，満足化（satisficing）という方略で意思決定すると仮定している。これは，人は商品等についての情報を収集するが，すべての選

択肢に対するすべての情報を収集することはできない。そのため人は選択肢を選ぶ際に何らかの基準・目標を設けて、そしてそれらを満足させる選択肢を見つけた場合、他の選択肢を探索することをやめて、その選択肢を選ぶということを意味している。

また不動産購入、保険加入、医療・介護サービスなどのように、多数の制約条件を同時に満足させなければならないような消費行動もある。たとえば不動産購入では、もちろん物件（新築 or 中古、日当たり、間取り、広さ）や価格やローンが最も重要な条件であるが、それらと同様に、通勤・通学にかかる時間（特に共働きの場合）、利便性（公共交通網、日常の買い物）、住環境（治安、防災害）などさまざまな制約条件を同時に考慮しなければならない。さらには価格と築年数や広さのように、制約条件同士が競合し合うことも多い。われわれは、競合する多数の制約条件を同時に考慮し、目標、状況、能力などの制約下で、最もバランスのとれた選択肢を選んでいく必要がある。その際に、自分自身に知識などが不足・不十分な場合には、過去の経験（他者の経験も含む）から似たような事例を当該事例に適用して類推することもある（Holyoak & Thagard, 1995）。消費者意思決定ではないが、上記のように多重制約充足（constraint satisfaction）を扱った栗山ら（2001）および楠見ら（2008）は、進路意思決定の結果をまとめ、以下を明らかにしている。

① 意思決定方略には、「完全追求方略（すべての条件を完全に満たす選択肢を選ぶ）」、「属性効用方略（重視する順番に条件を並べ重要な順に考慮する）」、「絞り込み方略（希望と現実との妥協点をみつける）」、「満足化方略（最も重視する条件が満たされているものを選ぶ）」の4つの要因があり、「完全追求」→「属性効用」→「絞り込み」という「熟慮型」プロセスと、「完全追求」→「満足化」という「直観型」プロセス2つの決定過程がある。
② 「体験談」からの類推については、重視する条件を順番に並べて検討する「属性効用方略」の意思決定方略に影響している。

これらを消費者行動に当てはめてみると、誰もが最初は全条件を満たす選択肢を探すが、熟慮型の人は、そのうち重要な条件を考慮しはじめ、現実的な選

択肢を選ぶ傾向があり，直観型の人は，全条件を満たすような選択肢がなければ，最も重視する条件が満たされればよいというように考える傾向がある。そして熟慮型の人は「類推」を使って意思決定する傾向があると考えられる。これらのことは先述の二重過程理論のシステム2，とシステム1にも関係している可能性があるかもしれない。

2．プロスペクト理論

　不確実状況下における意思決定モデルとして，先ほど述べた効用最大化をさらに拡張したプロスペクト理論（prospect theory）がある（Tversky & Kahneman,1986）。この理論は主観的期待効用理論（sabjective expected utility theory；不確実状況下において，人々の確率判断は必ずしも客観的な確率と一致するわけではなく，効用と同様に主観的であるという考えに基づく理論）に加え，人間の意思決定に影響を及ぼすバイアスをも考慮したモデルである。確実状況下とは，望めばどの選択肢も確実に手に入れることができる場合のことで，それに対し不確実状況下とは，選択肢のうち少なくとも1つは手に入るかどうかが，あるいはその事象が生起することが確率的に変動している場合のことである。不確実状況下の購買行動の例としては，ある商品を購入できるかどうかが抽選の場合，投資のように儲かるかどうかが不確実な場合，保険契約のようにどの保険に入るかは自分で決めることができるけれども，保険金が支払われる事象が生じるかどうかは不確実な場合などがあげられる。このような不確実状況下では，①低い確率で生じる事象を実際より高く，高い確率で生じる事象を実際よりも低く判断する，②利得に関する効用と損失に関する効用が異なる（例：10,000円を得たときの効用よりも，10,000円失ったときの損失のほうが大きい），③参照点（利得と損失を分ける基準点。現時点の状態がこの基準点から利得と損失どちらに移動しているのかという判断によって，利得と感じるのかそれとも損失と感じるのかが決まる。なおこの基準点がどのようにして移動するのかについてはまだ十分解明されていない）が状況によって変化するという影響を受けている。これらのことを応用することで，購買行動と関連する環境配慮行動を促進させることができる可能性がある。たとえば環

境保全のためにレジ袋削減という行動を消費者に促進させたいときに，お店が「レジ袋が不要の方には5円お返しします」というよりも，「レジ袋代として5円いただきます」というほうが，同じ5円でも損失のほうが大きく感じるので，消費者は損失を回避し，エコに協力する人が増えるかもしれない（なおプラスチック製レジ袋については，2020年4月より有料化が義務づけられる予定）。

　さらにこれらのバイアスは，保険や投資のみならず，何らかのリスクが存在する医療・健康関連の商品・サービスの購入意思決定に大きく影響することも意味している。人の判断は文脈に依存する。たとえば，同じ内容であったとしても，その内容をポジティブに表現した場合とネガティブに表現した場合とでは，人々の選択が異なることがわかっている。このバイアスのことをフレーミング効果（framing effect；Tversky & Kahneman, 1986）という。たとえば何らかの治療をする際に，「この治療を行うと95％の人は症状が改善します（ポジティブ・フレーム）」といった場合と，「この治療を行っても5％の人には症状に変化はありません（ネガティブ・フレーム）」とでは，本質的には同じ内容であったとしても，判断が異なる（一部改変）。保険に関しても，「この保険に入った人の5％は，入院給付金を受け取っています（ポジティブ・フレーム）」のほうが，「この保険に入った人の95％は，入院給付金を受け取るような病気にはなっていません（ネガティブ・フレーム）」と表現した場合よりも，この保険に加入してくれる可能性は高いと考えられる。

　もちろん現実場面では，上記のようなネガティブ・フレームを使って消費者に情報を提供することはない。しかしながら，現在はリスク・コミュニケーション（risk communication）の必要性・重要性が高まってきている。リスク・コミュニケーションとは，①行政や企業，科学者などのリスクの専門家からの情報が一方的に伝えられることではなく，多くの個人や団体，そして利害関係者などがリスクに関する情報を交換し相互に働きかけ合いながら，ともに意思決定に参加するという双方向のコミュニケーションのことで，さらに重要な点としては，②リスクに直接関係する情報だけでなく，間接的なこと，たとえば何も語らないこと（時には隠蔽の証拠となる）もリスク・コミュニケーションに含まれる（吉川，2009）。これらのことは，行政・企業・団体などが何らかの商品・製品・サービスを提供するときには，消費者に対して，リスクを正しく

提供する必要があることを意味している。よって今まで消費者にあまり伝えてこなかった情報を，積極的に伝えていくことで，消費者に商品・製品・サービスに対する正しい理解を促進させていくことのみならず，消費者からのフィードバックをもとに，さらには消費者とともに行政への信頼，企業ブランド，商品・製品・サービスなどを含め価値を共創していくことが必要になると考えられる。

3. 後悔最小化

　意思決定に影響を及ぼす要因は，リスク認知，ベネフィット認知，コスト認知など多数存在するが，特に重要な要因として後悔最小化（regret minimization）がある。意思決定における後悔は，

①以前と現在との比較，つまり何らかの行動をした／しなかった結果，以前の状態よりも現状が悪くなった場合（Zeelenberg et al., 1998）。たとえば，転職をしたら，前の会社よりも給与や昇給，待遇が悪くなった。
②他の選択肢との比較，つまり自分が選択したものよりも，他の選択肢のほうが良い結果が生じたと思われるとき（Tsiros, 1998；Zeelenberg et al., 1996）。たとえば，サービスAを購入したが，サービスBだったらもっとよかったかもしれないと思った。
③選択の結果が目標に非常に近いとき（Kahneman & Tversky, 1982）。たとえば，電車に乗ろうとして走ったが，目の前でドアが閉まって乗れなかった。こんなことなら走らずに，次の電車を待てばよかった。
④余計な行動，普段と異なる行動を取ったとき（Kahneman & Tversky, 1982。近道をしようとして普段と違う道を通ったら，交通渋滞していて遅刻した。

というような場合に生じるネガティブな感情である（上市・楠見，2000）。これらを総合すると，後悔は自分の持っている予想・期待などの何らかのnorm（基準）と得られた結果との比較により生じるネガティブ感情と（norm theory；Kahneman & Miller, 1986）と考えることができる（上市・楠見，

2004)。

　これらの後悔は，意思決定後の過去展望としての後悔と定義することができる（楠見，2000）。過去展望としての後悔とは，自分の視点を現在から過去（意思決定をした時点）に戻って，そのときに実際に選択して現在生じている結果と，そのときには選択しなかった選択肢を顕在化させ，もしそれを選択していれば得られたであろう結果（メンタルシミュレーションによって得られたもの，あるいは norm）とを比較して，後者のほうがよい結果が得られたと感じるときに生じるネガティブな感情といえる。

　このような過去展望から生じた後悔は，商品・製品・サービスなどに対する評価の1つでもあり，満足と同様に，それらを再度購入するかどうかの意思決定に影響を及ぼす可能性がある。たとえばギャンブルに関する選択行動において，選択結果に対する後悔は制御可能性（自分自身でリスクをコントロールできるという認識）に，満足は能力評価（自分の知識や能力に対する自己評価）にフィードバックし，他の認知要因と関連しながら，間接的に次回の選択行動に影響することが示されている（上市，2003）。

　そして後悔にはもう1つ，後悔予期（あるいは予期的後悔；anticipated regret）という未来展望としての後悔が存在する（楠見，2000）。この後悔はメンタルシミュレーションによって，現時点から自分が選ぼうとしている選択肢やそれ以外の選択肢を選んだ場合の未来の結果を想像し，選ぼうとしている選択肢の結果とそれ以外の結果との比較から生じるネガティブな感情である。そして人は後悔予期が最も小さい選択肢を選ぶ傾向がある。上市・楠見（2000）は，日常場面のリスク状況を体系的に分類し，8つの状況（利得－損失状況：ギャンブル（例：ハイリスク・ハイリターンのパチンコを打つ），スポーツ（スキーで上級者コースを滑る），受験（不合格になる可能性が高くても第一志望校を受験する），原発に対する賛否，損失状況：自転車盗難防止行動（複数の鍵をつける），道路横断行動（遠回りしても横断歩道を渡る），リストラ対策（資格取得などのスキルアップのための勉強をする，地震対策行動（防災用品を準備する））それぞれに対して，パーソナリティ（five factor model），認知・感情要因（不安感，リスク制御可能性，能力評価，リスク認知，コスト認知，後悔予期），リスク回避行動との関連性について検討し，その結果，状況によって

リスク認知やコスト認知がリスク回避行動に及ぼす影響は変化するが，後悔予期は8つの状況に共通してリスク回避行動に影響を及ぼしていることを明らかにしている。

　これらの結果は，リスクやコストを最小化するような選択以上に，将来起こることをメンタルシミュレーションして，後悔を最小化するような選択をすることを意味している。自転車盗難防止行動や地震対策行動は，盗難や防災用品などの商品購入行動と関連し，ギャンブルやスポーツなどは娯楽といえるのでサービス購入行動と考えることができる。これらのことから他の購買行動においても後悔最小化という選択を私たちは行う可能性が高いと思われる。よって今後，後悔最小化という側面から，消費者行動を捉えることも必要といえるだろう。

■第3節■

相互作用を伴う消費者行動

　消費者が購買行動をするとき，特に何らかのサービスを得る場合には，商品・製品・サービスなどの提供者と受け手である消費者とがお互いに何らかのコミュニケーションを取り，そして消費者はそれら提供者側の店舗，雰囲気，接客態度なども考慮して，購入するかどうか，再度それらを利用するかどうか，他者に勧めるかどうかなどを決定する。たとえば，店員の接客態度が悪ければ，消費者はたとえリーズナブルな商品であったとしても，他の店舗等で購入するだろうし，接客態度がよければ，多少高くても購入したり，あるいはそのときは購入を見送ったとしても，再度来店して他の商品を買ってくれる可能性が高い。よって，商品・製品の品質のみならず，どのようにそれらを顧客に提供すればよいのかというサービスの品質が問題になってくる。

　サービス経営学においては従来からサービス品質の測定が試みられている。たとえばSERVQUAL（Parasuraman et al., 1988）では，サービス品質を構成する要因として，信頼性（reliability；約束されたサービスを信頼かつ正確に

実行する能力），反応性（responsiveness；顧客を支援し，迅速なサービスを提供する意欲），共感性（empathy；顧客に対する個別の思いやりや配慮），確実性（assurance；従業員の知識と丁寧さ，顧客から信用と信頼を引き出す能力），有形性（tangibles；物理的施設，設備，職員の外観）の5つを仮定し，期待品質（サービスを経験する前の顧客が期待している，あるいは求めている品質）と知覚品質（実際のサービス経験に対する認識）とのギャップによって，サービスの品質を測定しようとする尺度である。さらにクローニンとテイラー（Cronin & Taylor, 1992）は，実際のサービス経験のみを測定する尺度SERVPERFを開発し，SERVQUALよりも信頼性の高い指標であることを実証している。

　また経時的にサービス品質を測定することによって，顧客満足，再購買意図などとの関連性を明らかにすることも重要と考えられる（山本，1995）。特に従業員の顧客との接客態度・行動はサービスの品質に影響を及ぼす。たとえば販売員の接客行動は，顧客の満足度や販売員・店舗に対する信頼感に影響を及ぼしており（松本，2004），接客行動は再来店や顧客維持と関連していると考えられる。さらに，商品案内，商品情報提供などのような販売員と顧客とのインタラクションが生じる接客行動に関して，販売員が同じ接客行動を行ったとしても，その接客プロセス，つまり顧客に対してどのようなタイミングで接客行動がなされるかも，顧客の販売員・店舗に対する評価や購買意図は異なると考えられる。

　上市ら（2017）は，反応性，共感性，確実性が店舗での店員の接客プロセスおいて特に重要な要因と考え，アパレル店での4つの接客行動（あいさつ（反応性），ニーズの把握（共感性），商品知識の提供（確実性），試着の案内（共感性））と4つの接客タイミング（顧客入店時，店内見回り時，商品物色時，試着時）の16パターンに対して，販売員の接客行動やタイミングが，顧客の販売員・店舗に対する評価や購買意図にどのように影響を及ぼすかを検討している。その結果，①販売員対応と接客タイミングが顧客の不快感に及ぼす影響に関しては，「あいさつ」は，入店時，見回り時，物色時，試着時，いずれのタイミングでも顧客が感じる不快感は小さいが，「ニーズ把握」，「商品知識提供」は，入店時や見回り時には不快に感じること，②「商品知識提供」（確実性）行動

は，店員・店舗に対する評価を高め，「購入意図」，「再来店」，「他者への推奨」など店舗に対するポジティブな影響を与えること，③「ニーズ把握」（共感性），「商品知識提供」（確実性）などのような販売員と顧客とが直接的なコミュニケーションをする場合は，顧客の購買意思がある程度固まった段階でなければ顧客に逆に不快感を与えてしまい，サービス品質が低く評価される可能性があることが示されている。

　しかしながら従来の調査・実験による手法では，リアルタイムで変化する従業員および顧客の意図や行動を測定することは難しいという問題がある。近年では，このような消費者行動における言語的・非言語的コミュニケーションを測定する1つの方法として視線の動きによってどこをどの程度どのような順番で見ているのか測定できるアイトラッキング（Duchowski, 2016）や，タグをさまざまな物や人に取り付けることで，タグの位置や動きをリアルタイムで把握することができるRFID（Radio Frequency Identifier）などがある。たとえばユングとクウォン（Jung & Kwon, 2011）は，食料品店でのRFIDデータを用いて，顧客のショッピング経路パターンを分析している。これからはこのような機器を用いることも含め，従業員・販売員と顧客との言語的・非言語的コミュニケーションのプロセスについて研究を進めていく必要があるといえる。

第4章
消費者への説得過程

　私たちは説得の行為や影響過程を日常生活の中で多く経験する。たとえば，対人状況における依頼や要請，また対面での販売や営業も説得の試みといえるだろう。さらに，他者への支援を求める報道や広告，商品に対する消費者の好意的態度形成や購買行動促進を目的とした企業の広報や広告も，説得を目的としたコミュニケーションである。本章では特に，企業が消費者に対して行う説得コミュニケーションを取り上げ，そのメカニズムや効果に関して説明する。

　以下では，最初に説得コミュニケーションが態度に及ぼす影響を論じ，受け手の態度変容過程を示したモデルを紹介する。次に，態度と行動の双方向的影響について説明する。最後に，受け手の承諾を引き出す要請の技法に関して説明する。

■第1節■
説得コミュニケーションが態度に及ぼす影響

　本節では，説得がどのように受け手の態度と行動の変容を導くのか論じる。次に，受け手が説得メッセージを処理する程度によって，メッセージ中の要素の影響が異なることを示す。また，説得に対する抵抗のメカニズムについて説明する。

1. 説得コミュニケーション

　説得とは，"送り手が，主に言語コミュニケーションを用いて非強制的なコンテキストの中で，納得させながら受け手の態度や行動を意図する方向に変化させようとする社会的影響行為あるいは社会的影響過程"と定義されている（深田，2002）。この定義によれば，説得の目的は受け手の行動の変化だけではなく，態度の変化も含む。実際，消費者に対する企業のコミュニケーションも，受け手がすぐに商品購買行動を取ることを必ずしも期待するわけではないだろう。自社の商品について受け手に知らせ，商品に対する好ましい態度を形成させておく。そうすれば，受け手が店舗でその商品を見た際に購買するかもしれない。また同じカテゴリーの品物が必要になったときに，数多くある品物の中からその商品を選択するかもしれない。すなわち，あらかじめ商品に対して形成された好意的態度が後に消費者の行動を導くことも期待できる。こうしたことから，説得に関する実証的研究では行動を予測する指標として受け手の態度が扱われ測定されてきた（e.g., Hovland & Weiss, 1951）。

2. 説得コミュニケーションの処理過程

　説得コミュニケーションと受け手の態度に関する研究の課題として，説得の送り手の要因，説得メッセージ内容の要因，説得の受け手の要因，受け手の反応の要因に対する検討があげられている（Hovland et al., 1953）。説得の送り手の要因を取り上げた研究では，説得メッセージの送り手の信憑性（credibility）を操作し，実験参加者の態度を測定してメッセージの説得効果を検討した。説得メッセージの呈示直後に参加者の態度を測定すると，信憑性の高い送り手によるメッセージの場合には，信憑性の低い送り手によるメッセージの場合よりも，説得の方向に態度を変容させる参加者が多かった。ただし説得メッセージを呈示してから4週間後に実験参加者の態度を測定した場合には，送り手の信憑性の高低による影響の差は小さかった。この結果は，時間の経過とともにメッセージの送り手に関する情報の記憶保持が弱まり，メッセージの効果が現れたためと解釈されている（Hovland & Weiss, 1951）。

その後，このような送り手の信憑性（送り手の要因）の影響は，他の変数によって異なることが見出された。たとえば，説得メッセージ内容に対する受け手がもともと持つ態度によって，送り手の信憑性の効果が異なる場合もある。ある研究では，説得メッセージの内容に対し受け手がもともと肯定的意見を持っていると，送り手の信憑性が中程度の場合のほうが高い場合よりも，メッセージの説得方向に対して肯定的な態度が示された。対照的に，説得メッセージの内容に対して受け手がもともと否定的意見を持っていると，送り手の信憑性が高い場合のほうが中程度の場合よりも，メッセージの説得方向に対する肯定的態度が示された。この研究では，受け手の認知的反応についても測定していた。その内容を確認すると，受け手がもともと肯定的意見を持っていると，送り手の信憑性が中程度の場合のほうが高い場合よりもメッセージを支持する思考が生成されていた（Strenthal et al., 1978）。この研究は，送り手の信憑性（送り手の要因）が，受け手の既存態度（受け手の要因）によって異なる影響を説得メッセージの効果に与えることを示している。また説得メッセージに対する認知的反応（メッセージを支持する思考）に基づいて，メッセージの内容に対する受け手の肯定的態度が生じることを示している。

　これらの研究により，受け手による説得メッセージ処理の過程が説得効果に影響を与えていることが示された。説得メッセージの効果を検討するためには，メッセージの処理過程について注目する必要があり，ペティとカシオッポ（Petty & Cacioppo, 1986）は，精緻化という概念を用いて受け手の処理過程を説明する精緻化見込みモデルを提示した（図4-1）。

　精緻化とは，"人がメッセージに含まれる問題関連論点（issue-relevant arguments）に対して考える程度"である（Petty & Cacioppo, 1986）。精緻化見込みモデルでは，メッセージの本質的な論点に関して，受け手がよく考えて生じる態度変容のルート（中心的ルート）と，メッセージの本質ではない周辺手がかりによって生じる態度変容のルート（周辺的ルート）が仮定される。この2つのルートを分けるのは，メッセージの処理に対する受け手の動機の程度や，メッセージを処理するための能力（認知容量）の程度である。それらが高いと，受け手にメッセージの本質的な論点（中心的要素）を処理することによる認知的反応（肯定的思考や否定的思考）が生じ，その反応が認知構造を

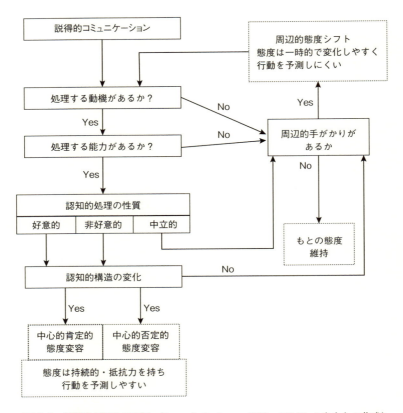

図 4-1　精緻化見込みモデル（Petty & Cacioppo, 1986, p.126 Fig.1 をもとに作成）

変化させて態度変容が生じる（中心的ルート）。このルートを通って生じた態度は持続し，反論に強く，行動を予測する。これは精緻化の程度が高い場合である。

　メッセージに対する受け手の動機や能力の程度が低いと，メッセージの本質的な論点は精緻化されず，受け手は態度を変容させないため，もとの態度が維持される。あるいはメッセージの論点（中心的要素）ではない手がかり，たとえば，メッセージの送り手に関する情報やメッセージに含まれる論拠の数などの周辺的手がかりに影響を受けた態度変容が生じる（周辺的ルート）。ただしこの場合の態度変容は一時的なものであり，態度は反論に弱く，行動を予測し

第 4 章　消費者への説得過程

にくい。

　つまり，受け手の行動を予測できるような強い態度を生じさせるためには，受け手にメッセージの本質的な論点についてよく考え，精緻化してもらう必要がある。精緻化見込みモデルに関する研究では，受け手がメッセージの中心的要素への認知的反応に基づいて態度変容を示すと，メッセージに対する精緻化の程度が高いとみなされ，受け手がメッセージの中心的要素ではなく，周辺的手がかりによって態度変容を示すと，中心的要素に対する精緻化の程度が低いとみなされる。

　同様に，2つの処理モードを想定したモデル（ヒューリスティック・システマティック・モデル）では，認知的努力の程度が低いヒューリスティック処理と，認知的努力の程度が高いシステマティック処理を仮定している。このモデルによると，説得の受け手にメッセージを処理する動機づけがある場合には，ヒューリスティック処理のモードが抑制されることにより，システマティック処理のモードが働く（減弱効果）可能性と，2つの処理モードが独立・並列的に働く（加算効果）可能性があるという（e.g., Chaiken et al., 1989）。いずれのモデルも，メッセージの内容に対する受け手の認知的反応が態度変容における重要な変数であることを示したものといえるだろう。

　これらのモデルに従えば，たとえば広告や営業ツールなど説得メッセージの中心的要素に対する受け手の精緻化の程度を知ることで，そのメッセージの説得効果の程度をおおよそ捉えることが可能である。メッセージの中心的要素に対する精緻化が新たな態度もしくは態度の変容を生じさせ，商品の購買など新たな行動につながるためである。精緻化見込みモデルによれば，メッセージ内容に対する認知的反応が生じるのは精緻化の程度が高い場合（中心的ルート）であるが，前述の研究（Strenthal et al., 1978）では，受け手が説得メッセージの内容に対する肯定的思考（認知的反応）を生成すると，メッセージに対する肯定的態度が示された。このように，説得メッセージに対する精緻化の程度が高ければ，受け手にはメッセージの内容に対する認知的反応が生じ，その反応が受け手の態度を変容させると考えられる。そのため，説得研究においては，受け手の態度変容や行動変容を測定しなくとも，説得メッセージの中心的要素に対する精緻化の程度を測定し，メッセージの説得効果を検討する方法も用い

られてきた。[注1]

　精緻化の指標としては，説得メッセージの中心的要素に対する記憶や態度が測定される。記憶を測定する研究では，説得メッセージの中心的要素の内容に対する記憶が優れているほど，分析的なシステマティック処理がとられ，内容が精緻化されたと解釈される（e.g., Mackie & Worth, 1989）。精緻化の指標として，情報内容に対する記憶の再生得点が有用であることは，多くの情報処理の研究において確認されている（e.g., Eagly & Chaiken, 1984）。

　精緻化の指標として態度を測定する研究では，精緻化見込みモデル（Petty & Cacioppo, 1986）やヒューリスティック・システマティック・モデル（Chaiken et al., 1989）の二重過程モデルにのっとったプロセスを仮定し，説得メッセージの中心的要素である論点に対し，その論拠（説得の理由）の強弱を操作した実験が行われてきた。研究では，論拠の強い説得メッセージもしくは論拠の弱い説得メッセージを実験参加者に呈示する。参加者が説得メッセージの内容をよく読めば，論拠の強いメッセージに対してはメッセージの唱導方向の態度が示されるが，論拠の弱いメッセージに対してはそうした参加者の態度は示されないと考えられる。参加者が説得メッセージの内容をよく読まないならば，論拠の強いメッセージに対しても，論拠の弱いメッセージに対しても，同じような態度が示されると考えられる。よって，メッセージの論点に対する論拠の強弱によって態度の差が大きいと，メッセージの精緻化の程度が高いと推察され，論拠の強弱による態度の差が小さいとメッセージの精緻化の程度が低いと推察されるのである。

　ペティとカシオッポ（Petty & Cacioppo, 1984）の研究では，大学生の実験参加者に卒業試験導入の説得メッセージを読ませた。その際，試験導入という問題に対する関与度を操作するため，半数の学生には試験の導入時期が翌年と告げ，残り半数の学生には10年以内と告げた。翌年と告げられる場合には，10年以内と告げられる場合よりもメッセージで取り上げられる問題に対して関与度が高く，説得の理由（メッセージの論拠）についてよく考える動機づけが高まると考えられる。また論拠の質を操作するため，試験導入の理由として半数の学生には肯定的思考を生じさせる強い論拠を示し，残り半数の学生には否定的思考を生じさせる弱い論拠を示した。さらに，論拠の数を操作するため

半数の学生には 9 つの論拠を含むメッセージを呈示し，残り半数の学生には 3 つの論拠を含むメッセージを呈示した。論拠の数は説得における周辺的な手がかりと考えられる。つまり，説得メッセージの中に中心的要素である論拠の質と，周辺的手がかりである論拠の数という 2 つの要素を含め，それぞれを操作したのである。

メッセージを読ませた後に，参加者の卒業試験導入に対する態度を測定したところ，関与度の低い条件では，論拠の数が多い場合に少ない場合よりもメッセージに対する肯定的態度が示された。このことは，この条件の参加者の精緻化の程度が低く，論拠の数という周辺的手がかりに影響を受けた態度変容が参加者に生じたことを示している。対照的に，関与度が高い条件では，論拠が強い場合に弱い場合よりもメッセージに対する肯定的態度が示された。このことは，関与度が高いとメッセージについてよく考える精緻化の程度が高くなり，メッセージの本質的で中心的な要素である論点を参加者がよく読んだことを示している。

消費者に対する説得コミュニケーション，たとえば広告においても，商品に対し消費者の関与度が低い場合には，広告に登場するタレントの好感度や広告表現のおもしろさなど，周辺的手がかりが商品に対する消費者の態度を肯定的なものにさせると考えられる。他方，広告商品に対して消費者の関与度が高い場合には，商品自体に関する情報の論拠が強いことが消費者の態度を肯定的にさせると考えられる。

3. 説得に対する抵抗

受け手の態度は，上記のような過程を通じて説得の影響を受けると考えられる。しかしながら，私たちは必ずしも他者や社会的メッセージ，また広告の説得に従うわけではない。説得への抵抗に関して，以下では接種理論と心理的リアクタンス理論を取り上げて説明する。

マグワイア（McGuire, 1964）は，予防接種と免疫機能になぞらえて，あらかじめ説得への反論に接触していると，その後の説得の影響を受けにくいという接種理論を提示した。一般的に広く支持されている考えの是非に関して，私

たちはあまり深く考えない。よって，そうした考えに対する反論メッセージに接触すると，その説得の影響を受けやすい。しかしながら，あらかじめ弱い反論メッセージと，そのメッセージに反対する内容のメッセージを呈示することで，後に強い説得をされた場合にも，その説得に抵抗しやすくなるという。これは，受け手が自分の立場を支持する論拠や反論を拒絶する論拠を，前もって準備できるためと考えられる。

　こうしたメカニズムは，企業が消費者に向けて広告メッセージを呈示する際等に利用できるだろう。たとえば，頭痛薬には効果もあるが，場合によっては眠気を感じるなど副作用も生じうる。そのため"薬を飲むべきではない"と主張されると，人はその説得に従う可能性がある。しかしながら"薬を飲まずにずっと体調の悪い状態を我慢し体力を消耗してしまうよりも，早く薬を飲んで体調を戻し，通常の生活に戻るほうが良い"とあらかじめ消費者に伝えておく。そうすれば，その後もし"薬を飲むべきではない"と誰かに説得されたとしても，消費者はその説得を受け入れず，薬を飲むことを選択するかもしれない。また，商品のセールス場面においても，"ライバル企業の製品には良い点もあるが，商品としてより重要な他の点においてはその製品よりも自社製品が優れている"ということを訴求しておくと，後に顧客がライバル企業のセールスに直面した場合でも，その説得に応じにくくなる可能性があるだろう。

　説得に対する受け手の抵抗に関しては，心理的リアクタンス理論（Brehm, 1956）も提示されている。この理論によれば，自由が制約されたと知覚されると，人にはその自由を回復しようという動機づけが生じるという。たとえば，高圧的な説得メッセージに接触すると，その行動を取っても取らなくてもよいという自由が脅かされたように受け手は感じ，その説得への抵抗が生じる。逆にこうした心理的リアクタンスを利用して，送り手が説得を成功させる場合もある（今井，2006）。たとえば期間や地域を限定して商品を販売するような場合，消費者はその商品を購入する自由を制約されたように思うかもしれない。その結果，消費者は制約された自由を回復しようとして商品を購買すると考えられる。同様に，商品の残数が少ないと訴求する場合や，顧客が購買可能な商品数を制限しているような場合も，消費者を購買行動に向かわせる可能性がある。

■第2節■

態度と行動

本節では態度と行動の関係に対して論じ，その双方向的影響に関して説明する。

1. 態度が行動に与える影響

私たちはある対象に対して肯定的もしくは否定的な態度を持っていた場合に，そうした態度を行動として表出することがある。たとえば，環境保護に貢献したいと考える人は，環境に配慮した商品を購入しようとするかもしれない。しかしながらある対象に対して何らかの態度を持っていたからといって，その態度が必ずしも行動につながるわけではない。以下では，態度が行動に及ぼす影響に関して概観する。

二重態度（dual attitudes）に関する理論によると，1つの態度対象に対する異なる評価，すなわち自動的で潜在的な態度と，顕在的な態度が存在するという（Wilson et al., 2000）。これまで，2つの態度が相違する場合に，いずれの態度指標がより人の行動を予測するのか検討されてきた。

他の人種に対する偏見的態度と行動に対して検討した研究では，白色人種の人に実験参加を依頼した。そして黒色人種の人に対する参加者の態度を，質問紙による評価（顕在指標）とプライミング課題における反応時間（潜在指標）によって測定した。続けて，関連のない課題として，白色人種のインタビュアーと黒色人種のインタビュアーからの質問に答えるよう参加者に求めた。その後，参加者にそれぞれのインタビュアーについて評価させた（顕在的行動）。参加者がインタビューを受けている様子も記録し，非言語的行動（まばたきとアイコンタクトの量）を潜在的行動として測定した。これらを分析して態度と行動の関連性について検討したところ，態度の顕在指標のみが顕在的行動を予測し，潜在指標のみが潜在的行動を予測していた（Dovidio et al., 1997）。

このような潜在態度と顕在態度が消費者の行動に及ぼす影響を検討した研究

では，実験参加者に新しく開店するデパートからお知らせを受け取ったことを想像させ，リーフレットを呈示した。リーフレットには，受け手に対する見え透いたお世辞（例：あなたがファッショナブルでスタイリッシュな方なのでお知らせする）と，店舗を訪れるよう求める文章が書かれていた。その後，参加者はコンピュータ画面に呈示される質問に回答した。質問の内容は，対象であるデパートへの態度と，知覚した誠実性について尋ねるものであった。参加者は，同じ質問に対して5秒以内に回答を求められる課題と，好きなだけ時間をかけて回答できる課題の両方に従事した。研究者らは，前者によって潜在態度，後者によって顕在態度が測定されると考えた。さらに3日後，同じ参加者に対しどの程度そのデパートで服を購入したいか，またデパートのロイヤルティクラブに参加したいかという質問によって行動意図を尋ねた。

その結果，態度評定と誠実性評定のいずれにおいても，5秒以内に回答を求められた場合のほうが，時間をかけた回答を求められた場合よりもデパートに対して肯定的な回答が示された。また，5秒以内に回答した評価と行動意図は相関したが，時間をかけて回答した評価と行動意図には相関が認められなかった。この結果は，潜在態度のほうが実際に行動を予測する可能性を示唆している。つまり，お世辞が示されると，受け手はその影響を割り引いて対象を評価する（顕在態度）。しかしながら，お世辞によって生じたもともとの好意的反応（潜在態度）も並存しており，顕在態度よりも大きな影響を行動に対して及ぼすのである（Chan & Sengupta, 2010）。このことは，人が意識できる自分の態度と，実際の行動が一貫しない場合もあることを示唆している。

2. 行動が態度に与える影響

上記では，態度が行動にどう結びつくのかに関して述べた。以下では，行動が態度に影響を与えるという逆の方向性に関して，態度と行動の一貫性，また身体化認知という点から説明する。

人がある対象に対して持つ態度と，その対象に対して取る行動の方向が一致している場合には，その人の心理状態は安定する。たとえば，"運動が好き"だという人が"運動をする"ような場合である。しかしながら，"運動が嫌い"

だという人が，健康診断の結果から"毎日，適度な運動をする"ように求められた場合には，態度と行動が一致せず，心理的に不快な状態が生じる。このような場合，人はそうした状態を低減しようとする。そのためには，態度と行動を一貫させる必要がある。その1つの方法は，態度に一致するような行動を取ることである。先の例でいえば，"運動が嫌い"なのだから，"運動をしない"ということである。ただし，それではいずれ身体に不調が生じるかもしれない。もう1つの方法は，"運動をする"ために"運動を好きになる"ことである。私たちの生活においては，しなくてはならない行動があったり，行動の内容を指示されたりすることもあり，人が行動に合わせて態度を変容させる場合も多い。

　消費場面においても，人は行動と一貫するように態度を変容させていくことがある。たとえば，あるブランドの商品をたまたま購入した際，顧客カードへの記入を求められて応じたとする。ブランドショップでは，シーズンごとのカタログ送付やシークレット・セールの連絡など，顧客に対するアプローチにこれらの情報を使用する。ただし，顧客カードに情報を記入したという行動は，消費者自身にも影響を与えるのである。そのブランドに対するコミットメントが高まり，購入したもの以外の商品も好ましいと思う。再度そのショップを訪れたり，商品を試したりすることで，さらにそうした行動に一貫するように態度が変容する場合がある。

　行動が態度に影響を与えることは，身体化認知においても認められる。行動や姿勢，身体的動作を用いたさまざまな心理学実験によってこのことが検討されてきた。たとえば，行動と対象への態度について検討した研究では，実験参加者がうなずいている最中に呈示された刺激は，首ふりをしている最中に呈示された刺激よりも肯定的に評価された（Wells & Petty, 1980）。また，実験参加者が腕曲げをしている最中に呈示されたニュートラル刺激は，腕伸ばし中に呈示されたニュートラル刺激よりも肯定的に評価された（Cacioppo et al., 1993）。これらの結果は，参加者が身体状態に基づいて自身の態度を直接的に推論することを示している。なお，こうした働きは人が対象について考える動機や能力が低い場合に生じると考えられる。

　身体の動きは思考の量にも影響を与える。ある研究では，重いクリップボー

ドを持った実験参加者は，強い論拠の説得メッセージを呈示された場合のほうが，弱い論拠のメッセージを呈示された場合よりも，メッセージの唱導方向への態度を示した。重いボードを持つ参加者がメッセージの論拠を区別したということは，軽いボードを持つ参加者よりも，認知的努力の必要な処理モードが取られたことを示している。研究では，重いものを持つという物理的努力と認知的努力の関連が考察された（Jostmann et al., 2009）。これらの知見は，情報処理の2つの処理モードのいずれの場合にも，行動が態度に影響を与えることを示唆するものであろう。

なお，行動は対象に対する思考に影響を与えるだけでなく，メタ認知，すなわち思考の内容にも影響を与え得る（自己妥当化仮説；self-validation hypothesis, Petty et al., 2002）。たとえば，うなずきと首ふりの影響に関して検討した研究では，論拠の強い説得メッセージを呈示される際に実験参加者がうなずく動きをすると，首を振る動きをする場合よりも，肯定的な態度が示された。この結果は，先行研究（Wells & Petty, 1980）の研究結果とも一貫するものである。他方，論拠の弱いメッセージを呈示した場合には，うなずく動きをすると，首を振る動きをする場合よりも，否定的な態度が示された。これは，論拠の弱いメッセージによって生じた否定的な思考に対する確信度を，うなずきが高めたため（妥当化）と解釈された（Briñol & Petty, 2003）。説得メッセージに対する思考だけではなく，自己に関連する思考や情動的思考，また潜在的思考などさまざまな思考に対する確信度に対しても，身体的反応が影響を与えることが示されている（Briñol et al., 2012）。

消費場面においても，たとえば腕を曲げている場合のほうが，腕を伸ばしている場合よりも，快刺激に対する接近行動と結びつきやすく購買行動が促進されることが検討されている（Van den Bergh et al., 2011）。その研究では，スーパーマーケットでショッピング中に腕を曲げている人（買い物かごを持つ）と腕を伸ばしている人（カートを押す）では，前者のほうがレジ前に並べられたチョコレートバーなど，目先の快楽となる商品を買ったという。もちろん，私たちの動作や行動が常に対象への態度につながるわけではないだろう。ただし上記の例のように，身体化認知が日常に影響を与えている可能性も示唆される。

■ 第3節 ■

要請の技法

　本節では，コミュニケーションの送り手が用いる要請技法が，どのようなメカニズムによって受け手の態度や行動に影響を与えるのかを説明する。

1. 単純な手がかりの影響

　日常の判断に影響を及ぼす要因として，チャルディーニは返報性・一貫性・社会的証明・好意・権威・希少性という心理的原理をあげている（Cialdini, 1988）。このうち，社会的証明や好意，権威，希少性の原理は単純な手がかりとして働き，説得の受け手を承諾させることがある。

　社会的証明の原理とは，他者が正しいと考えているだろうということに基づいて，人が物事の正しさを判断することである。しばしば人は，周囲の人が取る行動をその状況における妥当な行動として捉えて同様の行動を取る。特に周囲の人たちが自分に類似している場合に，そうした行動が生じやすい。また，どのような行動がその状況に適しているのか不確実なとき，すなわち自分がどうふるまえばよいのかわからないときにも，周囲の行動に従いやすい。書店の新刊本コーナーで平積みされている本のうち，山が低くなっている書籍があるとつい手に取る。また，デパートの地下にある食品フロアで人が列を作っていると何を売っているのかと興味を持つ。こうした場合，私たちは多くの人が選ぶものであるから，その商品がきっと良いものだろうと考えるのである。

　ある行動を取ることの実行可能性が高いことも，社会的証明の原理を働きやすくさせる（Cialdini, 2016）。自分に類似した他者が実際に行っていることなのだから，自分にも同じことができると思うためである。ある研究では，ホテルのタオルを再利用するという環境保護行動を促すため，ホテルの部屋に4つのメッセージのいずれかが書かれたカードを置いた。環境保護のメッセージ（環境保護アピール条件），タオル再利用プログラムに参加する宿泊客数に応じてホテルが環境保護団体に寄付をするというメッセージ（環境協力アピール条

件)，ホテルはすでに環境保護団体に寄付をしており，それをカバーしてほしいというメッセージ（返報性規範条件），ホテル宿泊客の約75%がタオル再利用プログラムに参加しているというメッセージ（記述的規範条件）である。最後のカードが，社会的証明の原理を働かせるものであった。実際にタオルを再利用した宿泊客の割合を検討したところ，環境保護アピール条件では35.1%，環境協力アピール条件では30.7%，返報性規範条件では45.2%，記述的規範条件では44.1%であった（Goldstein et al., 2007）。単に環境保護を訴える内容よりも，他者が実際に環境保護行動を取っていることを伝える内容のほうが，宿泊客に対する説得効果が高かったのである。[注2]

　好意の原理とは，好意を持った相手による要請を受け入れやすいということである。他者への好意が高まる要因の1つに身体的魅力がある。その理由として，人がある側面で望ましい特徴を持っていると，他の側面も望ましく優れているように認知される（ハロー効果）ということが考えられる。つまり，外見的に優れている人は，能力も高く性格も好ましいだろうと思われるのである。そのため，私たちは人となりを実際には良く知らないものの，容姿が美しいタレントのファンになることがある。

　類似性もまた好意を高める要因である。さまざまな側面において，私たちは自分に似た他者を好む。企業の営業担当者は顧客の趣味などを聞き出し，自分との類似性を強調して相手から好意を持たれようとする。好意を持たれればセールスがうまくいく可能性が高いからである。

　なお，ある対象への好意は他の対象に連合されることがあるため，たとえばタレントに対する好意は，そのタレントの持ち物やそのタレントが登場する広告の商品にも及ぶ場合がある。そのため，さまざまな商品のPRや広告にタレントが用いられ，商品に対する消費者の態度を好意的なものにさせる試みがなされている。

　権威の原理とは，権威を持つ人の要請を受け入れやすいことである。権威には専門性や信頼性が含まれる。権威者の意見に従うと良い選択ができる場合が多い。そのため，私たちはよく考えることなく専門家から指示された方法を取り，また信頼できる人から勧められた商品を購入する。ただし，この原理が働いて，権威者の指示が適切でない場合にも従ってしまうと問題が生じる。また，

詐欺などの犯罪では，服装など目につきやすいものを利用し権威者のふりをして犯行が行われる場合もある。説得の受け手は，送り手が本当に権威者かどうか見極める必要がある。

　希少性の原理とは，手に入りにくいものの価値を高く感じることである。あるものを手に入れられないのは損失であるため，説得の送り手はその損失を強調して受け手の意思決定に影響を与えるのである。また入手できないという可能性が，受け手の購入する自由を脅かす。自由が制約されると，人はその自由を回復させようとして，その対象を強く望むようになる（第1節3.を参照）。商品やブランドの価値を高めるために，企業はこうした原理を利用するのである。

2. 連続した働きかけの影響

　返報性や一貫性の原理は，送り手と受け手の相互作用や，送り手からの連続した働きかけにおいて受け手に影響を与えることがある。

　返報性の原理とは，相手から与えられたものに対してお返しをしようとすることであり，広く社会に浸透している。たとえば災害に直面した際に他の地域から援助を受けた人々は，援助をしてくれた地域が被災したと知ると，いち早く支援を申し出るという現象もみられる。しかしながら，こうした返報性の原理は支援のような向社会的行動においてみられるだけでなく，相手の承諾を引き出すための技法として用いられることもある。ショッピング中の消費者は無料の試供品をもらったり，食料品の試食を勧められたりする。それらは消費者に商品を試させ，購買につなげようとする企業のプロモーションであるが，返報性の原理を利用する試みでもある。消費者は提供されたものへのお返しとして，商品の購入を促されるのである。

　また，受け手が到底承諾しないような要求をあえてして，それを拒絶させてから，レベルを下げた次の要求を承諾させるテクニックも，返報性の原理を利用している。送り手が要求のレベルを下げる，つまり譲歩したと見せかけて受け手の譲歩も引き出すのである。こうした場合，受け手に対して送り手は連続した働きかけをする必要がある。連続して働きかける手法はいくつかあるが，

その1つとしてこのテクニックは，ドア・イン・ザ・フェイス・テクニック（door-in-the-face technique）と呼ばれている。ドア・イン・ザ・フェイスとは，目の前でドアをぴしゃりと閉めるという意味であり，送り手の要求をいったんはねつけることが，次の要求を受け入れやすくさせるということを指している。

　このテクニックの効果をレストランで検討した研究がある。研究では，食事の最後にデザートを勧め，それを断った客に対して，直後もしくは3分後にコーヒーや紅茶を勧めた。またこれらの条件と比較するために，飲み物を勧めない条件も設けられた。その結果，直後に勧められた客のほうが，他の2条件よりも飲み物を注文することが多かった（Guéguen et al., 2011）。連続した働きかけの間隔が短いことが，2回めの働きかけを1回めの働きかけと対比させることにつながり，テクニックの効果を生じさせたと考えられる。

　同様に，返報性の原理を利用して連続した働きかけをする手法として，ザッツ・ノット・オール・テクニック（that's-not-all technique）がある。これは，後から特典をつけて受け手に要求を承諾させる方法である。たとえば，商品のセールス場面において，売り手は商品の値段としてある金額を示しておきながら，景品や値引きを後から消費者に提案することがある。売り手がおまけをしてくれた，すなわち譲歩したのだからこちらも譲歩して商品を購入するという返報性の原理が消費者に働きやすい。また最初に提示された条件が係留点（判断基準）となり，特典が付加された条件がお得に感じられるということもある（Burger, 1986）。

　返報性の原理と同様，一貫性の原理も連続した働きかけにおいて受け手の承諾を引き出す。人は一貫した行動を取ることを望み，また他者からも一貫していると見られることを望む。フット・イン・ザ・ドア・テクニック（foot-in-the-door technique）はこの原理を利用した手法であり，受け手にレベルの低い要求をしてそれを承諾させた後，本来のレベルの高い要求をするものである。たとえば，"○○で検索"などと掲載されたウェブ連動型広告にもこの手法が用いられている。受け手にとって，広告に掲載されたキーワードを検索することが最初の要求を受け入れたことになり，商品購入という本来の要求を受け入れやすくさせる。このことを検討した研究では，実験参加者に人道組織のホームページにアクセスさせて嘆願書への署名を依頼した後，寄付を要請した。研究には，

署名の依頼なしに最初から寄付を要請された参加者もいた。両者を比較したところ，前者の条件の参加者のほうが，寄付のページを自らすすんでクリックしたのである（Guéguen & Jacob, 2001）。

　一貫性の原理を用いた手法には，ロー・ボール・テクニック（low-ball technique）もある。これは，最初に受け手に特典を与えて要求を承諾させた後でその特典を取り除いてしまう手法である。一貫性の原理が働くため，人はいったん表明した態度を変えづらく，また変えたことを表明しづらい。たとえば，ある人が店舗の掲示を見て商品に特典がつくと思い，商品をレジに持っていったとする。そこで店員から掲示に書かれた内容は予告であり，まだ特典がつく期間ではないことを知らされたとしても，その人は商品を購入してしまうかもしれない。

3. 一体感の原理

　上記のようにセールスや広告では，返報性の原理や一貫性の原理を利用した手法が用いられることがあり，消費者の態度や行動に影響を与えている。また，社会的証明や好意，権威，希少性の原理も説得における単純な手がかりによって働きやすく，消費者に影響を与える。

　これら 6 つの原理に加えて，チャルディーニ（Chialdini, 2016）は，一体感（unity）の原理が及ぼす影響についても論じている。[注3] 一体感の原理は，他者と遺伝的あるいは地理的な意味において近くに存在していることや，同期的もしくは協調的に行為することによって働くという。たとえば商品のセールス場面において，営業担当者が顧客と同じ地域の出身であることを伝えて共通性を強調することや，企業が消費者にアドバイスを求めて連帯感を持たせることは，消費者を商品購買に向かわせるのである。

　本章では，説得の理論や要請の技法に関する社会心理学の研究を紹介し，セールスや広告を通じた企業の方略がどのように消費者の態度や行動に影響を与えるのかを論じた。消費者の立場としては，こうした方略が利用されていること，またその効果について理解することが必要である。そしてこれらの方略に接し

た際には，本当に自分が商品自体に魅力を感じているのか，あるいは方略の影響によって商品が魅力的に見えているのかよく考えて行動を決めることが重要であろう。

注）
1. なお，説得メッセージに含まれる周辺的手がかりがメッセージの精緻化を促進する場合もある（Chaiken & Maheswaran, 1994）。その研究では，説得メッセージの内容があいまいな情報によって構成されている限定的な状況において，送り手の信憑性というヒューリスティックな手がかり（周辺的手がかり）によって説得メッセージの精緻化の程度が影響を受けた。
2. 返報性に関しては後に詳述する。
3. "unity"は，チャルディーニ（Chialdini, 2016）の邦訳版（安藤 監訳, 2017）では"まとまり"と訳出されている。

第5章
消費者行動の規定要因1：個人差要因

　私たちの暮らす環境は，多種多様なブランドや店舗，テレビコマーシャルや商品ポスター，ディスプレイされた商品ラインナップのデザインや色，性能や価格など多くの情報で溢れている。星の数ほどもある選択肢の中で，なぜ，ほかでもないその商品を選び購入に至ったのだろうか。必要になったから，いつもこの商品を買っているから，素敵に見えたからなど，買い物ごとに千差万別な回答が返ってくることだろう。ここでは，買い物行動を規定する要因の1つである個人差についてさぐっていこう。

■第1節■
消費者行動に影響を与える要因

　私たちの買い物行動に影響を与える要因として，以下の3つをあげることができる。1つめは商業的要因である。これは，広告・商品パッケージ・価格・ディスプレイ・接客など，主として売り手側が用意する購買環境の要因であり，消費者の立場から見れば外的要因もしくは環境要因の1つといえるだろう。2つめとして社会的影響要因があげられる。これは，流行・クチコミ・習慣・規範・文化など，消費者の所属もしくは準拠する集団の行動様式や時代性のように，よりマクロな影響を反映する要因であり，これも外的要因もしくは環境要因の1つであるといえるだろう。3つめとして個人的要因があげられる。これは，

消費者個人がどのような属性・特徴・傾向性を持つ人物であるかを示す要因であり，消費者のその人らしさや個性などの内的要因を含むものである。本章では，3つめにあげた消費者行動における個人的要因を取り上げる。

1. 消費者行動における個人差

　たとえ同じ日に，ほぼ同額のお金を持ち，同じお店に買い物に行ったとしても，買い物客の全員が同じ商品を同じ数だけ買うわけではない。同じ店内を見ても気になる商品は人によって異なるだろうし，ある人には魅力的に映る商品が，別な人の関心を全く惹かないことは往々にしてあるだろう。人は全く同じ状況に置かれたとしても，必ずしも同じ行動をとるわけではない。同じ状況であってもその状況のもたらす意味が，個人によって異なることがあるからである。買い物行動においても，明らかに個人による違いが存在する。それは，その人物の置かれている社会経済的状況や，パーソナリティ特性，買い物やお金に関する価値観，ライフスタイルなどの影響を受けていると考えられる。

2. 個人要因と環境要因

　ゲシュタルト心理学の系譜をくむ社会心理学者のレヴィン（Lewin, 1935）は，人間の行動を捉えるためには，対象となる人物とその人物の背景となる環境を併せて考慮しなければならないと主張している。レヴィンは厳密な実験操作の下での実験室実験と，現実のフィールドでの現場研究を相互に結び付けることに努め，理論と実践の統合を目指した人物である。図5-1に数学の公式のように示されているのが，レヴィンによって提案された数式である。

$$B = f(P, E)$$

B：行動　　f：関数　　P：個人　　E：環境

図5-1　レヴィンの数式（Lewin, 1935）

図 5-1 の式は，人間の行動（Behavior：B）が，その人物の個人の状態を示す個人要因（Person：P）とその人物が置かれた環境要因（Environment：E）の関数（Function：f）として表すことができることを意味している。個人要因（P）とは，その人物の遺伝的要素やパーソナリティ，態度，動機，価値観，および認知・感情的な部分を含み，その人物に特有な要因を示している。一方で，環境要因（E）とは，その場の気温や湿度のような物理的環境，他者の存在や他者の行動のようなその場の状況，さらには役割や期待による社会的制約，社会構造や時代背景など，個人の外に存在するすべての要因を表している。

一般に，ある環境に置かれると相当数の人が同じ行動をとるといったケースもあれば，逆に同じ環境にいても各個人が全く異なる行動をとるといったケースもあるだろう。これは，個人要因および環境要因の相互作用によって，行動が変化するために生じていると考えられる。どのような場合においても，まずは周囲の環境があり，その上で個人が存在するため，個人と環境を切り離すことはできない。したがって，購買意思決定の要因を探るためには，環境要因とともに消費者がどのような特徴を持つ人物であるのかといった個人要因についても，同時に着目する必要がある。

■ 第2節 ■

マーケット・セグメンテーション

消費者の個人要因を捉えて，消費者行動を分析するという手法は，1950年代後半から用いられている（Smith, 1956）。たとえば，20代の女性と70代の男性では興味の方向性や価値観が異なり，必要とする商品や魅力を感じる商品が違うことが考えられる。この例では消費者を年代と性別で分けて考えているが，このように消費者をその特性でいくつかのグループ（セグメント）に分けることを「マーケット・セグメンテーション（market segmentation）」という。日本語では，市場細分化といわれることもある。

売り手の立場から考えると，すべての消費者が満足するような商品を，誰も

が満足する形で提供することは大変に難しい。すべての人のすべての要求に応えることはまず不可能だからである。消費者をセグメントに分けることで，類似した属性を持つ消費者のまとまりができるため，そのセグメントに属する消費者の個性や特徴を明らかにしやすい。つまり，大きな市場を一定の変数に基づいて細分化しグループ化していくことで，それぞれのセグメントに属する消費者の行動を予測しやすくなるといえる。一般に用いられる消費者を細分化する基本的な変数として，以下の4つをあげることができる。

1. 地理的変数（ジオグラフィック変数）

　地理的変数とは，消費者が暮らしている地理的特徴に基づいてグループ分けをすることで，最も基本的な変数であるといわれている。代表的なものとしては関西・関東，都道府県，市町村などの行政区画や地理的条件に基づいたセグメンテーションがあげられる。ほかにも，100万人都市・地方小都市などの人口規模に基づいたセグメンテーション，市街地・郊外などの地域特徴に基づいたセグメンテーション，雪国・温暖地などの気候に基づいたセグメンテーション，山間部・沿岸部などのような地形に基づいたセグメンテーションなどがあげられる。その他，鉄道の沿線，駅から自宅までの距離などさまざまなセグメンテーションがありえる。

　地理的変数が重要な変数となる理由は，消費者が暮らしている地域の地理的な特徴によって，生活に必要な商品や好まれやすい商品（味や風合いなど），買い物に行く交通手段や普段利用する店舗などが異なることがあるからである。

2. 人口動態変数（デモグラフィック変数）

　人口動態的変数とは，年齢，性別，世帯構成，未婚・既婚，子どもの数，所得，職業，教育歴など，人口統計学的な変数および社会経済的地位に関する変数のことである。諸外国では国籍や人種，宗教なども含まれることがある。たとえば，年齢を取り上げると，若者と高齢者では必要な商品や魅力を感じる商品が異なることだろう。また，同じ時代に生きてきた人々は文化や経済状況な

どを共有し，消費者行動においても共通性が見られるかもしれない。さらに世帯構成においても，一人暮らしの場合と二世帯同居など同居者数の多い場合では，住居の広さや，冷蔵庫や炊飯器などの必要とする家電の大きさなども異なるだろう。このような違いを客観的な指標に基づいてセグメンテーションをするのが，人口動態変数である。

特に日本では，テレビの視聴率調査などに用いられる「M1」「F1」といった性別×年代の細分化をマーケットにおいても使用することが多い。MとFとは性別を示し，数字は1が20〜34歳，2が35〜49歳，3が50歳以上と年齢層を示している。つまり，F1層は20〜34歳の女性，M2層は35〜49歳の男性ということである。これは，テレビ番組の視聴率に合わせて各企業がテレビコマーシャルを流すことに関係している。

3．心理的変数（サイコグラフィック変数）

心理的変数とは，パーソナリティ，価値観，態度，ライフスタイルのような消費者の心理的特徴に基づいた変数である。人口動態変数が客観的な指標に基づいているのに対し，心理的変数は消費者の主観をデータとして収集することによって明らかにできる変数である。同一の性別や年代グループでも嗜好や価値観が多様化し，人口動態変数だけでなく心理的変数によるセグメンテーションがより有効だと考えられるようになった。たとえば，同一世代の主婦であっても，値段が高くても美味しいものを購入したいタイプの人もいれば，日常の食料品には極力お金をかけたくないというタイプの人もいるだろう。これは，食品に対する価値観が異なるために消費者行動が異なっているのだといえる。売り手側の立場に立てば，年齢などの客観的な人口動態変数だけでは，このようなケースに対して顧客を満足させる十分な対応ができないといえるだろう。

4．行動変数

行動変数とは，消費者の商品の使用の頻度，過去の購買経験，どういった店で買うのかなどの行動に関する変数である。たとえば，シャンプーが必要になっ

たとき，ドラッグストアで買う人もいるだろうし，美容院から購入する人もいるだろう，またネット・ショッピングを使う人もいるかもしれないし，家族が買ってきたものを使うという人もいるだろう。それぞれの入手方法によってその商品に対する消費者心理は異なると考えられる。

最近では，情報処理技術の進歩や，ネット・ショッピングおよび IC カード，磁気カード等の普及により，購買履歴データを定量化する技術が進んでいる。たとえば，次回の買い物で使用できるポイントが付与されるポイントカードを頒布し買い物のデータを電子化することにより，その消費者がいつ何を買ったのかをすべて蓄積し，個々の消費者の好みをデータベースとして活用することが以前よりも容易になった。それに伴ってマーケティングの分野では，行動変数を消費者分析に用いるケースが増加しているといえる。

■第3節■
パーソナリティと消費者行動

パーソナリティ（personality）とは,『心理学辞典』（中島他編,1999）によると，「人の，広い意味での行動（具体的な振る舞い，言語表出，思考活動，認知や判断，感情表出，嫌悪判断など）に時間的・空間的に一貫性を与えているもの」と定義されている。また,『APA 心理学大辞典』（ファンデンボス，2013）によると「独自の適応，主要な特性，興味，動機，価値，自己概念，能力や感情のパターンなどを含む性格と行動の形態のこと」と定義されている。つまり，その個人の持つ「その人らしさ」を表しているといえる。

買い物の場面においても，なかなか買うものを決められない人がいたり，衝動買いをしやすい人がいたり，高級ブランドとなると財布の紐が緩む人がいたりなど，消費者行動にその人らしい傾向性が現れることがあるだろう。このような消費者行動の個人差と，その人物の気質や性格，価値観のような内面的な特徴がどのように関連しているかを明らかにする目的で，古くから数多くの研究がなされてきた（たとえば，市村，1974）。一方で，1970年代には，パーソ

ナリティ尺度で測定された個人のパーソナリティ特性と購買行動の間に関連が認められる場合もあれば認められない場合もあり，多くの研究を要約すると「あいまいである（equivocal）」との指摘がされている（Kassarjian, 1971）。カサージアンは，その理由として，消費行動の研究はパーソナリティ尺度にパーソナリティ研究者が意図した以上の期待を持ちやすいこと，消費者行動の研究者が独自にパーソナリティを定義し尺度を作成する必要のあること，他にも特定の仮説を持たない研究が多いことや，理論的正当性が乏しいままに研究が進められやすいことなどを指摘している。さらには，パーソナリティ尺度による測定結果と商品選択にはほとんど関連がなく，パーソナリティが消費者行動の予測に役に立たないので今後衰退する研究分野であるなどともいわれていた（Bettman et al., 1978）。

　しかしながら，その後もさまざまな視点からパーソナリティと消費者行動に関する研究が続けられた。著名なパーソナリティ・モデルの1つに，ゴールドバーグ（Goldberg, 1990）が提唱した「ビッグ・ファイブ（The Big Five）」があげられる。ビッグ・ファイブとは，パーソナリティ特性を5つの因子で説明するものであり，国や文化を越えて数多くの研究がなされている。パーソナリティが5因子から成り立つという点においては，多くの研究で確認がなされているが，因子の解釈や名称については研究者間の意見が必ずしも一致していない（柏木，1997）。代表的な5因子の名称として，不安や抑うつを示す「神経症傾向（neuroticism）」，活動性や社交性を示す「外向性（extraversion）」，知的好奇心の強さや想像力を示す「開放性（openness to experience）」，温和さや親切さを示す「協調性（agreeableness）」，計画性や勤勉性を示す「誠実性（conscientiousness）」があげられる（Costa & McCrae, 1995; 和田, 1996）。

　ビッグ・ファイブを用いて消費者行動における個人特性を明らかにしようとする試みも数多くなされており，たとえば，衝動買いをしやすい人は「誠実性」が低いことや，「外向性」と「神経症傾向」が高いことが示されている（Andreassen et al., 2013；Bratko et al., 2013；Thompson & Prendergast, 2015）。さらには，臨床心理学的な観点から，買い物依存症のような問題行動とビッグ・ファイブの関連が議論されている（たとえば，Granero et al., 2016；Mueller et al., 2010）。買い物依存症は，衝動買い傾向と同様に「外向性」

の高さに関連し,「外向性」が高いと自身の魅力や社会的ステイタスを高く見せるためにショッピングをするのだと解釈される。他にも,「神経症傾向」が高いとネガティブ感情を減少させる手段として買い物をすることや,「誠実性」が低い人は,物事を構造的に捉える能力に乏しく責任感が欠如する傾向にあるため,著しい衝動買いをしやすいと解釈される（Granero et al., 2016)。しかしながら,現在までのところ十分に一貫した結果が得られているとは言い難く,衝動買いと「外向性」との関連が認められなかったり,衝動買い傾向が高いほど「協調性」が高かったり低かったりなど,測定方法や対象となる購買手段の違いによって異なった結果が導かれることもある（Andreassen et al., 2013；Otero-López & Pol, 2013；Otero-López et al., 2017；Wang & Yang, 2008)。

1. 消費者行動の基盤となる動機づけの個人差

さまざまな商品を試してみたいというタイプの人もいれば,お気に入りの商品を見つけたらいつも同じものを買いたいというタイプの人もいるだろう。また,賭け事や危険の伴うスポーツ,珍しい味の食べ物のような刺激的な体験を求める人もいれば,逆に,穏やかに過ごすこと,安全・安心な生活を好むタイプの人もいる。このような消費者行動に刺激を求める程度には,個人差が存在するといえる。心理学では古くから,人は一般に外部からの刺激を求めるものであるが（たとえば,Hebb, 1955),その個人によってちょうどよい刺激の程度が異なるといわれている。「最適刺激水準（OSL：Optimal Stimulation Level)」とは,個人によって最も好ましい刺激の程度（最適水準）が異なり,外部から与えられる刺激の程度が最適水準を超えたり,足りなかったりすることで刺激に対する感度が変化するというものである。最高水準では満足し行動しないが,外部からの刺激が不足していると捉えれば,刺激を求めて探索する行動をとることになるだろう（Leuba, 1955；Berlyne, 1960)。

消費者の探索行動について,ラジュは,「好奇心に動機づけられた行動（curiosity-motivated behavior)」「多様性希求（variety seeking)」「リスク志向（risk taking)」の3つのカテゴリーに分かれると述べている（Raju, 1980)。買い物において好奇心が強いと,商品やブランドについて情報を得ようと雑

誌やインターネットで熱心に調べたり，友人と話したりするだろうし，多様性希求が高いと，変化を求めて購入する商品のブランドを頻繁に変えることが考えられるだろう。また，リスク志向が高いと，珍しい商品や新しい商品を積極的に試してみようとするだろう。ラジュは，外部からもたらされる刺激の程度がその消費者にとってちょうどよければ今のライフスタイルに満足し，最適水準に至らなければ退屈に感じ，逆に水準を超えてしまうと休息を求めリフレッシュしたいと感じるという。このように，消費者個人にとって現在の刺激水準がどの程度満たされているかによって，求める商品やサービスが異なることが考えられる。

　ザッカーマンら（Zuckerman at al., 1964；Zuckerman, 1971）は，心理学実験による研究を通じて刺激を求める程度に個人差があることを見出し，その個人差を測定する尺度を作成した。「刺激希求傾向（sensation seeking tendency）」とは，多様で新奇で複雑な強い刺激と経験を求め，身体的，社会的，法的，経済的リスクを冒してでも，このような経験を望む性格特性である（Zuckerman, 1994）。一般的に刺激希求傾向は女性よりも男性のほうが高い傾向にあるという（Zuckerman et al., 1978）。ザッカーマンは心理生物学的なアプローチによって研究を継続し，さまざまな神経伝達物質，ホルモン，酵素等の脳機能とパーソナリティの関連について述べている（Zuckerman & Kuhlman, 2000）。

　刺激希求傾向の尺度開発後は，特にギャンブルや喫煙，飲酒，さらには薬物依存や危険運転などのリスクテイキング行動との関連性が検討されてきた（たとえば，Anderson & Brown, 1984；Burns & Wilde, 1995；Wolfgang, 1988；Meil et al., 2016）。消費者行動においては，刺激希求傾向の強い人は，タバコや酒の消費および，飲酒に関連したワイナリーへの旅行などに惹かれやすいことや（Galloway et al., 2008），辛い食べ物を好む傾向を示すこと（Byrnes & Hayes, 2016），海外旅行を好むこと（Cheng-Yu & Bi-Kun, 2013）や冒険的な要素の強い旅行を好むこと（Xu et al., 2012）が示されている。

　さらに，最適刺激水準に関連した概念として，「新奇性希求（novelty seeking）」があげられる。新奇性希求とは，新しい刺激への関心が強く，新しいものを求める行動の促進や活性化を示すものであり，新しい情報を探し出そ

うとする高いモチベーションを指すものである (Hirschman, 1980)。消費者行動においては,新奇性希求が高いと,注意が新しい商品やブランドに向きやすく,購入するブランドを頻繁に変えたり,新しい商品を試したりなどの行動をしやすく,多様性希求や刺激希求とも関連が深い。新奇性希求は,クロニンジャーのパーソナリティ7因子理論に基づいており (Cloninger, 1987),心理生物学的な機序としてドーパミンに関わる遺伝子との関連が深いといわれている (Benjamin et al., 1996 ; Ebstein et al., 1996)。ドーパミンはいわゆる動機づけに強く関わる脳内伝達物質であるといわれている。新奇性希求が高い人の特徴として,好奇心旺盛で冒険好き,新製品を追いかける,衝動的な意思決定をしやすい傾向があげられる。

2. サティスファイサー / マキシマイザーと消費者行動

買い物において,自分が手に入れることのできる中で最高の商品を買いたいと思う人もいれば,そこそこのものが手に入れば満足だという人もいるだろう。シュワルツ (Schwartz, 2004) は,最良の選択のために多くの選択肢を広範囲にわたって調べ求める人を「マキシマイザー (maximizer)」,自分の基準に合ったものを見つけることを求める人を「サティスファイサー (satisficer)」と呼び,マキシマイザーはサティスファイサーより後悔しやすく,人生において幸福感を感じにくいことを示した。マキシマイザーは,ベストな意思決定のために選択肢に関する情報探索や評価に多くの労力を割くよう動機づけられている。したがって,たくさんの選択肢があれば,そのすべてを調べて比較せずにはいられなくなり莫大な労力が必要になるため,選択するまでに疲労し,ほかにまだ調べていないより良い選択肢があるのではないかと,なかなか自分の選択に自信が持てず幸福感を感じにくいという。一方でサティスファイサーは,自分の基準に見合った十分な選択肢が見つかれば,それ以上探すことはせずにその時点で決定し,選択結果にも満足しやすいという。

シュワルツらの研究グループは,マキシマイザーの個人差を測定する尺度を作成し,マキシマイザー尺度得点の高い人は,幸福度,楽観度,セルフ・エスティーム,生活満足度の得点が低く,さらには抑うつや完璧主義傾向の尺

度得点,後悔しやすさを示す尺度得点が高い傾向が認められることを示した(Schwartz et al., 2002)。また,日常的な消費者行動においても自分の選択について満足度が低く,他者との比較を行いやすいという結果が示されている。

その後,マキシマイザーの指し示す概念に関する議論がなされ,たとえば,マキシマイザー尺度はシュワルツがいうような単一構造ではなく,多因子構造を示すという主張(Nenkov et al., 2008;Rim et al., 2011)や,マキシマイザーが最高の結果を求めることのみを意味するのであれば,主観的幸福感との相関が認められないことなどが報告されている(Diab et al., 2008;Lai, 2010)。ほかにも,シュワルツの研究がマキシマイザーと人生における満足度および後悔を対象としており,選択行動そのものについての満足度を測定しているのではないとし,マキシマイザーは選択に対して努力をするので結果に自信を持ちやすく,自分の選択には満足しやすいことを示す研究もある(Karimi et al., 2018)。さらに,アメリカやヨーロッパではマキシマイザーと主観的幸福感の間に正の相関があるが,中国では相関が認められず(Roets et al., 2012),日本では負の相関が認められるなど(Oishi et al., 2014),文化的影響についても報告されている。

3. セルフ・モニタリングと消費者行動

人は自分の置かれた社会的な状況や人間関係の中で,自分が今どのような感情状態にあるのか,またこの場ではどのように振る舞うべきかなど,周囲の状況と自分自身の心の中を観察してふさわしい行動をとることがある。スナイダーは,この自分自身をモニターすること,つまり状況的な手がかりから自分自身を観察しコントロールすることを,「セルフ・モニタリング(self-monitoring)」と呼んだ(Snyder, 1974)。このセルフ・モニタリングの能力には明確な個人差が存在することを示し,セルフ・モニタリングの高い人(高モニター),低い人(低モニター)に分けてさまざまな研究を行っている。そして,高モニターは社会的な状況に合わせてその場に適応するように振る舞おうとし,低モニターは自身の価値観やそのときの感情など内的な要因に基づいて行動を選択しようとすると述べている。さらに,消費に関わる場面においても,セル

フ・モニタリングの高低による違いを明らかにしている。

　スナイダーとデボノ（Snyder & DeBono, 1985）は，キャッチコピーのみを変更して，品質を重視する広告とイメージを重視する広告の2種類の雑誌広告を，複数の商品（ウイスキー，タバコなど）を対象に作成した。この研究では，品質重視広告ではその商品の品質の高さ（たとえば，味の良さ）を強調したキャッチコピーを呈示し，イメージ重視広告ではイメージ（たとえば，「さらに上へ」など）を強調したキャッチコピーを呈示した。その結果，セルフ・モニタリングの高低によって，それぞれの広告から受ける印象が大きく異なることが明らかになった。高モニターはイメージ重視広告に好意的な評価を示すのに対し，低モニターは品質重視広告に好意的な傾向を示すという全く逆の好みを示したのである。また，その商品にいくらなら払ってもよいか（WTP：Willingness To Pay）を尋ねた場合でも，それぞれ高モニターはイメージ重視広告の商品に，低モニターは品質重視広告の商品により多くの金額を支払ってもよいと答えた。

　このような高モニターがイメージを重視する広告を好む一方，低モニターが品質を重視する広告を好む傾向は，他のいくつかの研究でも確認されている。たとえば，高モニターは品質重視広告よりもイメージ重視広告を見たときに，逆に，低モニターはイメージ重視広告よりも品質重視広告を見たときに，それぞれの商品を高く評価し，自分に関連があると考え，さらには1週間経ってもよく覚えていることが確認された（DeBono & Packer, 1991）。

　なぜこのような結果が導かれたのかを考えてみると，高モニターは，特定の社会的状況や対人関係での適切性に関する情報に基づいて商品を選択する傾向があり，そのためにはどのような場面でその商品を使用することが求められているのかを知る必要がある。したがって，好ましい使用状況の情報が含まれていることの多いイメージ広告のほうが，彼らには有益であると考えられる。つまり，高モニターにとっては，その商品が自分の社会的適応に役に立つのか，また関係集団内での適切な行動に役に立つのかという視点が重要であり，その情報を求めているためイメージ重視広告を好むと考えられる。対照的に，低モニターは，自身の価値観や態度などの内面的な基準に従って商品を選択するため，周囲の状況にかかわらず，商品そのものがどのような価値を持っているの

かが重要だと捉える傾向があり，したがって品質重視広告を好むと考えられる。

4. 独自性欲求と消費者行動

　思いがけず，街で自分と全く同じ服を着た人を見かけたら，どぎまぎしたり恥ずかしくなったりと気持ちが動揺するかもしれない。ほかの人と自分が全く同じであるかのように扱われたら，「自分はそういう人間ではない」と，自分と他者との違いを強調したくなることもあるだろう。人は，何らかの属性において他者とは異なる独自性を持ちたいと思っているといわれている（Fromkin, 1970）。スナイダーとフロムキン（Snyder & Fromkin, 1977）は，人は基本的欲求として，他者と異なる独自な存在でありたいという「独自性欲求（need for uniqueness）」を持つことを示し，その個人差を測定する尺度を開発した。岡本（Okamoto, 1983）は，日本人の大学生を対象に実験的な操作を行って，パーソナリティ・態度・興味や価値観がほかの多くの人と，「とても似ている（95％一致）」と伝えられると，「中程度に似ている（50％一致）」と伝えられたときと比べて，ネガティブ情動がより大きく喚起されることを報告している。つまり日本の大学生であっても，あまりにも他者と似すぎていると気分を害することが考えられる。

　さらに岡本（1991）は，独自性欲求の高さと商品の購買動機の関連について検討し，独自な商品を持ちたいという志向と独自性欲求が正の相関を示すことを報告している。調査結果から独自性欲求が高いと，高級な商品・最新の商品・他の人があまり持っていない商品を買いたいという動機が高くなることが示されている。また，独自性欲求が高いと，低価格商品や目立たない商品を買いたいという動機が低いことも示されている。そして，商品そのものの持つ品質の良さ・使い心地の良さなどは，独自性欲求とは関連がないことも明らかにされている。さらに，「ある商品をどのくらい自分らしいと感じるか」という商品に対する自分らしさ度の評価と，「この商品を持っている人はどのくらい個性的か」という商品に関わる個性度の評価を行い，独自性欲求の高い人ほど，自分にとって「個性的な商品」を「自分らしい」と捉える傾向を明らかにした。これらの研究結果から，独自性欲求の高い人は，低い人とは異なる動機で商品

を選んでいる可能性が示され，どのような商品やブランドを選ぶのかという商品選択の過程が独自性欲求によって影響を受けていることが示唆されている。

5. ブランド・パーソナリティ

　ある商品ブランドについて語るとき，「親しみやすいブランドだね」「あのブランドはまじめな感じだね」などのように，あたかも生きている人間を評するときのようにそのブランドを語り，ブランドがまるで人と同じ性格を持っているかのように表現することがある。私たち一人ひとりがパーソナリティを持つように，「ブランド」にも個別のパーソナリティがあるという考え方がある。ブランドにも適用可能な人間のパーソナリティ特性のまとまりを「ブランド・パーソナリティ（brand personality）」と呼ぶ（Azoulay & Kapferer, 2003）。そして，人々はさまざまなブランドの持つブランド・パーソナリティを判断し，購入にあたって現実の自分自身や理想の自分に合致したブランドを選択しやすいという。たとえば，Apple 製のコンピュータを使う Mac ユーザーは，自分自身とマッキントッシュというブランドとの結びつきが強いことが示されている（Brunel et al., 2004）。

　アーカー（Aaker, 1997）は，アメリカ合衆国の 1,200 人に対して，性別，年齢，世帯年収，人種，住居地域の5つのデモグラフィック属性を調整して質問紙調査を行い，55％の対象者から回答を得た。調査では，洋服，歯磨き粉，食品，クレジットカード，テレビ局などさまざまな分野の 40 のブランドについて 114 項目のパーソナリティ特性について評定を求めた。その結果，ブランド・パーソナリティが,「誠実（sincerity）」「興奮（excitement）」「能力（competence）」「洗練（sophistication）」「無骨（ruggedness）」の因子から成り立つことを明らかにした（図 5-2）。その後，日本やスペインでも同様の調査によって5因子を抽出した（Aaker et al., 2001）。ところが因子構造においては，日本では4因子がアメリカと同様で，残りの1因子はアメリカと異なり「無骨」に代わって「平和（peaceful）」が見出された。スペインでは3因子がアメリカと同様であったが，残り2因子が異なり「能力」と「無骨」に代わって「平和（peaceful）」と「情熱（passion）」が見出された。

図5-2 アメリカにおけるブランド・パーソナリティ（Aaker, 1997）

　さらにアーカーは，ブランド・パーソナリティの5因子と人のパーソナリティの5因子（ビッグ・ファイブ）を比較し，温かさや受容を表すことからブランド・パーソナリティの「誠実」とビッグ・ファイブの「協調性」，社交性や活動性を表すことから「興奮」と「外向性」，責任感や信頼感を表すことから「能力」と「誠実性」が類似することを示した。「誠実」「興奮」「能力」がいわゆる人間のパーソナリティに似た性質を表すのに対して，残りの2つの因子である「洗練」と「無骨」は，人間のパーソナリティとは異なる性質を表しており，消費者の好みや願望を反映した因子であると考えられている。たとえば，「洗練」されたブランドとしてはメルセデスがあげられ，アッパークラスといった印象と結びついている。「無骨」なブランドとしては，ハーレー・ダビッドソンがあげられ，男性性や強さがイメージづけられている。

■ 第4節 ■

ライフスタイルと消費者行動

　年齢層や収入が似通っていても生活の仕方が全く異なることがあるだろう。たとえば，予期しなかった臨時収入があったとき，いつもより高価な商品を買いたいと思う人もいれば，外食や旅行，習い事などの経験に使いたい人もいるだろうし，将来のためにお金を貯めておこうという人もいるだろう。どんなことにお金や時間を使うのかは，その人物が人生において何を重要視しているかといった価値観や態度の影響を受ける。「ライフスタイル（lifestyle）」にはさ

まざまな定義があるが，上記に示した例のように個人の暮らしに関する価値観をライフスタイルと捉えるならば，これを消費者行動の予測に役立てることができるだろう。特に人々の価値観が多様化した現代では，デモグラフィック変数によるグループ化だけでは分類しきれない部分をライフスタイルの視点から分類を行うことによって，消費者の人物像を描き出していくことが可能になると考えられる。

1. AIO アプローチ

AIO アプローチはライフスタイルを「活動（activities: A）」「関心（interests: I）」「意見（opinions: O）」の3つの変数で捉え，それらにデモグラフィック変数を加えて検討することで，特定の商品カテゴリーに関連する消費者行動を予測しようとするものである（Wells & Tigert, 1971）。3つの変数については表5-1に示したように，「活動」とは労働と余暇の時間をどのように過ごしているのか，「関心」とは日常的にどのようなことに興味を持って暮らしているのか，「意見」とは社会問題や個人的問題についてどのような立場を持っているかを表している。

表5-1　ライフスタイルの次元 (Plummer, 1974)

活動	関心	意見	デモグラフィック
仕事	家族	自分自身	年齢
趣味	家庭	社会問題	教育
社会での出来事	仕事	政治	収入
休暇	地域社会	ビジネス	職業
娯楽	休暇	経済	家族人数
クラブ活動	ファッション	教育	住居
地域社会	食べ物	製品	地理
買い物	メディア	将来	都市の規模
スポーツ	達成	文化	ライフサイクルのステージ

第 5 章　消費者行動の規定要因 1：個人差要因

2. VALS

VALS とは，Values and Lifestyles を略した呼び名であり，価値観とライフスタイルを類型化することで，消費者を生活者としてより全体的な視点から捉えようとするものである。ライフスタイルに関する代表的な研究として，スタンフォード・リサーチ研究所（SRI：Stanford Research Institute）から 1978 年に発表された。VALS は，ライフスタイルとして知られる個人の一連の内的価値観が外的行動様式を生み出すことを前提に開発されている（Mitchell et al., 1986）。マズロー（Maslow, A.）の欲求段階説をはじめとして，未成熟から成熟に至るさまざまな心理学理論に基づいて作成されている。開発の手続きとしては，アメリカの成人を対象に行った調査票による消費者調査データを統計的に分析し，その結果として消費者のライフスタイルに 9 つの類型を見出し，図 5-3 のようにまとめた。

「生活困窮者型（survivors）」（成人全体の 4％）はアメリカ社会で最も不遇な者であり，低教育水準，老齢などの特徴を持つ。多くの者は貧困文化に陥り，自己否定的で孤立しており臆病な傾向がある。「生活維持者型（sustainers）」（7％）は，貧困の瀬戸際で苦闘しており，生活困窮者よりは生活が楽にできる状況にある。年齢も若く，希望を捨てずにいる者が多いという特徴がある。自分が成功していないと感じて体制に怒りを感じ，また葛藤している傾向がある。

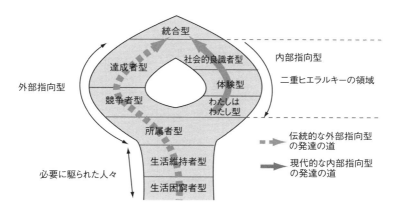

図 5-3　VALS の二重ヒエラルキー構造（Mitchell et al., 1986 の邦訳書より一部改変）

「所属者型（belongers）」（35％）は，膨大な中産階級のグループを構成しており，平穏で目立たないようまじめな生活を送っている。伝統を重んじて他者と協調し，慎重で控えめ，他人に頼る引っ込み思案な傾向がある。「競争者型（emulators）」（10％）は，所属者とは全く違い，お金持ちになろう，成功しようと努力している野心的な人々である。衝動的で多感で，葛藤や欲求不満が強い傾向がある。「達成者型（achievers）」（22％）は，有能かつ自信にあふれ能率的に生活している。名声と成功を指向し，勤勉かつ物質主義的な傾向がある。アメリカン・ドリームを体現した最も適応的な人々である。

　「わたしはわたし型（I-am-Mes）」（5％）は，まだ年齢の若い層に多く，自己陶酔的で個人主義の傾向が強く，攻撃的で自己効力感が強いが，感情の起伏が激しく混乱している傾向がある。「体験型（experimentals）」（7％）は，わたしはわたし型が心理的に成熟した形であり，より活動的で目的志向になり，自分のことだけでなく他者や社会的問題についても関心を持つようになる。自身が直接体験することとの真摯な関わりを最も望んでいる。「社会的良識者型（societally conscious）」（8％）とは，社会問題や時流に関心が深く，かつ自身の内的成長が人生の重要な部分を占めている人々である。その結果，多くは自己を信頼し，成功者で他者や社会への影響力があり，十分成熟した人々である。「統合型（integrated）」（2％）は，心理的な意味で完全に成熟しており，物事に深い調和感を抱き，自信があって，自己実現的，自己表現的である。

　図5-3に示されるように，生活困窮者型と生活維持者型のライフスタイルは，必要に駆られた人々のグループであり，所属者型・競争者型・達成者型のライフスタイルは外部指向グループ，わたしはわたし型・体験型・社会的良識者型のライフスタイルは内部指向グループ，統合型のライフスタイルは内外双方指向グループと捉えられ，成熟に至る途中で二手の経路に分かれる二重ヒエラルキー構造をなしている（Mitchell, 1983）。

　VALSでは，外部指向グループの全体に占める割合が大きいことや，生活困窮型のようにデモグラフィック変数との関連が高いことが指摘され，その後1989年に生活者の活動や関心よりも態度や価値観に焦点化したモデルとしてVALS 2が開発された。VALS 2では横軸に「主義指向（principle oriented）」，「地位指向（status oriented）」，「活動指向（action oriented）」の3つの基本的

動機,縦軸に「資源(resource)」の高低を配置したマトリックスを用いている。ライフスタイルは,主義指向で資源が高い「目的達成者型(fulfilleds)」低い「確信者型(believers)」,地位指向で資源が高い「達成者型(achivers)」低い「懸命努力者型(strivers)」,活動指向で資源の高い「体験者型(experiencers)」低い「自給的生活者型(makers)」,最も資源の高い「成功者型(actualizers)」と最も資源の低い「困窮者型(stugglers)」の8類型に分類された(仁平,2006)。さらにその後に,SRIを母体とするSRIC-BI(SRIコンサルティングビジネスインテリジェンス社)がVALS™を開発した。VALSTMでは横軸に「理想(ideals)」,「達成(achievement)」,「自己表現(self-expression)」の3つの基本的動機,縦軸は「資源(resource)」の高低と「イノベーション(innovation)」の高低を示しており,これも8類型に分類されている。

　VALSはアメリカ以外でも開発が行われており,文化によってセグメントが異なることが指摘されている。日本でもStrategic Business Insights(SBI)と株式会社NTTデータとの共同研究でJapan-VALS™が開発された。現在のVALSはSBIに所有され運営されている。Japan-VALS™では,縦軸にイノベーションパワーの高低,横軸に伝統・達成・自己表現の3つの指向性を配置し,それぞれの指向性においてイノベーションパワーの高低の順に「伝統尊重派」(4％)「伝統アダプター」(8％),「社会達成派」(5％)「社会派アダプター」(14％),「自己顕示派」(6％)「自己派アダプター」(12％)と命名している。続いて,イノベーションパワーが最も高い者を「革新創造派」(4％),イノベーションパワーの最も低いものから順に「つつましい生活派」(9％),「雷同派」(17％),「同調派」(22％)の10類型に分類されている(http://tokyo.strategicbusinessinsights.com/programs/vals/a.html：参照日2018年10月14日)。

第6章
消費者行動の規定要因2：状況要因

　消費者行動は，第5章の個人差要因のみならず，多様な状況要因によっても規定される。たとえば，スーパーマーケットで買い物をしているときでは，店舗内での広告や実演販売などのプロモーション活動，あるいはBGMや香りなどで醸成される店の雰囲気，商品の陳列等によって，最終的に購買する商品が変わるかもしれない。売り手側が個人特性を変容させるのは不可能であることに比べ，状況要因はある程度コントロール可能であるため，状況のもたらす力を解明することは，マーケティング戦略にも応用でき，実践的な意義を有しているといえる。なお，「状況要因」にはさまざまなものがあるが，本章では，店舗内での購買状況に特化して検討していく。

■ 第1節 ■
店舗内購買行動における状況要因の重要性

1. 消費者の非計画購買と計画購買の分類

　従来から，消費者の店舗内での購買行動は，非計画購買の割合が極めて高いことが指摘されている。非計画購買とは，来店時には意図していなかった商品の購入を店舗内で決定することである。
　青木（1989）は，この非計画購買を，さらに「想起購買」，「関連購買」，「条件購買」，「衝動購買」の4つに下位分類している。まず，想起購買とは，店頭

で商品や広告を見て，潜在的な商品の必要性が想起されて購買に至ることである。次に，関連購買とは，たとえば刺身を手に取ったことでワサビも合わせて購入するというように，購入された他の商品との関連性から店舗内でその必要性が認識され商品を購入する場合である。そして，条件購買とは，来店時に明確な購入意図は持っていないが，漠然とした形で特定の商品の必要性を頭に描きつつ，価格やその他の条件が整えば購入しようとすることである。最後の衝動購買は，非計画購買の中で上記の3つの分類のいずれにも属さないもので，商品の新奇性や希少性に起因する購買や真に衝動的な購買を指す。

こうした非計画購買は，店舗内での状況要因によって大きく左右される。たとえば想起購買には，店舗内で想起させやすくするPOP広告（店頭・店内などの購買時点における広告；Point of Purchase）が重要になるであろうし，関連購買には，労せず関連商品が手に取れる陳列が重要となろう。

その一方，入店前から何を買うか決めていることを「計画購買」という。計画購買は，青木（1989）によると，さらに「狭義の計画購買」，「ブランド選択」，「ブランド変更」の3つに下位分類される。「狭義の計画購買」とは，入店前の購買予定の商品を実際に購入することを指す。「ブランド選択」とは，入店前の計画が商品カテゴリーレベルのものであり，どのブランドを選択するかは店舗で行うというものである。たとえば，ヨーグルトを買うことのみ決めて入店し，実際にどのブランドを選択するかは店内での広告などを見て決定するのはこれにあたる。「ブランド変更」とは，特定のブランドを買おうと思って入店したが，何らかの影響で別のブランドを最終的に選択することを示す。この中で，「狭義の計画購買」以外は，非計画購買と同様に，店舗内環境が意思決定の引き金になっているといえる。

2. 店舗内購買行動の現状

では，実際に消費者は，どの程度の割合で計画購買や非計画購買を行っているのだろうか。有名なデュポン社の行ったPOPAI調査（Point of Purchase Advertising Institute, 1978）では，全体で実に64.8％もの購買が店舗内で決定されていることが明らかにされている。わが国においては，デュポン社と同一

第6章 消費者行動の規定要因2：状況要因

表6-1 計画・非計画購買の類型と割合

分類	POPAI（1978年調査）	大槻（1986）	青木（1989）)
A. 狭義の計画購買	35.2%	13.0%	11.0%
B. ブランド選択	14.8%	14.5%	10.8%
C. ブランド変更	3.2%	0.9%	2.1%
D. 非計画購買	46.8%	71.6%	76.3%
D-1．想起購買			(27.8%)
D-2．関連購買			(6.4%)
D-3．条件購買			(26.8%)
D-4．衝動購買			(15.3%)
店舗内での意思決定率（B＋C＋D）	64.8%	87.0%	89.2%

表6-2 店舗内での購買意思決定 (Hoyer, 1984)

	平均値	中央値	度数分布					
			0個	1個	2個	3個	4個	5個以上
検討ブランド数	1.4個	1.2個	0%	72%	18%	7%	2%	2%
手に取ったパッケージ数	1.2個	1.1個	0%	83%	13%	2%	1%	1%
ブランド間での比較数	0.5個	0.2個	74%	17%	1%	7%	2%	0%

	平均値	中央値	度数分布				
			～10秒	～20秒	～30秒	～40秒	40秒以上
ブランド1つあたりの検討時間	7.7秒	4.8秒	86%	10%	3%	1%	0%
総検討時間	13.2秒	8.5秒	75%	10%	8%	1%	6%

の方法で検討した流通経済研究所の調査（大槻，1986）や，青木（1989）では，それ以上の高い割合が示されている（表6-1）。

　次に，消費者は店舗内でどのように買い物をしているのか検討していく。今日においては，スーパーマーケットやコンビニなど，多数の商品の中から消費者が直接商品を手に取って選ぶ，いわゆるセルフサービス販売システムが一般的である。こうした店舗内で，消費者はブランド選択に至るまでにいくつくらいの選択肢で悩み，どの程度時間をかけているのだろうか。ホイヤー（Hoyer, 1984）は，洗濯用洗剤の売り場を観察することで，消費者のブランド選択に関する探索的研究を行っている。その結果，購買までの意思決定に要した時間の中央値は8.5秒であり，20秒以上かける人は稀であることが示された。また，検討ブランド数もせいぜい2つ程度であり，大半は1つであることが明らかに

された（表6-2）。同様に，ディクソンとソーヤー（Dickson & Sawyer, 1990）においても，コーヒー，歯磨き粉，マーガリンなどの意思決定にかける時間は，平均すると12秒弱であり，42％の消費者は5秒以下であること，加えて，その短い時間の中での検討ブランド数は平均1.2個であることが示されている。

つまり，購買意思決定の多くは店舗内で行われているものの，選択に至るまでには，ごくわずかな時間しかかけられていないといえる。こうした実状を鑑みると，たとえばPOP広告やパッケージ，あるいは陳列等によって，瞬時に商品を視認させたり，あるいは手に取ってもらいやすくするための（状況）要因を整理することは，店舗内での客単価を高めるという流通側からの観点でも，特定のブランドの購買を促すという店頭マーケティングの観点でも，重要な課題であろう。次節からは，店舗内で消費者の意識・行動に影響を及ぼし得る要因をいくつかピックアップして検討していく。

■ 第2節 ■

パッケージがもたらす効果

短時間で意思決定される店舗内において，商品の外見，すなわちパッケージは，購買行動を引き起こす重要な要因である。なぜならば，"パッケージはセールスパーソンの役割を果たしている"（Hine, 1995）といわれるように，デザインや色によって，視認性を高めたり，瞬時にブランドイメージを伝達することができるからである。本節では，特にパッケージにおける商品画像の有無や形状，パッケージの色についての諸研究を概観していく。

1. 商品画像の有無と位置

アンダーウッドら（Underwood et al., 2001）は，ヴァーチャル・リアリティ（VR）内での仮想店舗を用いて，パッケージにおける商品画像の効果を検討している。このVRは，ズームイン・アウトはもちろん，パッケージを裏返して

見ることも可能であり，実際の購買状況に近い実験といえる。ここでは，マーガリン，ベーコン，キャンディの購買場面を題材として，9～10種ある新商品の中で，ターゲットとなる2種類のブランド（親近感の高いブランドと低いブランド）に対してどの程度注意を払い，選択したのかを測定している。実験の結果，親近感の低いブランドの場合において，パッケージ画像は選択率や認知率を高めることが明らかにされた。その一方，親近感の高いブランドに対しては，パッケージ内の画像の有無で大きな差は見られなかった。すなわち，消費者自身にとってなじみのないブランドのときに，商品画像は，あたかも"セールスパーソン"として，商品情報を伝達する役割を果たしているといえよう。

　また，どの位置に商品画像が掲載されているかによっても，消費者の反応は異なる。レティとブリュワー（Rettie & Brewer, 2000）は，パッケージ内での画像と文字の位置が記憶に及ぼす検討を行っている。具体的には，ベースとなるパッケージと，それを反転したパッケージのいずれかを500ミリ秒提示し，その後，パッケージ内容に関する記憶を測定している。その結果，画像はパッケージの左側に，文字はパッケージの右側に配置された場合，正しく再生されやすいことが明らかにされた。これは，脳の半球優位性から考えることができる。すなわち，右眼からの情報は，言語情報を処理する左脳へ，逆に左眼からの情報は右脳へ伝達されるため，文字は右，画像は左に付置されたほうが処理されやすいと説明される。

　画像位置は，記憶のみならず，商品の印象にさえ影響を及ぼすこともある。デンとカーン（Deng & Kahn, 2009）では，重量知覚を指標にしてこれを検討している。実験参加者は，上下左右あるいは，左上，右下の位置に画像が付置されたとき，それぞれ，どの程度重く感じられたか質問された。ここで，図6-1における「被験者内測定」とは，このすべてのデータを含めた結果である。つまり，"先ほど見た「下」より軽く感じる"のように，提示順の効果を受け，相対的に感じられる重量知覚を測定している。一方，「被験者間測定」とは，一番初めに提示された画像のデータのみを抽出した結果であり，比較の要素が含まれない測定法である。

　実験の結果，画像が「下」に付置されているときは，相対評価であろうと絶対評価であろうと，重く感じられることが示された。その一方，「上」や「左上」

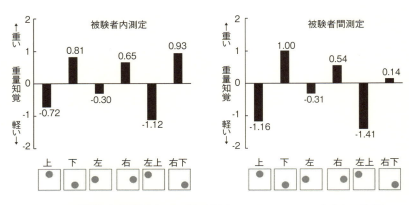

図 6-1　画像位置が重量知覚に及ぼす影響（Deng & Kahn, 2009 をもとに作成）

の場合には，軽く感じられやすい。これは，重いものは下に沈み，軽いものは上に行くという知識の反映であると考えられる。デンとカーンの知見は，パッケージに画像を掲載するとき，軽さの印象を与えたい商品の場合には上に，逆に，ずっしりとした重い印象や重厚感を与えたい商品の場合には下に提示することが有効であることを示唆している。

2. パッケージの形状

　今日では，包装技術の進歩によって，店頭にもさまざまなパッケージ商品が陳列されている。奇抜な形状のパッケージによって注目を集めたり，商品イメージやコンセプトを伝達することも可能である。ただし，特殊な形状に限らず，直方体のような何の変哲もない形状であろうと，わずかな違いで印象は変化しうることが指摘されている。

　ラグビールとグリーンリーフ（Raghubir & Greenleaf, 2006）が実施した CD を題材にした実験では，同じ四角形のパッケージであっても，正方形より長方形のほうが，また，長方形でも，いわゆる黄金比と呼ばれる 1：1.62 の縦横比のほうが 1：1.38 よりも好まれやすいことを示している。また，ラグビールとクリシュナ（Raghubir & Krishna, 1999）では，エロンゲーション効果に

基づいて，パッケージの形状が内容量の判断に及ぼす影響を検討している。エロンゲーション効果とは，同一面積の長方形であれば，短辺に対する長辺の割合が高いほうが（つまり細長い長方形のほうが），より大きく知覚されやすい現象のことである。実在するブランドを対象に検討した結果，背の高く細長いパッケージは，商品の内容量をより多く知覚させることが示された。

3. パッケージの色

　缶コーヒーのパッケージを例に考えてみよう。私たちは，ブラックや微糖，カフェオレの判断を，概ねパッケージの色で行うことが可能であろう。色の認識は，デザインや説明書きの理解より時間がかからない。そのため，短時間で意思決定を行う店舗内においては，製品情報を瞬時に伝達できるパッケージの色は極めて重要となる。たとえば緑色はまず自然や草木を連想しやすい。そこから派生して，緑色のパッケージは，オーガニックや健康といったイメージにも繋がるであろう。あるいは，たとえばチョコレートやアイスクリームの場合では，抹茶味のような味覚イメージを連想させる。実際，「セブンアップ」のパッケージに黄色を15％増したところ，レモン風味が増したと判断された知見も残されている（Cheskin, 1957）。

　加えて，色本来の印象が，ブランドイメージや商品の全体的な評価とも関わることが知られている。パッケージカラーのもたらす効果を検討したアンプエロとヴィラ（Ampuero & Vila, 2006）では，「青」に代表される寒色，あるいは「黒」のような暗い色は，エレガントで高価な印象を与えることが示されている。また，「白」を代表とする軽い色は，お手軽な価格の商品として手に取りやすくなる製品であると感じられやすいことが明らかにされている。

　同様に，前田ら（2017）では，9色（赤，オレンジ，黄，緑，青，紫，白，黒，茶）の架空のチョコレートのパッケージを題材に，カラーが商品イメージや購買意欲に及ぼす影響を検討している。その結果，まず，チョコレートを対象にしているため，「茶」のパッケージはおいしさを高く認知させ，また，「白」や「赤」のパッケージは，「甘さ」や「なじみ深さ」を感じさせることによって，購買意欲が高まることが認められた。それに加え，アンプエロらと同様に，「青」

のパッケージは高級感や洗練性を感じさせることが明らかにされている。

■ 第3節 ■
陳列やレイアウトがもたらす効果

　店舗内においては，何をどのように陳列するかも，消費者の購買行動，特に非計画購買を規定する要因の1つになりうる。たとえば，パスタソースの近くに粉チーズを置くことで，関連購買が生じやすくなるだろう。あるいは，目につきやすい位置に特定の商品を陳列することで，想起購買や衝動購買が増加するだろう。こうした陳列の効果を明らかにすることは，非計画購買を誘発して客単価を高めることにも，棚割によって特定のブランドを選択させる店頭マーケティングにも繋がるため，実践的にも価値があろう。

1. 陳列位置が非計画購買に及ぼす影響

　ドレーズら（Drèze et al., 1994）は，オーラル・ケア商品（歯磨き粉と歯ブラシ）もしくはランドリー・ケア商品（洗濯用洗剤と柔軟剤）における陳列位置の効果を提示している。まず，オーラル・ケアに関して，歯磨き粉は2か月に1回程度の購入がなされる一方，歯ブラシの購入は4〜6か月に1回程度だそうだ。つまり，歯磨き粉のほうが回転数の早い主力商品であるといえる。直感では，主力商品を目立つ位置に陳列するほうが望ましいと考えるかもしれない。ここで，歯ブラシの棚は当初，見えづらい高さ（72インチ；182cm）に陳列されていたが，それを56インチ（142cm）に変更した。この56インチとは，立った状態での目の高さに近く，視認されやすい位置である。その一方，歯磨き粉は，上段のあまり目立たない場所に割り当てた。こうした棚割りを変更した結果，歯磨き粉の売上は下がることなく，歯ブラシの売上が8％増加したことが認められた。なぜこのような結果が得られたのだろうか。歯磨き粉は，そもそも頻繁に購入される商品であるため，多少わかりにくい位置に陳列されて

いたとしても購入が抑制されることはなかった。その反面，歯ブラシを目につきやすい位置に陳列したことによって，非計画購買が増加したと考えられる。

　ランドリー・ケア商品は，洗濯用洗剤と柔軟剤を取り上げて検討している。柔軟剤は，洗濯用洗剤の65％程度しか購入されない回転数の遅い商品としてこの実験では位置づけられている。この柔軟剤を，パウダータイプとリキッドタイプの洗濯用洗剤の中間に配置した。つまり，いずれのタイプの洗剤を買いに来た消費者であっても，柔軟剤を視認しやすいように配列したといえる。その結果，柔軟剤の売上が4％向上したことが明らかにされた。

　上記の結果はいずれも，消費者に視認されやすい場所への陳列によって，（非計画）購買が促進されたことを示唆している。ではここで，陳列位置に関してより詳細に検討してみよう。一口に陳列と言っても，水平配置では，左右のいずれのほうが選択されやすいのであろうか。あるいは，垂直位置では，どの高さへの配置が有効なのであろうか。

　水平配置に関しては，右側に置かれた商品のほうが左側より選ばれやすい（右側選択バイアス）という主張もみられる（大槻，1986）。たとえばウィルソンとニスベット（Wilson & Nisbett, 1978）では，横に並べた4つのパンティストッキングの中から最も良いと感じたものを選択してもらったところ，選択率は左から順に12％，17％，31％，40％であり，右側に偏っていることが示されている。ただし，この右側の優位性は，売り場担当者の経験則に基づいて主張されている傾向にあり，実証研究では，右側ではなく中央が選択されやすいという知見（e.g., Atalay et al., 2012）や，次にあげるドレーズら（Drèze et al.,1994）のように，効果がみられないという知見も散見されており，概して安定した結果が得られていない。

　ドレーズら（Drèze et al., 1994）は，鎮痛剤，瓶詰ジュース，缶スープなどの8カテゴリーで，棚の縦・横位置を操作した際の商品選択を比較検討している。その結果，どの高さに配置するかが最も重要であり，売上が著しく上昇したポジションは，床から51～53インチ（130～135cm）であることが示された。この高さは，視線の高さから少しだけ下の位置である。棚の垂直位置に関する検討は，わが国でも実施されており，たとえばアイカメラも併用して測定した守口（1989）でも，概ね床から100cm前後の高さがベストポジションで

あると結論づけられている。以上のように垂直位置に関しては，国内外で若干の高さの違いはあるものの，概ね視線の高さか，その少し下あたりが選択されやすいといえる。

2. 全体的なレイアウト

　スーパーマーケットの場合，一般的には外側に主通路があり，それ以外の中側に副通路がある。今日において，生鮮食料品のような顧客を引き付ける力の強い主力商品は，主通路を中心に店舗内にくまなく散りばめ，店内での移動距離や，過ごす時間を長くさせるレイアウトが一般的となっている。これは，主力商品が一か所に集まっていると，消費者は他の商品を見ることなく，短時間で効率的に必要なものだけを購入することになり，結果的に非計画購買が起こりにくいからである。実際，主通路に置かれる生鮮食料品を副通路に置くと，購買された商品アイテム数や購買金額が減少するという知見も報告されている（Staten, 1993）。

　また，店内のどこに陳列するかで，購買のされやすさも変わってくる。一般には，いわゆるエンド陳列と呼ばれる，陳列棚の両端に，商品が目立つように配置するプロモーション手法は，購買行動を促進するとされている（大槻，1986）。さらに，レジ近くに置いた商品は衝動買いされやすい。ドワイアー（Dwyer, 1993）によると，キャンディをレジ付近に陳列すると，売上が40％増加したことを示している。

■ 第4節 ■

価格に関する店頭での戦略

　購買行動において，価格は極めて重要な要因である。店舗内では，価格によって，条件購買や衝動購買が引き起こされることもあろう。一般に消費者は，より良い品質のものをより安く入手したいと動機づけられているため，当該商品・

サービスの品質が価格に見合うかどうかを考慮し，購買意思決定を行う。ただし，ある価格を「安い」と感じるか「高い」と感じるかという価格意識は，あくまでも主観的なものである。これまでに蓄積されている研究において，消費者の価格判断は必ずしも合理的ではなく，種々の状況要因によって左右されることが指摘されている。実際の店舗では，POP広告によって価格情報は提示されることが多いが，ほんのわずかな違いで（ほぼ）同じ価格でも「安く感じさせる戦略」が用いられている。ここでは，価格意識を左右させるPOP広告の代表的な手法について検討していく。

1. 端数価格

たとえば100円ではなく98円と提示されたり，5,000円ではなく4,980円と提示されたりするように，キリのよい数字から少しだけ安く設定された価格を「端数価格」という。端数価格を提示したPOP広告は，多くの小売店でも用いられている。日本の場合は，縁起のためか「8」が多用されるが，海外では「9」が多いようである（Anderson & Simester, 2003）。

この端数価格は，消費者に安く感じさせる手法として，古くから用いられている。アンダーソンとシミスター（Anderson & Simester, 2003）は，端数価格を安く感じる理由として，次の2つをあげている。1つめは，消費者は価格判断を行うとき，認知的負荷を軽減しようとして，右側の数値を切り捨て，左側の数値を重視するというものである。たとえば，1,980円という価格は，1,900円，あるいは極端にいえば1,000円（台）と同等に感じるということである。もう1つに，端数価格は，消費者に対して値引きを行っていることを伝達する情報提供機能を有しているためである。

端数価格は，消費者に安価感をもたらすことができるため，購買行動の促進にも繋がる。実際に，アンダーソンとシミスター（Anderson & Simester, 2003）は，女性向けアパレルの通販カタログで販売されているドレスに対して，異なる価格設定を行い，売上数を比較している。この実験では，端数価格を設定した群を基準に，5ドル減額した低価群，5ドル増額した高価群の3群を設定している。仮に，絶対的な価格が購買行動に直結するのであれば，最も

表6-3 端数価格が購買行動に及ぼす影響（Anderson & Simester, 2003）

	価格			売上数（端数群からみた割合）		
	低価群	端数群	高価群	低価群	端数群	高価群
商品1	$34	$39	$44	16(76%)	21	17 (81%)
商品2	$44	$49	$54	10(71%)	14	8 (57%)
商品3	$54	$59	$64	6(86%)	7	7(100%)
商品4	$74	$79	$84	15(63%)	24	12(50%)
全体				47(71%)	66	44(67%)

安い価格である低価群が高い売上を示すと想定される。しかしながら実際には，端数価格を設定している群は，高価群はおろか（端数群の67％程度の売上），より低価群（端数群の71％程度の売上）よりも高い売上数を示した（表6-3）。この結果は，客観的な安さ以上に，「安く感じるかどうか」のほうが購買行動を促進することを物語っていよう。

2. セール表示

店頭では，「SALE」「大安売り」などの安さを強調するPOP広告が散見される。ここでは，これらをまとめて「セール表示」と称する。このセール表示によって，消費者はどの程度購買行動が促進されるのであろうか。アンダーソンとシミスター（Anderson & Simester, 2001）は，カタログに掲載されているドレスを対象に検討した結果，同じ価格で売っている商品であっても，セール表示があるだけで商品の需要度が57％増加したことを明らかにしている。セール表示は，前述の端数価格よりも，直接的に安さの伝達を行っているため，消費者の購買意思決定や価格意識に強く働きかけるといえる。

ただしその反面，多くの消費者は，価格と品質は対応しているという信念を持っているため，セール表示によって安さを意識させることで，品質をネガティブに判断される可能性もある。アンダーソンら（Anderson & Simester, 2001）は，冷凍ジュースを対象に，全商品中におけるセール品の割合について検討した結果，ある一定レベルまではセール品の割合が増加するにつれて需要度も高まるものの，20％程度で頭打ちとなり，さらに全商品の35％を超えると逆に

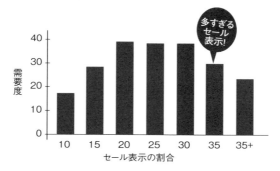

図 6-2　セール表示の割合が需要度に及ぼす影響（Anderson & Simester, 2001）

需要度の低下が起こると結論づけている（図 6-2）。

■ 第 5 節 ■

店舗の雰囲気

　店舗の雰囲気は，さまざまな物理的特性によって形成される。この物理的特性には，色彩や照明，音楽や香り，演出，さらには前節までで示した店舗内での商品配置やディスプレイなど，多様なものが含まれる。これらを最適化し，店内の環境を心地よく，情緒豊かにさせ，五感に訴えかけることによって，店舗への興味を喚起させて消費者を呼び寄せたり，店舗での滞在時間を長くさせて非計画購買を誘発することに繋がる。

　本節では，五感への働きかけの中でも，店舗内での香り（嗅覚）や音楽（聴覚），さらには店舗の色（視覚）を取り上げて検討していく。

1. 店舗内での香り

　店舗の雰囲気を構成する 1 つに，香りがあげられる。一般に，好ましい香りは，記憶などの認知的能力を高めたり，ポジティブムードを形成したりするこ

とが知られている。

　消費場面においても，好ましい香りは，売上や商品評価，満足度など，消費行動に影響を及ぼすことがいくつかの研究から明らかにされている。たとえばスパンゲンバーグら（Spangenberg et al., 1996）は，実験参加者に模擬店舗内で商品を探索させる際に，ラベンダー，ジンジャー，スペアミント，あるいはオレンジの香りを嗅がせるかどうかで，店や商品に対する評価に差が生じるのかを検討している。その結果，前述の好ましい香りのする模擬店舗を訪れた実験参加者は，香りを提示しなかった店舗の群と比べて，店舗の印象はおろか，商品にまで高く評価する傾向が見出された。

　また，香りが財布の紐を緩めるという知見もみられる。シュバら（Chebat et al., 2009）は，ショッピングモールにおいて大規模なフィールド実験を実施し，それを検証している。実験の結果，モール内に柑橘系の香りを散布した場合は，香りをさせなかったときと比べ，費やした金額が多くなることが示された。ただし，この結果は，若年層に限ったものであり，高齢層には当てはまらなかった。香りの効果は，小売店以外でも見られる。たとえばピザレストランの店内にラベンダーの香りを発散させると，何の香りも発散させなかったときと比べて，客は長時間滞在し，多くのお金を使うという知見も得られている（Gueguen & Petr, 2006）。

2. 店舗内での音楽

　音楽も，店内の雰囲気を大きく変化させる要因の1つであり，今日でも多くの店舗で音楽は使用されている。店舗内での音楽は，買い物中のポジティブムードを高めるという作用等も想定されるが，次にあげる実験のように，店舗内での滞在時間を左右することが知られている。

　ミリマン（Milliman, 1982）は，音楽のテンポがどのような影響を及ぼすのか，顧客の行動観察をもとに検討を行った。その結果，速いテンポのBGMを流しているときと比べ，遅いテンポのときには，顧客の移動速度が遅くなることが認められた。この移動速度は，店内での滞在時間とも関わる。そのため，遅いテンポの音楽のときには，顧客1人当たりの売上も増加していたことが示

されている。ただし，店内ではどのような音楽が流れていたかを質問したところ，認知率は条件間で差がないことが認められた。すなわち，店舗内での音楽は，消費者に無意識下で知らず知らずのうちに影響を及ぼしていることを物語っている。また，スミスとカーナウ（Smith & Curnow, 1966）では，音の大きさを操作したフィールド実験を行っている。その結果，静かに音楽を流していた条件では店内の滞在時間が平均18.5分であった一方で，騒々しすぎると判断される大きな音の場合には平均17.6分であり，有意に短かったことが示された。

上記の知見は，顧客を店舗内でゆっくり滞在させたい場合や，逆に，回転を高めたい場合に，音楽のテンポや音量の操作が有効であることを示唆している。

3．店舗内の色

これまでにも，色は私たちの感覚や認知に影響を及ぼすことが明らかにされている。たとえば，「赤」は緊張度や短期記憶を高めるが，論理的な思考を低下させ，「青」はリラックスや創造性を促進することが知られている（e.g., Elliot et al., 2007；Hatta et al., 2002；Mehta & Zhu, 2009）。これらの知見の応用として，店舗の色に関する検討がなされている。

店舗内が青に代表される寒色であれば，リラックス効果から生じる心地よく穏やかな感情を生起させやすいため，赤やオレンジの暖色と比べて，店舗への好意度や消費者の購買行動を高めるという知見が得られている（e.g., Bellizzi et al., 1983；Bellizzi & Hite, 1992；Crowley, 1993）。たとえばベリッツィとハイト（Bellizzi & Hite, 1992）は，70名の主婦を対象にテレビの模擬購買実験を行う際，背景が赤か青かで選択行動に差が生じるか検討している。実験の結果，背景が青の群は，非選択（購買の延期）の割合が低く，また，最も高額なテレビを買う割合も高いことが示された（図6-3）。また，学生を対象に家具屋の模擬店舗を題材とした第2実験においても，青のほうが赤より，購買意図や居心地の良さを高く評価するという結果が得られた。

ただし，店舗内の色は，照明によっても印象が変わる。バビンら（Babin et al., 2003）によると，従来の知見と同様に，暖色（オレンジ）のほうが寒色（青）よりも，店舗の好意度や購買意図等が低く，総じてネガティブな評価であるが，

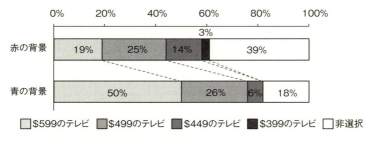

図 6-3 模擬購買実験における色の影響 (Bellizzi & Hite, 1992)

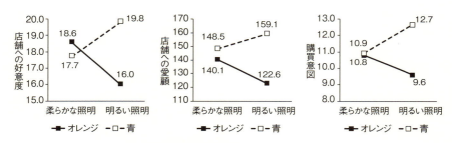

図 6-4 色と照明の交互作用 (Babin et al., 2003)

照明が柔らかな場合は,そのネガティブ効果が緩和されることを明らかにしている(図 6-4)。

■ 第6節 ■

多数の選択肢の中でのブランド選択

前節までは,パッケージや陳列,POP 広告,雰囲気等を取り上げ,非計画購買に及ぼす影響について検討してきた。本章の最後には,多数の選択肢の中でのブランド選択を取り上げる。実際の購買行動では,何か1つのブランドを買うかどうか考えることもあろうが,複数の選択肢の中でどれにしようか検討することも多い。このように,他にいくつか選択肢がある状況では,単一の選

択肢のときと異なり，選択に迷いが生じたり，結果的に意思決定が左右されることもある。

1. ブランド選択における文脈効果

　私たちが何かを選択するにあたり，2つの選択肢の選好順位は，第3の選択肢が加わっても影響を受けない（不変性の原理）ということが前提に考えられている。たとえばモンブランのほうがチーズケーキより好きな人は，第3選択肢のチョコレートケーキが入ったとしても，モンブランとチーズケーキの選好順位は維持される。文脈効果とは，不変性の原理に反して，ある特定の文脈のときに選択肢の選好順が変化する現象を指す。

　文脈効果にはさまざまなものがあるが，ここでは「魅力効果」「妥協効果」について検討する。図6-5（左）において，Xは価格が高いが品質が良い選択肢であり，Yはそれと比べると安いが品質は劣る選択肢である。こうした状況の中で，「魅力効果」とは，選択肢XとYの二者で比較をしているときより，Yより明らかに劣る選択肢D（デコイ＝囮）を加えることにより，Yの選択比率が上昇する現象である（Huber et al., 1982）。このDとは，Yよりも価格も高くて品質も低いものであり，Yより確実に劣った選択肢である。つまり，このデコイが，選択肢Yの引き立て役となり，二者で比較しているときよりもYを魅力的に感じ，選択されやすくなる。

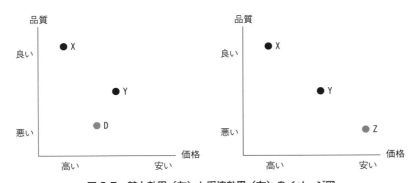

図6-5　魅力効果（左）と妥協効果（右）のイメージ図

次に,「妥協効果」とは, 図 6-5 (右) における選択肢 X と Y の二者間で比較をしているときより, Y より長所も短所も顕著な選択肢 Z を加えることにより, Y の選択比率が上がる現象を指す (Simonson, 1989)。この X, Y, Z のように, 三者間で優劣がつかない場合, 一長一短の極端な選択肢 (上記の X や Z) の選択はリスクを伴う。つまり, そのリスクを避けようと熟考した結果として, 中間選択肢が選択されやすくなる。妥協効果は, タイムプレッシャーの状況下では生じにくくなることが指摘されている (Dhar et al., 2000)。なぜならば, 短時間で選択しなければならないときには, 熟考する余裕がないために意思決定が省力化され, いずれかの優れた特徴を持つ選択肢 (図 6-5 (右) を例にとると,「一番品質の良い X」や「最も安い Z」) に注目が集まるためである。また, どれも選択しないという「非選択選択肢」が加えられたときにも, 妥協効果は生じにくくなる (Dhar & Simonson, 2003)。つまり, 妥協効果は, "迷った末" に中間選択肢が選ばれていることを示すものであり, 消極的な選択であると考えられよう。

　実際の店舗では, 図 6-5 のような単純化されたものではなく, より多くの選択肢が溢れており, 複雑である。しかしながら, たとえばデコイを投入したり, あるいは, より品質は優れているが価格の高い商品を陳列したりすることで, ターゲットとなるブランドの選択比率を向上させることは可能だろう。

2. 選択のオーバーロード現象

　一般に消費者は, 限られた選択肢の状況よりも, 豊富に品揃えされた選択肢の多い状況を好むと考えられている。その背景には, 選択肢が多いほど, いわゆる「選ぶ楽しみ」が高まったり, 最も好ましい選択ができるという信念があろう。そのため, たとえばスーパーマーケットやドラッグストア, 家電量販店を見てみると, スナック菓子にしろ, ドレッシングにしろ, 風邪薬にしろ, スマホケースにしろ, 多ければ何十種類もの選択肢が陳列されている。今日では, さまざまな商品に多数の選択肢が用意されているのが現状である。

　しかしながら近年, 選択肢が多すぎると, かえって購買行動や選択後の満足度が低下する可能性が示されている。この現象は,「選択のオーバーロード現象」

と呼ばれている。選択のオーバーロード現象において最も有名な研究は，アイエンガーとレッパー（Iyengar & Lepper, 2000）のジャム売り場での実験であろう。この実験は，実際に高級ジャムを販売する際，試食できる数が 6 種類（少数選択肢）であるか，24 種類（多数選択肢）であるかによって，その後の消費行動にどのような差異があるか検討したものである。実験の結果，まず，試食をした人の割合は，6 種類群（約 40％）よりも 24 種類群（約 60％）のほうが高くなった。この結果は，選択肢の多いほうが注目を集めていることを示唆し，選択肢の多い状況を好むという信念と一致している。しかし，試食後に実際に購買した人の割合は，6 種類群は 30％に対し，24 種類群では，わずか 3％であった。この購買行動は，試食に対する満足度に起因すると考えられる。つまり，選択肢数が多いほど，試食に対する満足度が低下して購買行動が抑制されることが明らかにされた。ではなぜ，このような私たちの直感と反する結果になったのだろうか。

　選択のオーバーロード現象が生起する背景の 1 つは，認知的過負荷があげられる。つまり，あまりにもたくさんの選択肢を提示されることで，選択に伴う労力が増し，選択への動機づけが低下するということである。もう 1 つの重要な理由として，機会コストの高まりがあげられる。機会コストとは，別のオプションを選んでいれば手に入ったはずの機会を失うというコストを意味する。たとえば旅行先をハワイかバリで悩み，ハワイを選択するということは，バリでの楽しさを失うというコストの発生を意味する。この機会コストは，「選ばなかった選択肢のほうがよかったかもしれない」という後悔と密接な関係にある。つまりその後悔が，選択後の満足度の低下を招いたり，あるいは後悔することを避けようとして選択そのものを放棄することに繋がっている。

　今日の消費社会では，何か 1 つの商品を選ぶにも，極めて多数の選択肢に溢れかえっている。そうした状況の中で，多数の選択肢がかえって選択を阻害する可能性があることについては，留意しておく必要があろう。ただし，この選択のオーバーロード現象は，再現性が安定しておらず，メタ分析の結果でも疑問視されている（Scheibehenne et al., 2010）。今後，さらなる研究の蓄積が求められよう。

第 7 章
消費者行動の規定要因 3：社会的影響

　われわれはその対価を支払うことさえできれば，自分が欲しいと思った商品やサービスを自由に手に入れることができる。ファッションでも，娯楽施設の利用でも，船舶の購入でも，飲食店の利用でも，購入するかどうかの意思決定はお金を払う者の自由選択である。その意味においては，消費とは本来個人的な活動である。

　しかしながら，われわれの消費生活は，社会と無縁ではない。たとえば，経済状況や税制の変化，環境問題や企業不祥事などによって，われわれが「何を買いたい」と思うかの意思決定は大きく影響を受ける（池田，2010）。さらに，消費者を取り巻く個人とその集まり（集団）の意見や価値観によっても，われわれの消費行動は大きな影響を受ける。哲学者アリストテレスが「人間は社会的動物（social animal）である」と述べた通り，人は社会と関わり合い良好な関係を築きたいという動機づけを基本的欲求として持っている（Maslow, 1943）。その欲求を満たすために，モノやサービスの消費は，大きな役割を果たす。本章では，われわれの消費生活が，どのように他者および社会から影響を受けているのかという点について詳しく解説する。

■ 第1節 ■

購買行動における対人的影響：クチコミの影響力

　日々の購買において，他者からのクチコミ，とりわけインターネット上のクチコミサイトのレビューを参考にするという行動は，ここで解説するまでもなく，もはや当たり前になったと言ってもいいだろう。野村総合研究所の最近の調査では，2012年から2015年の間に，購買の際に広告等マスコミ情報を参考にする人は減少しており，代わりにオンラインレビューを参考にすると答える人が増加していることが報告されている（野村総合研究所，2018）。消費者がクチコミを参照するときに利用するオンラインサービスには，オンライン掲示板，クチコミサイト，企業のオウンドメディア，SNS，アプリ……とさまざまな種類があり，流行は時代ごとに移り変わっていく。しかし，個人の購買意思決定がオンライン上のクチコミから影響を受けるという現象自体は，今後も全く変わらないであろう。

1. クチコミの影響過程

　クチコミとは，「商業的な意図を持たない送り手と受け手の間で交わされる，ブランド，商品，サービスに関する口伝えの対人コミュニケーション」のことである（Arndt, 1967）。クチコミは購買意思決定に対して，以下の2つの観点から影響力を持つとされる（Van den Bulte & Wuyts, 2009；Berger, 2015）。

(1) 商品の存在を知らせる機能

　その商品が存在していることを知らせる，また，たびたび思い出させることで商品やブランド名の想起されやすさ（accessibility）を高める。商品やブランド名を思い出しやすくなることは，考慮集合にその商品が含まれる可能性を高め，購買の可能性を高めることにつながる。

（2）製品への態度を変容させる機能

　クチコミは，商品やブランドへの態度を好意的なもの，あるいは非好意的なものに変容させる。この影響過程にはさらに2つのルートがあると考えられる。1つは，何が正しいのか，誤っているのか，正確な情報を伝えて態度を変容させることである（情報的影響；informational influence, Deutsch & Gerard, 1955）。たとえば，商品の原材料の良さや耐久性テストの成績など，客観的かつ正しい（と思われる）情報が伝えられることで，製品の評価が高まるようなケースである。もう1つは，規範的影響（normative influence；Deutsch & Gerard, 1955）である。これは情報的影響と異なり，伝わる情報に正しい／正しくないという基準が存在しない。暗黙の了解をつくり出す影響過程である。たとえば，仲のよい友人みんなが口をそろえて，ある商品を「おしゃれだ」「欲しい」とクチコミしていたら，私たちはその商品を「おしゃれだ」と評価するようになる。ハリウッドスターがそのブランドを持っているとSNSにアップしていたら，そのブランドは「かっこいいブランド」になる。

　このように，クチコミには，商品やブランドの「認知率」を高め，その「イメージ」を作り上げる，広告と同じようなマーケティング効果がある。

2．クチコミの影響力

（1）説得力を高める要因

　クチコミに関する心理学研究の多くは，どんなメッセージの説得力が高いかを明らかにするものである。古い研究では，情報源の信頼性が重要であること（専門家の発信するメッセージは説得力が高くなる；Hovland & Weiss, 1951；Petty & Wegner, 1998）や，親密度の高い他者からの情報は信頼されやすく説得力が高いこと（Brock, 1965；Brown & Reingen, 1987）などが知られてきた。

　近年では，インターネット上で交わされるクチコミ（eクチコミ）の効果に関する研究が多い（e.g., Bergar, 2014；De Matos & Rossi, 2008；Kim et al., 2018）。インターネット上の文字を読むか，対面で顔を突き合わせているかの違いはありこそすれ，eクチコミであっても，古い研究が示す通り，親しい他者からの情報で，信憑性が高いと認識される場合に，クチコミの説得力が高く

なることには変わりない。しかし，eクチコミに固有の特徴が，クチコミ情報の説得力に大きく影響している。

1）対面クチコミとeクチコミの差異

対面クチコミとeクチコミの差異に関する研究では，「対面」と「オンライン」の差をどう捉えるかによってさまざまな考え方がある。

eクチコミの特徴の1つは「匿名性」である。対面クチコミでは，多くの場合，クチコミをする人とされる人は既知の関係であるが，eクチコミでは見ず知らずの人から情報を受け取ることが多い。したがって，相手との社会的関係性に基づく情報源の信憑性はeクチコミには存在しない。代わりに，クチコミサイトの評判と，クチコミを書き込んだ人の専門性が，eクチコミの信頼性を形成する（Kim et al., 2018；King et al., 2014）。匿名のeクチコミでは，情報源の専門性は，クチコミの内容がどれくらい専門的かに基づいて判断される（Brown, 2007）。したがって情報源の信憑性を高めるために，企業はクチコミサイトやクチコミの書き手の格付けなどの導入を行っている（King et al., 2014）。

その他の特徴として，eクチコミは，文字中心のコミュニケーションであることがあげられる。文字中心のコミュニケーションは，対面コミュニケーションと異なり，お互いの表情や声のトーンなどの非言語的なコミュニケーション手がかり（non-verbal communication cues）が伝わらないので，相手の感情や存在感が感じられにくくなり，非人間的なコミュニケーションが促進されるといわれてきた（Short et al., 1976；Spears et al., 2001）。しかしながら，その後の研究では，オンラインでも社交的でロマンティックな対話が可能であることが指摘され（Walther et al., 1994；Walther, 1996），オンラインコミュニケーションは対面コミュニケーションに劣らず「リッチな」情報を提供できるとみられている。実際，ソーシャルネットワーキングサービスなどの流行を見れば，非言語的手がかりがなくとも，豊かなコミュニケーションが実現できていることは間違いない（Brown et al., 2007）。

対面とeクチコミのもう1つの大きな差異は，「同時性（synchronicity）」である。対面ではコミュニケーションが「その場で」進行する。会話に参加しているものは，相手の発言に対して瞬時に返答をし，またその相手もその

返答に瞬時に反応を返す。一方，e クチコミではこのような即時対応が必要ない。このことが，クチコミの内容や効果に影響を与えると考えられている。Facebook ユーザーの 71％が，自分の書き込みを後で見直したり，送信前に何度も編集したりすると答えている（Das & Kramer, 2013）。このように編集可能性が高いことで，e クチコミでは，対面クチコミよりも，ブランドや商品に関する有用で興味深い会話が促進されることがわかっている（Berger & Iyengar, 2013）。

2）e クチコミの内容による効果

　肯定的な内容のクチコミが商品やブランドの評価を高め，否定的なクチコミが評価を下げることは研究するまでもなく自明であるように思われるが，必ずしもそうではないことが多くの研究で示されている。否定的クチコミの研究では，たとえば，あまりよく知らないブランドの場合には悪いクチコミを読むと購買意図が下がるが，よく見知ったブランドの場合には，あまり影響がないことがわかっている（Sundaram & Webster, 1999）。また，悪いクチコミが書かれた原因が製品ではなく，書き込んでいる本人に原因があると原因帰属された場合にも，悪いクチコミの影響力は小さくなる（Laczniak et al., 2001）。さらに，ブランドに対する「憧れ」の感情は悪いクチコミによって低下するものの，「親しみ」「愛着」のような感情は影響を受けにくいこともわかっている（杉谷, 2011, 2016）。ブランドに非常に高い愛着感（self-brand connection）を抱く消費者の場合，否定的なクチコミを見ると，ブランドを守りたいという動機が働き，かえってブランドの購買意図が高まるという指摘もある（Wilson et al., 2017）。

　さらに，肯定的なクチコミも，必ずしも商品やブランドの評価を高めるわけでもない。広告効果の研究では，製品の良い面だけを強調した一面提示コミュニケーションよりも，良い面と悪い面に言及した二面提示コミュニケーションのほうが，広告の説得力が高いことが知られている（Crowley & Hoyer, 1994）。これはなぜならば，コミュニケーションの送り手（企業）が，受け手（消費者）に商品を買わせたいという意図を持っているため，意図に反する情報（商品の悪い面）に言及することが，話し手が本当のことを言っているという信頼性（credibility）を高めるためである（Crowley & Hoyer, 1994；Schlosser, 2011）。

しかしクチコミの場合，話し手は一般の消費者であり，eクチコミを書き込むとき，相手に商品を買わせたいという意図は持っておらず，二面提示は必ずしも信頼性を高めない（Schlosser, 2011）。消費者はクチコミの内容を精査し，信頼性を判断することになる。eクチコミの書き手が自分と類似する他者であると認識された場合には，クチコミの説得力は高まる（澁谷，2013）。しかし，われわれが購買意思決定において参照するeクチコミは，多くの場合，匿名の他者が書き込んだものであるため，相手が専門家であることや，見知った間柄であること，自分と似通ったプロフィールを持つことに由来する信頼性は判断材料にならないことが多い。

　そこで信頼性の手がかりとなるのが，クチコミの書き手の間での「一致度（コンセンサス）」と，文章と評価得点の「一貫性」である。多くの場合，eクチコミでは，書き手は感想を文章で記入するのみでなく，満足度を星などで得点化する（例：★★★★★大変満足 − ★☆☆☆☆全く満足でない）。まず，どれくらいの人数の人が得点をつけているかということが，1つの信頼性のシグナルである。同じ★4つの得点を得ていたとしても，3,000人が採点をして4点の場合と，30人が採点をして4点の場合では，前者のほうがその商品は高く評価される（Khare et al., 2011）。また，採点した人数が多いだけでなく，その評価が一致している（コンセンサスがある）ことも重要である。同じく「★4つ」であっても，5点を付けた人もいれば1点を付けた人もいるような状況（コンセンサス低群）と，ほとんどの人が4点をつけている状況（コンセンサス高群）を比較すると，コンセンサスが高い場合のみに採点人数の多さが商品への好意を高めることが示されている（Khare et al., 2011, Study2）。

　また，書き込まれた文章の内容と，★の数が一貫していることも重要である。クチコミサイトにおいて，商品が★5つと極めて高い得点を得ているにもかかわらず，クチコミの文章では良い面と悪い面が言及されているような場合には，クチコミの信頼性が損なわれ，高い得点は商品の評価に繋がらない。一方，★3〜4つと比較的好意的な得点を得ている場合には，クチコミの文章において賛否両論があるほうがクチコミの説得力が高まる（Schlosser, 2011）。

　eクチコミでは，書き手が匿名であることが多いので，以上のような些細な手がかりがクチコミの信頼性の判断につながるという特徴がある。

(2) クチコミの予測因と帰結

　どんなときに人はクチコミをしたくなるのか。1955年から2007年までの研究をメタ分析した論文（De Matos & Rossi, 2008）では，消費者にクチコミ活動を促す要因として，①「満足感」（期待にみあった製品・サービスのパフォーマンスを経験したこと），②「ロイヤリティ」（商品やサービスの支援・再購買意図），③「知覚品質」，④「関与」（感情的な思い入れ，および，手放すことに対する知覚コスト），⑤「信頼感」，⑥「知覚価値」が指摘されている。製品・サービスに高い品質と価値を知覚し，満足感を得て，企業を信頼し，また買いたいと思ったときに，人は良いクチコミを書く。期待に合わない品質と価値を知覚し，がっかりして，企業を信頼できず，二度と買わないと思ったときに否定的クチコミを書く。とりわけ，「満足感」の向上が肯定的なクチコミを促し，「ロイヤリティ」の低下が否定的なクチコミを促しやすいことが示された。この理由としては，「ロイヤリティ」の低下，すなわち，「もう買わない」という行動意図は感情に基づいて生じやすく，衝動に任せた否定的クチコミを生みやすい一方で，満足感は自らの製品・サービスへの期待値と知覚パフォーマンスを対比するという，ある程度の認知的熟慮を経て形成される態度であるため，肯定的クチコミに結びつきやすいのだろうと分析されている（De Matos & Rossi, 2008）。

　クチコミをすることは，製品やサービスに関する情報を他者に提供することであると同時に，極めて社会的な側面を持つ。バーガー（Berger, 2014）はクチコミの役割として，自らの印象管理や感情制御という機能を指摘している。「印象管理」とは，自分がどんな人間かを他者にアピールしたり，他者から好印象を得て集団内で高い地位を得たりするために，クチコミを行うということである。人間は自己高揚動機（self-enhancement motive；自分にとって肯定的な意味を持つよう現実を解釈し，自己の良い側面を強調して自尊感情を満たそうとすること）を持っている（Alicke & Sedikides, 2009）。ステイタスの高いブランドの自動車，人気のファッションアイテムなどについてクチコミをすることで，人は理想的な自己（ideal self；こうなりたいと思う自分）を表現し，自らの価値を高め，自己高揚動機を満たす。また，クチコミをする際には自らの専門知識を併せて披露することで，自分がどんな人間であるの

か (personal identity) をアピールすることが可能である (Berger & Heath, 2007)。クチコミをする前とした後で比較すると，とりわけ対面でクチコミを行った場合に，話し手自身のブランドの評価も高まることも知られている (Shen & Sengupta, 2018)。

■ 第2節 ■
社会の中の「自己」と購買行動：個人の社会動機とアイデンティティ

　消費者は購買意思決定において，製品の特徴（属性）に基づいて判断をするばかりではない。たとえば自動車を買うとき，新しい靴を買うとき，あなたは何を考えるだろうか。確かに，自動車であればエンジンの性能や走行性の良さ，靴であればサイズ感や縫製の良さなど，商品の各属性は意思決定のための重要な判断材料になる。しかし，車や靴を憧れのスポーツ選手が愛用していると知ったから買うことにした，というような意思決定を行うことも多いだろう。このようなわれわれの購買行動は，他者とつながっていたい，他者に自分をアピールしたいという社会的欲求と深く関わっている。

1. 消費の外部性

　「外部性 (externality)」とは，ある経済主体の経済活動・意思決定が，他の経済主体の経済活動・意思決定に，市場を介さずに付随的に影響を与えることである。「消費の外部性」とは，ある消費者の行動が，他の消費者の行動によって影響を受けることを意味する (Leibenstein, 1950)。たとえば，「数量限定」の商品や希少性の高い貴金属などは，そうでない商品と比べて価値が高いと考えられるが，その価値は，他に持っている人が少ないという事実によって生じている（スノッブ効果）。一方，通信型ゲーム機や食洗器などの家電製品は，みんなが持っていると自分も欲しくなるという効果があることが知られる（バンドワゴン効果）。ゲーム機や最新型の家電は，友人同士の日常会話で話題

に上りやすく，その商品を持っていなければ話についていくことができず，仲間外れになってしまうので，とりわけバンドワゴン効果が生じやすいと考えられている。

　スノッブ効果，バンドワゴン効果は，その商品を買うか買わないかという選択のみならず，どのブランドを採用するかについても大いに働くと考えられる。ここで，スマートフォンのブランドの採用を例にとって考えてみたい。

　日本ではApple社のiPhoneが圧倒的に高いシェアを誇っている。モバイルOSのシェアを見ると一目瞭然であり，iOS（iPhone）が約70％を占め，Androidが30％程度である（StatCounter, 2018a）。もちろん，この成功の背景には，iPhoneを販売するApple社の広告戦略のうまさや，製品自体の良さも理由としてあるだろう。しかし，世界市場で見ると，Androidのシェアが80％弱，iOSのシェアは20％程度である（StatCounter, 2018b）。Androidを搭載したスマートフォンのほうがブランドの選択肢が多いことを考慮すれば，日本においては，奇妙なほどにiOSの一人勝ちである。

　iPhoneは2008年に日本に上陸した。iPhone 3Gによって「スマートフォン」というモバイルの存在を知った人が多いだろう。その強烈なイメージのままに，「スマートフォンといえばiPhoneである」というイメージができ上がった。スマートフォンを購入しようと思って友人に話を聞くと，大半の人がiPhoneを持っており，その使い方を親切に教えてくれる。iPhoneの新機種を買うと，多くの人がうらやましがり，興味を持って使用感を尋ねてくる。こうして，「みんなと同じiPhoneを持っている」ということが，その使用者に誇らしさと安心感を与えると同時に，同僚や友人などの仲間との心理的な一体感をももたらしてくれる。こうして，日本市場においては多くの人がiPhoneを買い求め，今日の圧倒的なシェアに至ったのだろう。

　ただし，このように他者から影響を受ける程度（susceptibility to social influence）には，個人差および文化差があることもわかっている。「独自性欲求（need for uniqueness）」が高い人は，珍しいものを買うことを好む（Tian et al., 2001）。また，他者が自分と同じものを買ったと知ると，当初の選択を変更して別のものを買おうとする（White & Argo, 2011）。特に西洋諸国の人々は，日本人と比べ，独自性欲求が高いので（Yamaguchi, 1994），多くの人が

好むブランドに対しては購買意図が低い傾向がある (Sugitani, 2018)。したがって，世界市場と比較して，日本でiPhoneが圧倒的シェアを占める理由は，日本人は独自性欲求が低く，バンドワゴン効果が起きやすい文化的土壌を持つためと考察できよう。

2. 社会の中の「自己」と消費行動

われわれの消費行動が，これまで見てきたような社会的影響と切り離せない理由は，人は社会と独立して存在することはなく，「社会の中の自己」にまつわる自己概念を持つためと考えられる。本項では，社会の中の自己に関する人間の基本的欲求，および，消費者のアイデンティティについて取り上げる。

(1) 所属欲求

所属欲求（need for belonging）とは，重要な他者と継続的で良い人間関係を築きたいという欲求である (Baumeister & Leary, 1995)。集団に所属することで，人は進化論的な適応度を上げ，生存確率および生殖確率を高めることができる。したがって，程度の差こそあれ，個人差や文化差を超えて人間が持つ基本的欲求であるとされている (Baumeister & Leary, 1995)。

では，所属欲求を満たすために，消費はどのように利用されているのか。社会集団には，たいていの場合，その集団に所属していることを象徴する商品やブランドがある (Escalas & Bettman, 2005)。たとえば，友人グループ内で流行しているブランドを身に着けることで，そのグループの一員であると感じられる。子どもを持つ女性は，子どものために身体に優しいオーガニック食品を購入することで，「良い母親」という集団に所属しているという感覚を得ることができる。

ただし，集団を象徴するブランドは，永久に同じではない。ブランドは採用者があまり増えてしまうと，その集団を象徴するに値するだけの差別性 (distinctiveness) を失うため，集団を象徴するブランドは，より新しく，差別性が高いものへとシフトしていく (Berger & Heath, 2007 ; Pronin et al., 2007)。差別性を失い，大衆化してしまったブランドは，場合によっては，社

会的にあまり好ましく思われていない集団において多く採用されることで,「拒絶されるブランド」となることもある（White & Dahl, 2007）。つまり，消費を通じて所属欲求を満たすためには，集団成員の行動に常に気を配り，その集団で何が今「旬」なのかをモニターする努力が求められるということである。

（2）自己高揚の欲求

　自己高揚（self-enhancement）とは，肯定的な自己概念を維持・強化することへの関心であり（Alicke & Sedikides, 2009），自己高揚を通じて，自尊感情を高めようとする自己高揚動機は文化を超えて見られる（Sedikides et al., 2003）。消費活動は，しばしば自己高揚のために行われる。消費者は，センスの良いブランドや製品を持つことで，自らの文化的素養や嗜好をアピールし，周囲から社会的承認を得て，好ましい自己像を手に入れようとする（Gal, 2015）。経済学者のヴェブレン（Veblen, 1899）は，特に，他者に見せびらかすことを目的とした消費を「顕示消費（conspicuous consumption）」と呼んだ。消費における選択においては，消費者は必ずしも高品質なものを低価格で買おうと動機づけられるわけではなく，むしろ高いお金を支払うこと自体を好むことがあると指摘した。それは，高いお金を支払うことが，自らの社会的地位と富を他者に顕示するために有効だからである。実際に，高いステイタスを象徴するブランドを身に着けることで，他者から地位や能力が高いと認識され，さまざまな社会的相互作用においてベネフィットがあることが研究でもわかっている（Nelissen & Meijers, 2011）。

　また，他者と同じブランドを避けて，独自性や差別性の高いブランドを購入することも，自己高揚と関連するとされている。集団への同調はしばしば低い社会的地位の象徴とみなされる傾向があるため（Gal, 2015），他者に同調せずに独自性の高いブランドを選択することは，高い地位であることのシグナルとなり（Bellezza et al., 2014），自己高揚に資する。

　自己高揚動機の働きは，自己概念が脅威にさらされたときに，自己イメージを回復しようとする行動からも観察できる。人は，地位が低いとみられているときには高い地位を示す商品を（Rucker & Galinsky, 2009），知性が脅威にさらされたときには知的な商品を（Gao et al., 2009）買おうとする。また，自己

が否定された状況では，機能性よりも見た目の美しさを優先して商品選択を行い，結果として，自己価値の認識を回復させる（Townsend & Sood, 2012）。

(3) ブランドを通じた自己アイデンティティの表現

　消費者がブランド選択によって自己表現をすることは古くから指摘されている（Fournier, 1998；Kassarjian 1971；Sirgy, 1982）。消費者は自分のアイデンティティとブランドイメージの一貫性（self-congruity）を求めるためであると考えられているが，しかしながら，初期の研究では，消費者のアイデンティティとブランド選択の間には強い関連性が認められなかった（Kassarjian, 1971；Sirgy, 1982）。これはなぜならば，消費者の自己概念は多面的（multiple selves）であり，状況に応じて，どの自己の側面が重要であるかが変化するためである（Markus & Kunda, 1986）。アーカー（Aaker, 1999）は，自己概念がブランド選択を決定する場合と，状況要因がブランド選択を決定する場合があり，それは自己意識（セルフモニタリング）の高さによって調整されていることを明らかにした。セルフモニタリングとは，自らの行動を社会的望ましさによって調整している程度（Snyder, 1974）であり，セルフモニタリングの程度が低い人は自らの考えや感情に従って行動しやすく，セルフモニタリングの程度が高い人は状況に応じて行動を変化させる。低セルフモニタリングの消費者は，自己概念に合うブランドを選択するが，高セルフモニタリングの消費者は，自己概念よりも状況要因を重視してブランド選択をすることがわかっている（Aaker, 1999）。また，自己概念には，現実自己（actual self；実際の自分に関する認識）と理想自己（ideal self；こうなりたいと思う自己像）があるとされる（Higgins, 1987）。ブランド評価の形成における大規模な調査では，理想自己に一致するブランドよりも，現実自己に一致するブランドが高く評価されることもわかっている（Malär et al., 2011）。

■ 第3節 ■
社会集団の影響と消費者行動：準拠集団と社会的アイデンティティ

　本節では，社会からの影響の中でも，とりわけ個人に対して強い影響力を持つ社会集団，すなわち，「準拠集団」について取り上げる。

1. 準拠集団とは

　準拠集団（reference group）とは，自分自身の行動や態度形成においてしばしば参照する他者（集団）のことである（Bearden & Etzel, 1982）。消費者は，自分にとって重要な他者が「いいね」と言ってくれそうな商品，ブランドを好む。逆に，周囲に評価されないものはあまり買いたくない。これは準拠集団に影響を受けた態度形成の一例である。

　準拠集団は，自分自身が所属する集団とは限らない（Bearden & Etzel, 1982）。「家族」，「職場の同僚」など，長期的人間関係を持ち，自分も所属している集団（所属集団）である場合が多いが，たとえば，「～愛好家グループ」，「性別・年齢が同じ人」のように，その集団に自分自身も所属しているが，集団メンバーが重要他者とは限らない場合もある。あるいは，「ハリウッドスター」，「隣の学校の生徒」，「有名なブロガー」のように，自分自身は所属していないけれども羨望の的であって影響力が大きい（羨望集団）という場合もあり得る。

2. 準拠集団の影響過程

　「社会規範（social norm）」とは，社会や集団における習慣，伝統，基準，決まりごと，価値観，流行などを意味する（Sherif, 1936）。準拠集団には，それぞれの社会規範があり，消費者個人の意思決定に大きな影響を与える。社会規範の影響力について説明する（Cialdini et al., 1991）。

表 7-1　準拠集団への同調に影響する要因　(Lascu & Zinkhan, 1999 を翻訳)

	同調を促す要因	同調を妨げる要因
課題/状況の特性	難易度,複雑性,曖昧性,主観性,情報の欠如,選択の幅が少ないこと,重要性,同調の先例,集団圧力,緊急性	客観的基準,親和性,私的状況,個人的重要性が高く集団における重要性が低いこと,報酬の差異
ブランド特性	視認性,公的消費,買い回り品,贅沢品,競合ブランドとの差異	私的消費,必需品,日用品
集団の特性	大きな集団サイズ,個人と集団の類似性,魅力,集団内の依存性,同意,リーダー不在,専門知識,信頼性,集団目標の明確さ,将来の集団間相互作用の可能性,過去の成功,共有自尊心	他の反対集団の存在
個人の特性	課題志向性,同調傾向,社会的比較情報への注目,セルフモニタリング,公的自己意識,社会的不安,所属欲求,他者から好かれたいという欲求,制御欲求,否定的評価への恐怖,従順さ,若さ,タイプBパーソナリティ	自尊心,自己確信,適応力,革新性,知性,正確さへの関心,知覚コントロール,社会的独立,課題遂行能力,自己主張

(1) 記述的規範 (descriptive norm)

「その集団の大半の人がどうしているか」ということ。第1節でクチコミの影響過程について論じた際にも指摘した情報的影響 (Deutsch & Gerard, 1955) と共通する影響過程である。記述的規範は,「この状況ではどのように行動するのが効率的,適応的なのか」という情報を個人に提供するものである (Cialdini et al., 1991)。したがって消費者は,効率的により良い商品を手に入れるために,周囲の人と同じものを買うという意思決定をする。

(2) 命令的規範 (injunctive norm)

「その集団の大半の人が認めるか,認めないか」ということ。集団には斉一性を求める集団圧力が存在し (Asch, 1952),どんな行動が望ましいか,望ましくないかという暗黙のルールが存在する。命令的規範に従う者は集団内で「評判」という報酬を得ることができる一方,逸脱者には「悪評」という罰が与えられる (Lascu & Zinkhan, 1999)。したがって,準拠集団の影響は,商品の所有が周囲から見られやすい場合 (例:自動車,衣類) において生じやすく,周囲から見られにくい商品の場合 (例:歯ブラシ,パジャマ) では生じにくくなる (Bearden & Etzel, 1982)。

(3) 価値表出 (value-expressiveness)

　社会規範以外の準拠集団の影響過程には，準拠集団が自己表現の手段として使われる場合があげられる（Park & Lessig, 1977）。たとえば憧れの大学に入学できた学生が，大学のロゴのついたTシャツを着るようなケースで，準拠集団のイメージが自己イメージに一致する場合，自己表現の手段として，準拠集団と関わりの深い商品の購入が促進される。

3. 準拠集団の影響力

(1) 準拠集団とブランド選択

　ブランドや商品の選択において，所属集団や羨望集団から消費者が大きな影響を受けるさまは多くの研究によって示されてきた（Bearden & Etzel, 1982；Bearden et al., 1989；Escalas & Bettman, 2003, 2005）。ただし，所属集団だからといって，それがどんな場合でも常に「準拠集団」として影響力を発揮するわけではない。重要なのは，消費者が準拠集団から影響を受けるとき，その目的は，前節で論じた自己肯定動機や自己高揚動機といった基本的欲求を満たすことにあり，多くの場合，準拠集団は利用されているにすぎない。たとえば，自分は知的な人間であるという自己イメージを持つ人は，知的な人間の集まりであると思われる準拠集団のメンバーがボルボに乗っていれば，ボルボを買いたいと思う。しかし，知的であることを自分にとって重要な属性だと感じていないとき，あるいは，準拠集団のメンバーが知的ではないと思うときには，ボルボを買おうとはしない。準拠集団が個人の購買意思決定に影響するには，自己イメージと準拠集団のイメージが一貫していることが必要である（Escalas & Bettman, 2003）。

(2) ネガティブな準拠集団とブランド選択

　したがって，準拠集団は，ネガティブな影響を持つ場合も少なくない。自己イメージと集団のイメージが相反し，消費者が「あの集団のイメージとは結びつきたくない」と感じる集団のことを「分離集団（dissociative group）」と呼ぶ（White & Dahl, 2006, 2007；White et al., 2014）。たとえば，男性は，商品

自体は魅力的であると感じても，女性向けであることを示す名前（例：レディース・カット）がついていると，それを避ける（White & Dahl, 2006）。ただし，興味深いことには，その消費場面が誰にも見られない場合には，女性向けの名前の商品でも避けることはしなかった。このことから，準拠集団や分離集団の影響は，内在化されたものというよりは，他者の視点を意識した自己呈示の側面が強いことがわかる。

(3) 社会的アイデンティティと消費

　社会的アイデンティティとは，自らが所属する，あるいは関連の深い集団に由来するアイデンティティのことである（Tajfel & Turner, 1986；Turner, 1985）。第2節で論じた自己アイデンティティ（personal identity）が，自己に関する個人的な認識であるのに対し，社会的アイデンティティは，何らかの社会的カテゴリー（社会集団）に分類されることに由来するアイデンティティである（Brewer, 1991）。社会的アイデンティティにおいては，自己は独立した自己（「私」）として認識されず，「私」は「私たち」となる，すなわち，ある社会的カテゴリーと置き換えることも可能な概念として表象されている（Turner et al., 1987）。たとえば，「女性」「母親」「日本人」などは，社会的カテゴリーの一例である。当然ながら，1人の人間が複数の社会的カテゴリーに所属することはあり得るが（女性であり，母であり，日本人である），社会的アイデンティティは，状況に応じて顕在化したり，そうではなくなったりする（Brewer, 1991；White & Dahl, 2007）。

　広告においては，さまざまな社会的アイデンティティへの訴求が行われている（White & Argo, 2009）。たとえば，「東洋人女性の美しさ」を訴える広告，「理想の社会人像」を訴える広告などである。広告の送り手は，消費者に対して「私たち」のことであると訴えかけ，説得力を高めようとしている。こういった広告戦略は，高い集団自尊心（collective self-esteem；Crocker et al., 1994）を持つ人，すなわち，社会的アイデンティティを自己の重要な側面と考えている人には，特に効果的である。彼らは，たとえ自らの社会的アイデンティティが脅威にさらされたとき（例：女性は学力が低いという論文を読まされる）でも，その社会集団を象徴する商品（例：女性らしい商品）を買おうとする（White

& Argo, 2009)。一方で，集団自尊心が低い人は，アイデンティティが脅威にさらされると，社会集団を象徴する商品を積極的に避けようとするので，批判的に語られやすい社会集団を広告に起用するのはリスクがある。

第 8 章
消費者問題と消費者保護

　人は生まれながらにして消費者であり，対価を支払って商品やサービスを入手することで，日々の暮らしを営んでいる。しかし，われわれ消費者を取り巻く環境は，ここ数十年の間に，情報化やグローバル化の進展，さらには高齢化の進行などで大きく変化した。特にインターネットの登場は，われわれの消費生活を格段に便利なものとした。たとえば，家にいながらさまざまな商品を，時には海外からも購入できるし，選択する際の参考意見なども簡単に検索できる。しかし，こうしたインターネット上での取引が普及するに伴い，「ネット通販詐欺」や「ワンクリック詐欺」など，新たな消費者被害が社会問題として浮上してきた。また，高齢者を狙った悪質商法も，より巧妙さを増しながら，増加の一途をたどっている。

　本章の第1節では，まず，戦後の社会環境がめまぐるしく変化する中で，どのような消費者問題が発生し，いかなる政策が施されてきたのかについて概観する。続く第2節では，数ある消費者問題の中でも，常にその中心的位置を占めてきた悪質商法に焦点を当て，その実態と騙される側の心理について概説す。第3節では，消費者側が引き起こす不祥事として，近年注目されている悪質クレームや苦情の問題を取り上げ，最後にこれからの消費社会のあり方について，「消費者市民」という観点から論考する。

■ 第 1 節 ■
消費者問題の変遷と消費者保護の歩み

　戦後,経済が急激な勢いで発展するにつれ,企業と消費者間の情報力や交渉力の格差は歴然となり,消費者被害が多発した。そして,何らかの被害が起こるたびに,消費者が声を上げ,行政による対応が行われてきた歴史がある。本節では,こうした消費者問題の事例やそれらを予防／解決するための消費者保護の取り組みについて,社会的背景を交えながらその歴史を概観する。

1. 消費者問題の発生

　われわれは生きていくために必要なものの大半を,他者から購入して生活している。その際,入手する商品やサービスは,安全かつ信頼できるものであることを前提に,企業から提示された金額を支払っている。もし仮に,それらが身体に危害を与える可能性があっても,あるいは不適正な価格であったとしても,最終消費者であるわれわれには,なす術はない。たとえばレストランで提供される料理やスーパーで売られている食料品は,情報に偽りはなく安全であり,適正価格であると信じて,食べるほかないのである。
　では,現実の市場はどうだろうか。実際のところ,企業から提供される情報は必ずしも完全なものではなく,時には正しい情報が故意に隠ぺいされていたり,虚偽の情報が伝えられたりすることもある。つまり,消費者と企業の間には保有する情報の質や量に格差,すなわち「情報の非対称性」があり,必ずしも消費者は,安全で安心な商品やサービスの選択ができているとは限らないのである。また,情報の質量に違いがあれば,当然,交渉力にも格差は生じる。
　こうした消費者と企業の構造的格差が最初に社会問題として浮上したのは,戦後の高度成長期のことであった。高度成長期とは,1955 年ごろから始まり,1973 年の第一次オイルショックを迎えるまでの,実質経済成長率が年平均 10% 以上を超えた約 18 年間を指す。好景気に支えられ,日本は大量生産・大量消費社会へと突入し,「消費革命」が生じ,消費者の生活様式は劇的に変

化した。たとえば，1950年代後半には「三種の神器」と呼ばれる白黒テレビ・洗濯機・冷蔵庫が，1960年代半ばには「3C」と呼ばれるカラーテレビ・クーラー・カー（自家用車）などの耐久消費財が急速に普及した。

しかし，その一方で，多くの欠陥商品が出回り，人々の生命や身体に危害を与える消費者被害が多発し始めたのもこのころである。では，具体的には，どのような被害が生じたのだろうか。次項では，こうした消費者問題の変遷とそれに対する政策を，消費者庁（2015, 2018）の報告や細川（2016）の記述を基に概説してみよう。

2. 消費者問題の変遷と消費者政策

（1）終戦（1945年）〜1950年代：消費者問題の草創期

第二次世界大戦直後，深刻な食糧危機と物不足から，闇市などでは不良品や有害食品が横行していた。消費者は，これらに立ち向かうべく運動組織を結成し，1948年には消費者運動の原点ともなる「不良マッチ追放主婦大会」を開催した。そして1950年代に入ると，企業と消費者の対立をより鮮明にする事件が勃発する。それが，1955年の夏に生じた「森永ヒ素ミルク中毒事件」である。

「森永ヒ素ミルク中毒事件」とは，森永乳業株式会社の徳島工場で製造した乳児用粉ミルクに，工業廃棄物由来のヒ素化合物が混入したために，皮膚の黒染，発熱，肝腫などを症状とする乳幼児が，西日本一帯で多数確認された食中毒事件のことを指す（中島，2005）。少なくとも死者131名，中毒患者約1万3,000名にものぼり，戦後最大級の食品公害となった。

こうした問題を抱えながらも奇跡的な復興を遂げた日本経済は，1956年の経済白書では「もはや戦後ではない」（経済企画庁，1956）といわれ，同年「全国消費者団体連絡会」が結成された。そして，1957年には，第1回全国消費者大会が開催され，消費者主権を盛り込んだ「消費者宣言」が採択された。しかし，大量生産のさらなる進展に伴い，有害物質混入による健康被害が広範囲にわたって多数発生した。

(2) 1960年代：大量生産・大量消費の全盛期

　高度成長期の真っただ中の1960年代は，急速に技術革新が進み，インスタント食品や便利な家電製品が次々と販売された。本格的な消費社会の到来である。この時期の主な消費者問題としては，1960年の「ニセ牛缶事件」，1962年の「サリドマイド事件」，1967年の「ポッカレモン不当表示事件」，1968年の「カネミ油症事件」などがあげられる。

　「ニセ牛缶事件」は，消費者から保健所に「缶詰にハエが入っていた」という苦情が入ったことから始まる。そこで保健所が検査したところ，牛肉という表示がされているにもかかわらず，中身は鯨肉であることが判明した。この事件を契機に，不当表示に対する規制を求める声が高まり，1962年に「不当景品類及び不当表示防止法（景品表示法）」が制定されることになった。「ポッカレモン不当表示事件」も化学合成品でありながら，レモン果汁が含まれているかのような表示をし，消費者の誤認を誘発した事件である。後に景品表示法違反で，公正取引委員会から排除命令が出されている。また，「サリドマイド事件」とは，睡眠薬として使われていた医薬品「サリドマイド」を妊婦が服用することで副作用が生じ，胎児に四肢欠損などの奇形をもたらした薬害事件を指す。結果的に，世界で約1万人の新生児が被害を受けた。「カネミ油症事件」とは，カネミ倉庫株式会社の食用米ぬか油による食中毒事件である。製造工程で熱媒体として使用されていたポリ塩化ビフェニル（PCB）が原因となり，この米ぬか油を食べた消費者14,000人以上に，吹出物や色素沈着などの皮膚症状や，全身倦怠感，しびれ，食欲不振などの症状が現れた。

　こうした消費者問題が多発したことから，正しい商品知識を身につけた「賢い消費者」を育てるべく1961年に「日本消費者協会」が，1965年には経済企画庁に「国民生活局」が設置され，さらに1968年5月30日には「消費者保護基本法」が公布された。その後，5月30日は「消費者の日」，5月は「消費者月間」として定められた。ほかにも，消費生活に関する法律が相次いで制定されたのもこの時代の特徴である（1960年「薬事法」，1961年「割賦販売法」など）。

(3) 1970年代：消費者被害の表面化と消費者保護の体制整備の時代

　こうした流れを受けて，国民生活のさらなる安定や向上を目指し，1970年

10月に「国民生活センター」が発足された。そして，商品やサービスに関する情報提供や苦情相談，商品テストなどが実施され，あわせて地方自治体では「消費生活センター」の開設が進められた。

　また，消費者問題にも新たな動きが見られ，これまでの品質や安全性に関する問題から，販売方法や契約に関する被害へと比重が移ってきた。具体的には，「連鎖販売取引（マルチ商法）」や「無限連鎖講（ネズミ講）」，「催眠商法（SF商法）」，強引な訪問販売（たとえば，1970年代初頭から横行した「ブリタニカ事件」と呼ばれる百科事典の訪問販売が有名）などによる被害があげられる。なお，これ以降登場する主な悪質商法を表8-1に記載しているので，そちらを参照していただきたい。世間では，こうした取引に関するトラブルへの対応策が求められるようになり，1972年には「改正割賦販売法」，1976年には「訪問販売法」（2000年に「特定商取引法」に改称），1978年には「無限連鎖講の防止に関する法律」が制定された。これらの法律が整備されたことで，強引な販売の規制や契約後の解約が可能となった。

　ほかにも，1970年にはカラーテレビに二重価格が存在することが発覚し，定価の不当性が疑われ，買い控え運動が生じたり（カラーテレビ二重価格問題），1972年には，皮膚や内臓に障害を引き起こす可能性のあるポリ塩化ビフェニル（PCB）による食品汚染問題が再び生じたりした。このPCB汚染問題により，環境への関心が高まり，使い捨て消費が見直され始めたのもこのころである。

　こうした消費者問題の顕在化を背景に，消費者保護の体制整備が進み，企業の中に消費者対応部門が次々と設置され始めた。そして，1980年には「消費者関連専門家会議（ACAP：the Association of Consumer Affairs Professionals）」が，各企業の相談窓口担当者らによって任意団体として発足される。このACAPは，消費者関連担当者の資質の向上や消費者啓発への取り組み，苦情処理体制の整備などを目指して組織され，その後，1985年には公益社団法人となっている。

　なお，世の中の出来事としては，1973年に第一次オイルショックが起き，「狂乱物価」と呼ばれるほどに物価が急騰した。原料不足による物不足から，人々がトイレットペーパーなどの買い占めに走り，店頭から商品が消え去ったことは，いまだ後世に語り継がれている。

(4) 1980年代：食品汚染と多様化する悪質商法の時代

　1980年代に入ると情報化や国際化の動きに伴い，消費者に新たな問題がもたらされた。たとえば，当時の厚生省は，食品の安全性について国際基準より厳しい規制を設けていたが，その規制を緩和したことで，食の安全性が問題となった。一例として，1988年に生じた「ポストハーベスト」と呼ばれる輸入農産物の残留農薬の問題があげられる。この2年前に生じたチェルノブイリ原子力発電所の事故（1986年）なども関連して，増加する輸入食品への安全性や表示をめぐる基準作りへの関心がさらに高まっていった。

　また，消費者契約と関わる問題では，1986年ごろから始まったバブル経済を背景に，「原野商法」や「霊感商法」，さらには「預託商法（現物まがい商法）」「キャッチセールス」「アポイントメントセールス」といった新種の無店舗販売による被害が急増した。特に1985年に発覚した「豊田商事事件」は，被害額が2,000億円にものぼり，国会でも問題視された。なお，その被害の大きさから，1986年には「預託法」が制定され，現物まがい商法に規制がなされた。

　そのほか，クレジットカードやキャッシングカードなども普及し，消費者金融（サラ金）による多重債務の被害が深刻化したのもこの時代である。そして，1983年には「貸金業規制法」が制定され，貸金業者が登録制となり，業務の適正化が図られた。

(5) 1990年代：規制緩和と情報・交渉力格差拡大によるトラブルの時代

　1990年代は，まずカラーテレビの発煙・発火事故で相次ぐ消費者問題の幕を開ける。国内の大手家電メーカー4社は，自社のカラーテレビにおいて，肉眼では見えないほどの微小なひび割れが発生し，放電を起こしているといった調査結果を公表し，世の中に衝撃を与えた。食の分野では，国内基準の規制緩和がさらに進み，牛肉やオレンジの輸入自由化が始まった（1991年）。

　また，消費者契約に関しては，バブルが崩壊した1992年ごろ，多重債務がますます社会問題化し，カード破産が急増した。1990年代後半に入ると，低迷した経済を活性化するため，大規模な金融制度改革（金融ビッグバン）が行われた。それにより，金融商品においても規制緩和が進められ，外為法の改正や，銀行と証券，生保と損保の業務の相互参入などが始まり，消費者はさまざまな

金融商品を選択できるようになった。その一方で、金融商品が複雑化し、たとえばよく内容を理解できないまま元本保証がないようなハイリスク商品を購入し、多額の損害を被るといった被害も多く発生した。このように、消費者と企業間の情報の質や量、および交渉力の格差が拡大し、それに伴うトラブルが増加した。

　ほかにも、規制の隙間を狙った新たな悪質商法が登場したのもこの時代である。1993年ごろには「マルチ・マルチまがい商法」の被害が増加し、1997年ごろには和牛の「預託商法」が、1999年ごろには和服を中心とした「モニター商法」の被害が多発した。さらに、1990年代後半にはインターネットが普及しだしたことから消費者の生活スタイルは大きく変わり、ネットショッピングやネットオークションによるトラブルなども問題となり始めた。携帯電話の軽量化が実現し、一般の利用者が急増したのもこのころである。

　このように、商品や契約内容がますます多様化し、製造物の安全性や情報格差などが問題視される中、消費者の被害回復のための法律も整備された。代表的なものとして、1994年に公布された「製造物責任法（PL法）」（施行は1995年）や2000年に公布された「消費者契約法」（施行は2001年）などがあげられる。こうした法の制定により、消費者保護のための新たな道が開かれたといえる。

　また、1990年代は地球環境への関心が高まった時代でもあり、1992年には「国際環境開発会議（地球サミット）」が開催された。大量生産・大量消費は、やがて大量廃棄をもたらすことになり、環境問題は地球規模で取り組むべき重要な消費者問題の1つとして人々の関心を集めるようになった。

(6) 2000年代：情報化社会の進展とネット被害急増の時代

　2000年代になると、さらにインターネットや携帯電話が飛躍的に普及した。こうした情報処理や通信技術の発達により、インターネット特有のトラブルや契約に伴う被害がますます多様化した。たとえば2000年ごろから迷惑メールが発生し、架空請求や不当請求の被害が急増し始めた。また、2004年ごろには金利が極めて高い「ヤミ金融」による被害が拡大し、多重債務に苦しんだ自殺者も多く発生した。こうした背景を踏まえ、2006年には「改正貸金業法」「改正出資法」「改正利息制限法」が公布され、段階的に施行された。

表 8-1　主な悪質商法の種類と手口 (池内, 2006, 2018 に修正・加筆)

商法の俗称	主な商材	勧誘の手口
連鎖販売取引（マルチ商法）	健康食品，美顔器，浄水器，化粧品など	販売組織に加入し購入した商品を知人などに売ることによって組織に勧誘し，各人がさらに加入者を増やすことによりマージンが入るという商法
無限連鎖講（ネズミ講）	金銭，有価証券などの配当	後から組織に加入した者が支出した金銭を，先に加入した者が受け取る配当組織。「無限連鎖講の防止に関する法律」によって，金銭に限らず有価証券等も禁止されている
催眠商法（ＳＦ商法，ハイハイ商法）	布団類，電気治療器，健康食品	「新商品を紹介する」「健康増進に良い話をする」といって人を集め，閉め切った会場で台所用品などを無料で配り，得した気分にさせ，異様な雰囲気の中で最後に高額な商品を売りつける商法。新製品（S）普及会（F）という業者が最初に始めたので，「SF商法」と呼ばれたり，商品を求める参加者に「ハイ！ハイ！」と手をあげさせることから「ハイハイ商法」と呼ばれることもある
原野商法	土地（使い物にならない場合が多い）	将来の値上がりの見込みがほとんどない無価値な土地を，値上がりするかのように偽って売りつける商法
霊感商法	開運ブレスレット，水晶，印鑑など	「不幸になる」「悪霊が憑依している」などと言って不安をあおり，厄除けとして高額な商品を売りつけたり，祈祷料を請求したりする商法
預託商法（現物まがい商法）	和牛，金やプラチナといった貴金属など	利殖商法の一種。購入した商品を業者が預かり運用し，それによって得られた利益を配分するとして，出資者を募る商法。高配当や元本保証などとうたって預託金を集めるが，実際には事業が行われていない場合もある
利殖商法（投資商法）	ゴルフ会員権，未公開株，外国通貨，カジノへの出資など	手持ちの資金を少しでも増やしたいという気持ちに付け込み，「高利回り」「値上がり確実」「絶対に儲かる」などと言って，多額の出資金をだまし取る商法
点検商法	床下換気扇，布団，浄水器，耐震工事	点検するといって家に上がり「床下の土台が腐っている」「布団にダニがいる」などと不安をあおって，新たな商品・サービスを契約させる商法
キャッチセールス	化粧品，美顔器，エステ，絵画など	駅や繁華街の路上でアンケート調査などと称して呼びとめ，喫茶店や営業所に連れて行き，契約に応じない限り帰れない雰囲気にして商品やサービスを買わせる商法
アポイントメントセールス	アクセサリー，絵画など	「抽選に当たったので景品を渡す」「モニターに選ばれた」などと有利な条件を強調して電話で呼び出し，商品やサービスを契約させる商法
資格商法	行政書士，宅建などの資格を取得するための講座	電話で「受講すれば資格がとれる」などと執拗な加入をせまり，講座や教材の契約をさせる商法。以前の契約者に「資格が取得できるまで契約は続いている」，逆に「契約を終わらせるための契約を」といって再度別の契約をさせる二次被害が増えている

名称	商品例	内容
デート商法	アクセサリー，絵画など	出会い系サイトや電話，メールを使って出会いの機会を作り，デートを装って契約させる商法。契約後は行方をくらますケースが多い
かたり商法（身分詐称）	消火器，ガス警報機，表札など	消防署やガス会社などの公的機関や有名企業の職員であるかのように思わせるそぶりやトークで商品やサービスを販売する商法
当選商法	海外宝くじのダイレクトメールなど	「当選した」「景品が当たった」など，有利になること，特別であることを強調して契約させる商法
サイドビジネス商法（内職商法）	宛て名書き，データ入力，ホームページ作成，テープ起こし	「内職・副業（サイドビジネス）になる」「脱サラできる」などをセールストークに，実際には内職用の材料や機材を売りつけ，内職の商品は買い取りを拒否したり，内職自体回さなかったりするという商法
架空請求詐欺	金銭（情報料）	使った覚えのないアダルトサイトや出会い系サイトの情報料などの支払いを手紙，ハガキ，メールなどで請求してくるタイプの詐欺
ワンクリック詐欺 不当請求	金銭（情報料）	迷惑メールなどに添付された URL をクリックすると，突然「登録されました」などと表示され，不当な料金を請求されるタイプの詐欺
サクラサイト商法	金銭（情報料）	出会い系サイトの仕組みを利用して消費者を悪質サイトに誘導し，多額の金銭を使わせる手法
ネット通販詐欺	主に高額ブランド品	ネットショップやオークションで商品を購入したにもかかわらず，商品が届かず，連絡も取れず，結果的にお金だけ取られてしまう詐欺
モニター商法（無料商法）	美顔，エステ，化粧品，永久脱毛，浄水器など	商品やサービスを無料で提供して集客するが，その後，集まった客に対して商品を有料で販売し，商品代を請求する商法。モニター，キャンペーンというフレーズに弱い人がターゲットになりやすい
訪問購入（押し買い）	貴金属，着物など	業者が消費者の自宅等を訪ねて，高額商品を強引に安値で買い取る手法
還付金詐欺	現金	税金や保険料などの還付金を返すと偽り ATM へ誘導し，お金を振り込ませる詐欺
劇場型勧誘（買え買え詐欺）	社債権，外国通貨，リゾート会員権など	商品を販売する業者，その商品を購入したがっている業者など，複数の人が役回りを分担し，パンフレットを送り付けたり電話で勧誘したりして架空の話を信じ込ませて，実体不明の金融商品などを買わせる手口
ネガティブ・オプション（送り付け商法）	カニなどの魚介類，健康食品など	商品を勝手に送り付け，受け取ったことで支払い義務があると思わせ，代金を請求する商法。商品と一緒に請求書が入っていることが多い

悪質商法もますます拡大し，特に高齢者を狙った被害が深刻となった。たとえば2004年ごろには「振り込め詐欺」が，2005年には高齢の姉妹宅で総額約5,000万円もの不要なリフォームがくり返されていたことが報道され，悪質な「リフォーム詐欺」による被害が社会問題化した（消費者庁，2015）。

また，この時代は，「雪印乳業食中毒事件」（2000年）から始まり，「ミートホープ事件」（2007年）に代表される食品表示偽装問題や農薬が検出された「中国冷凍ギョーザ事件」（2008年）など，食の安全性を脅かすような事件が相次いで起こった。食品以外の分野でも，2000年代半ばごろからこうした欠陥商品や不良品による問題が多発した。たとえば，マンションなどの耐震偽装問題やシュレッダーによる指の切断事故，パロマ工業製ガス湯沸器やシンドラー社製エレベーターによる死亡事故などが相次いで起こり，消費者を震撼させた。

このように消費者を取り巻く経済情勢や社会環境の変化もあって，さまざまな分野にまたがる消費者問題への対応が本格的に検討され始めた。そして，2004年には消費者保護基本法を改め，新たに「消費者基本法」が公布された。これにより，これまで「保護される者」であった消費者の位置づけが転換され，「消費者の自立の支援」と「消費者の権利の尊重」が打ち出された（松葉口，2016）。さらに2009年には，消費者が安心かつ安全に暮らせる社会の実現を目指し，消費者行政の司令塔として「消費者庁」と「消費者委員会」が設置された。こうして日本の消費者保護政策は，新たな段階を迎えたことになる。

(7) 2010年代以降の消費者問題：被害の多様化と消費者の自立支援の時代

2010年代に入ると，スマートフォンが急速に普及し，インターネットを介した取引がますます身近なものとなり，海外からでも簡単に商品を入手できるようになった。こうした便利さの一方で，購入品の不着や有名ブランドの模倣品に関するトラブルなど，「越境取引（海外の相手との取引）」にまつわる問題が相次いだことから，「越境消費者センター」が開設された。

また，詐欺や悪質商法の手法はより巧妙化し，2010年には「クレジットカード現金化（クレジットカードのショッピング枠を現金に換算する行為）」の問題や，2011年には「訪問購入」による被害などが急増した。さらに2012年ごろには，健康食品などの「送り付け商法」や主に金融商品を対象とした「劇場

型勧誘」，2016年ごろからは「還付金詐欺」などが多発し，多くの高齢者が被害にあった。一方，比較的若い年齢層の間では，「サクラサイト商法」による被害や，2017年ごろからは「仮想通貨」に関するトラブル（たとえば，仮想通貨の交換と関連づけた投資や利殖をうたった詐欺）が拡大した。

欠陥商品や不良商品による事件／事故も後を絶たず，たとえば2011年には，グルーポンの「おせち事件」や「茶のしずく石鹸」による小麦アレルギー被害，2013年にはカネボウ化粧品による白斑被害が問題となった。有名ホテルでメニューの偽装表示や不当表示が相次いで発覚し，社会問題化したのもこのころである。また，2011年3月には東日本大震災が起こり，福島第一原子力発電所の事故の影響で，放射能汚染や食の安全性への関心がさらに高まっていった。

行政の動きとしては，こうした人々の関心を背景に，「食品衛生法」「JAS法」「健康増進法」といった食品表示に関する規定を統合し，新たに「食品表示法」が制定された（2013年公布，2015年に施行）。これにより，栄養成分表示の義務化やアレルギー表示の改善などがなされ，消費者が安全な食品をよりわかりやすく選択できるようになった。

また，企業側の改善だけでなく，消費者も消費生活に関する適切な知識を修得し，適切な行動に結びつけることができる能力を育めるよう，2012年に「消費者教育推進法」が制定された。2016年には，巧妙化・多様化する悪質商法やデータ改ざんなど相次ぐ企業不祥事から消費者を守るべく，消費生活に関する重要な法律が次々と改正された（たとえば「改正消費者安全法」「改正消費者契約法」など）。そのほか，2017年ごろからは，消費者が引き起こす不祥事にも注目が集まるようになり，暴言や長時間拘束などの悪質クレームがハラスメントの一種，すなわち「カスタマー・ハラスメント」として社会問題となった。

■ 第2節 ■

悪質商法と欺瞞的説得

　本節では，上述した数ある消費者問題の中で，中心的な位置を占めている悪質商法に焦点を当て，その実態と騙される側の心理について概説する。また，悪質商法をはじめ消費者問題を引き起こす側の心理についても「欺瞞的説得」といった観点から接近し，その戦術や嘘を見破る手がかりについて紹介する。

1. 悪質商法の現状

　悪質商法とは，「不当な手段や方法によって不正な利益を得る販売行為」である。その手口は，近年ますます多様化・巧妙化し，相談機関に寄せられる悪質商法に関するトラブルは後を絶たない。たとえば「消費者白書」(消費者庁, 2018) によると，2017年の消費生活相談件数は，約91.1万件で，ピーク時の2004年の192.0万件に比べると半減しているものの，未だ高水準で推移している。相談件数の中には，ささいなトラブルや単なる問い合わせなども含まれているが，インターネットやスマートフォンの急速な普及に伴い，通信関連の深刻な契約トラブルに巻き込まれるケースが増加しているのも事実である。実際，商品・サービス別に見ると，「通信サービス（ウェブサイトを利用したデジタルコンテンツなど）」に関する相談が24.7万件と突出して多くなっており，そのうちSNS関連の相談は約1.4万件となっている。これは，2013年と比較すると約3倍の件数であり，典型的な相談事例としては，「ネットでお試し購入したつもりが，いつの間にか定期購入になっていた」，「SNSで知り合った人からマルチ商法を持ちかけられた」といった内容があげられる。また，販売形態購入別に見ると，2017年にはついに「インターネット通販」の割合（26.6%）が，「店舗販売」の割合（25.2%）を上回ったのも特徴的である。なお，こうしたインターネットをめぐるトラブルの代表的なものに，「ワンクリック詐欺」や「ネット通販詐欺」などがあげられる。

　そのほか，65歳以上の高齢者からの相談件数は，2017年時点で約26.6万件

にのぼり，なかでも終活に付け込んだ「訪問購入」や「原野商法」などの悪質商法が増えている。特に「原野商法」においては，過去に金銭的被害にあった消費者を狙って，「契約すればお金を取り戻してあげる」と言葉巧みに勧誘し，新たに高額の契約を結ばせるといった二次被害が急増している。

2. 悪質商法に騙される心理

　悪質商法は詐欺的商行為ともいわれるが，「詐欺」とは他者を騙して錯誤におとしいれ，不法の利益を得ることを指す。したがって悪質商法が成立する背景には，騙し，騙される心理が存在している。こうした悪質商法の代表的な被害者としては高齢者があげられるが，他の年齢層においても手口によっては簡単に騙されてしまうこともある。

　それでは，人はなぜ悪質商法に騙されるのであろうか。そもそもわれわれは，自分だけは大丈夫という「楽観バイアス（optimism bias）」や，他者のメッセージを正しいこととして受け取る「真実バイアス（truth bias）」などの心的傾向を持っている。よって，第三者から見れば明らかに疑わしい説得内容であっても，信じてしまう傾向にある。チャルディーニ（Cialdini, 2008）は，こうした他者からの要請を受け入れるか否かに影響する心理学の原理として，①返報性，②コミットメントと一貫性，③社会的証明，④好意，⑤権威，⑥希少性の6つをあげている。各原理の詳しい内容は第4章を参照していただくとして，本章では悪質商法に騙される心理的背景ついて，これらの原理をもとに概説する。

　たとえば，高齢者の被害が深刻な「点検商法」では，次から次へと契約を結んでしまう「次々商法」などの二次被害につながりやすい。「次々商法」とは，最初は床の土台が腐っているということで床のリフォームのみの契約のはずが，業者に言葉巧みに言いくるめられ，気がつけば壁や屋根，外壁など家全体のリフォームに至り，高額請求されていたなどの例を指す。明らかに不要なリフォームなので，離れて住む家族が「なぜすすめに応じたのか」と問いただすと，「親切にしてくれたから」という答えが返ってくることがよくある。次々商法に応じる背景には，他者から何かをしてもらったときは，お返しをしないといけないといった「返報性の原理」が働いているといえる。もちろん点検商法の場合，

「このままでは家が崩れる」といって脅され，不安になったことで承諾に応じた側面も考えられる。このように消費者を脅し，不安にさせることによって態度を変容させる手法は「恐怖喚起コミュニケーション」といわれ，その恐怖に対する明確な対処法が示されているならば，喚起される恐怖が強ければ強いほど説得効果は高くなることが見出されている（Leventhal, 1970）。なお，こうした恐怖喚起コミュニケーションは，近年の「架空請求詐欺」や「ワンクリック詐欺」などにも利用されている。

　また，大学生などの若者が特に騙されやすい手口の1つに「資格商法」がある。資格商法とは，たとえば「就職に有利だから」といって，高額の講座や教材の契約をさせる方法である。この手法も，ある程度勉強が進んだ段階で，追加講座の受講や新たな教材などの購入をすすめてくるという点で，二次被害につながりやすい。人には，自分の言葉や信念，態度，行為を一貫したものにしたいという欲求があるため，ひとたび「資格を取る」と決めたことに対しては，完遂しようとする傾向にある。資格商法は，こうした「一貫性の原理」を利用した悪質商法の1つであるが，見方を変えると，人は資格などの権威に弱いといった「権威の原理」を利用しているともいえる。

　また，「デート商法」や「キャッチセールス」，「マルチ商法」なども，若者が被害にあいやすい悪質商法の1つである。これらは，販売員や勧誘者にしばしば魅力的な人物を用い，好感を与えて高額な商品やサービスを契約させるという点で，「好意の原理」を利用した手口といえる。

　そのほか，中高年がターゲットとなりやすい「催眠商法」は，「社会的証明の原理」や「希少性の原理」を利用した典型例といえる。「催眠商法」とは，無料の景品で客を集め，巧みな話術で場を盛り上げ，購買意欲をあおりながら目的の商品を販売する手法である。具体的には，司会者らしき販売員が商品を見せて「これ欲しい人！」と客たちに問いかける。最初は無料の景品なので，当然客たちは勢いよく「ハイ！ハイ！ハイ！」と手を挙げる。催眠商法が，別名「ハイハイ商法」と呼ばれる所以である。やがて司会者は，しだいに高額商品の販売に変えていくが，依然として周囲の人が手を挙げているので，自分も手を挙げ続けてしまう。その結果，気がつけば数十万円もの商品を購入していたという例などがあげられる。冷静になれば詐欺まがいであることは明らか

であるが,「この金額で買えるのは今だけ」といった時間的制約も手伝い,直感的な判断(ヒューリスティック)によって,つい手を挙げてしまうのである。このように,催眠商法では,人は周囲の判断を頼りに行動してしまうといった「社会的証明の原理」や,手に入りにくいものほど高い価値を感じるといった「希少性の原理」を巧みに利用しているのがわかるだろう。なお,こうした希少性の原理は,あなただけが選ばれたという「当選商法」などにも利用されている。

以上,悪質商法に騙される側の心理について,チャルディーニ(Cialdini, 2009)の説得理論をもとに概観したが,それでは騙す側には,いったいどのような心理が働いているのだろうか。この点については,欺瞞に関する研究が有益な示唆を与えてくれる。よって次項では,消費者問題を引き起こす側の心理や特徴について,「欺瞞的説得」といった観点から概説する。

3. 欺瞞的説得と消費者問題

欺瞞(deception)とは,一言でいうと,人を「欺(あざむ)いて,瞞(だま)すこと」であり,日常のささいな会話の中から,法廷での審理の証言に至るまで,さまざまな場面で起こりうる。その中でも,市場における欺瞞,すなわち商品やサービスの取引に関わる欺瞞は,本質的には説得を目的とした「欺瞞的説得(deceptive persuasion)」であり,消費者の注意や思考を唱導方向に向けてコントロールするための社会的な影響戦略といえる。ブッシュら(Boush, et al., 2009)は,こうした市場における欺瞞の特徴を,次の3点にまとめている。①あらゆる市場の欺瞞は意図的になされること,②送り手自身が自らの言動がいかに消費者を惑わせるかを自覚していること,③市場での欺瞞は,すべてマーケティング担当者などのプロによって入念に準備された企てであること。これらの特徴を持つがゆえ,市場における欺瞞には悪質なものが多く,悪質商法をはじめとする多くの消費者問題と関連しているといえる。

それでは,具体的にはいかなる行為が欺瞞的説得とみなされるのだろうか。市場における欺瞞研究の多くは,欺瞞的広告に焦点が当てられてきたことから,その行為の一例としては,広告や商品パッケージなどの不当表示があげられる。不当表示とは,実際よりも品質や規格などが著しく優れている(優良誤認),

表 8-2 市場における欺瞞戦術方略の一例
（Boush et al., 2009 をもとに作成した池内，2018 に修正・加筆）

	呼称	説明	具体例
隠ぺいや省略による欺瞞	ディストラクション	不利な開示情報を隠すために，消費者を惑わすような効果的なディストラクタ（妨害刺激）を用いて，注意をそらせること	広告のどこかに，快感情を与えやすい赤ちゃんや動物などの写真を提示したり，驚くものを提示したりして注意をそらせ，製品の欠点やリスクなどが認識されないようにする場合など
	偽装（カモフラージュ）	正しく表象されることを妨げること（ディストラクションを補うものとして使用される）	別の話題と思わせるような段落や項目の真ん中あたり，あるいは曖昧な見出しや題名を付けられた項目の中に不利な開示情報を埋め込んで隠ぺいする場合
	省略	特定の欠点やリスク，限界などの不利な開示を部分的に，あるいは全く行わないこと	会員にならないとサービスが受けられないにもかかわらず，そうした情報を開示しない場合など
	欺瞞防衛スキルの抑制	認知的処理ができないほど大量の無関連情報で消費者の心を氾濫させ，欺瞞を防衛する機会を抑え込むこと	電話で勧誘販売をする人が，最初に畳みかけるように大量の情報を与えて圧倒し，冷静な情報処理を行う認知的資源を奪ってしまう場合。加えて，詳細な開示がなされているという印象を与えることで，情報の隠ぺいに関する疑念を抑えることができる
情報の明示によって生じる欺瞞	シミュレーション	消費者に対して，明らかにまちがった形でモノや行為，状況，出来事を頭に描かせること（うのみにさせること）	「もし，その商品を買わなければ，何か悪いことが起きる」などと誤った提示（恐怖喚起メッセージ）を与えて，頭の中で想像させる場合など
	フレーミング	消費者を惑わすような不完全で偏った提示を行い，意思決定過程全体をまちがった方向に導くこと。具体的には，いくつかの側面だけに焦点を当てたり，注意をひきつけたりして消費者の思考を狭める提示をすること	商品の属性や使用後の結果において，限られたことだけを提示したり，巧妙に選ばれた競合商品とだけ比較をしたりする場合（不完全フレーミング），あるいはネガティブな結果の一側面のみを提示するだけで，「買わないと望ましくない結果が起きる」と不安を喚起させる場合（損失ー獲得フレーミング）
	なりすまし	楽しみや詐欺のために，別人のようにふるまうこと	一人の人間が電話で複数の役を演じる場合（劇場型勧誘などの詐欺）や，マーケティング担当者が消費者に対して適度に本物らしく演じることで，（実際にはそうでないのに）自分には権威があるかのように思わせる場合など
	自動的な推論傾向の悪用	「消費者はメッセージの文字どおりの意味を超えて推論する」という，自然な傾向を悪用すること	実際に行われた商品テストや研究内容を引用／参照することで，意味ある証明となることを消費者にほのめかす場合など
	数学音痴の利用（数学や統計の無知へのつけ込み）	「消費者は研究方法やデータに対して，単純な解釈しかしない」，すなわち「数値や統計を信頼して受け入れる」という傾向につけ込むこと	調査や検査結果について不完全な報告をしたり，不適切なサンプリング法を用いているのに報告しなかったり，比較テストの報告の中で比較対象を詳述しない場合など

または，価格その他の取引条件が実際よりも著しく有利である（有利誤認）と消費者に誤認させ，適正な商品選択や公正な競争を妨げる恐れのある表示のことをさす。「優良誤認」としては，近年の食品偽装問題に見られるように，たとえば中国産のねぎを九条ねぎと偽ってメニューに表示する例などがあげられる。また，「有利誤認」としては，常にその価格で販売しているにもかかわらず"今だけ特価"と偽って販売する例などが該当する。なお，第1節でも述べたように，現在の日本では，こうした不当表示の使用は，「不当景品類及び不当表示防止法（景品表示法）」によって厳しく禁じられている。

　また，ブッシュら（Boush et al., 2009）は，マーケティング担当者が行う欺瞞の手法として，消費者の注意をコントロールすること，（担当者にとって）望ましくない思考を抑制すること，消費者の思考の方向性をコントロールすることの3点をあげている。そして，さらにこうした手法を基にした欺瞞戦術をいくつか紹介しているが，その内容を整理し，具体例を加えたものを表8-2に記載する。たとえば，その中の「偽装」や「省略」は上述した不当表示などに利用されており，「数学音痴の利用」は近年相次ぐデータ改ざんによる企業不祥事などとの関連性が強いといえる。また，「欺瞞防衛スキルの抑制」は，消費者に処理できないほどの量の情報を与えて困惑させるという点で，多くの悪質商法に用いられている戦術といえる。

　それではこうした欺瞞を，消費者は見抜くことはできるのだろうか。これまで多くの研究者が，欺瞞や嘘と関連する言語的・非言語的手がかりを見つけ出そうと実証研究を試みたが，それらの結果は一貫していないのが現状である。そこで，デパウロら（DePaulo et al., 2003）は，数多くの既存研究から158の欺瞞の手がかりを取り上げ，メタ分析を行った。その結果，わかりやすい特徴を紹介すると，たとえば欺瞞しているときは，発言内容が矛盾していたり，論理的構成がなかったり，語句のくり返しが多くなったりするといった特徴があげられる。また，瞳孔が拡大し，顎も上がり，緊張のためか声のテンションやピッチが高まることなども示唆されている。もちろんこれらの手がかりは，あくまで欺瞞のときに現れやすくなるという程度であって，絶対的なものとは言い切れない。童話のピノキオは嘘をつくたび鼻が伸びたが，現実社会では完全に見破られる欺瞞などなく，ピノキオの鼻のような手がかりは存在しないとい

えるだろう。しかし，消費者問題は誰しもが被害者になり得る危険性があるため，こうした欺瞞の手がかりを知ることで，少なからず被害を未然に防いだり，最小限にとどめたりすることが期待できる。

■第3節■

社会問題としての苦情

　ここまでは，主に企業側に起因する不祥事を中心に取り上げてきたが，近年は消費者側が引き起こす不祥事として悪質クレームの問題が注目されている。これは，消費者保護政策により自立や自主性を尊重しすぎたあまり「消費者過保護」状態となり，人としての倫理観やモラルが崩壊した結果ともいえる。本節では，こうした苦情・クレーム増加の問題を取り上げる。[注1]

1. 苦情増加の社会的背景

　現代は苦情社会の到来といわれるほどに，誰しもが簡単に不平や不満を訴える時代であり，特にその悪質化が社会問題となっている。事実，産業別労働組合「UAゼンセン」の5万件にも及ぶクレームの実態調査結果によると，流通業界で働く人の7割以上が，業務中に「暴言」や「威嚇・脅迫」などの悪質なクレーム被害を受けた経験があると回答している（UAゼンセン，2017）。また，商品やサービスに対する苦情はもとより，対応者の苦情対応時の発言内容や態度に対する苦情（二次苦情）も深刻化している。たとえば「謝罪の言葉が足りない」と何時間も電話を切ってもらえなかったり，「事務的な対応が気に食わない」と逆上されたり，名前がわかっている場合は仕事帰りに待ち伏せされたりすることなども報告されている（池内，2013）。それでは，なぜ近年こうした理不尽で自己中心的な消費者が増加したのだろうか。

　池内（2018）は，特に悪質クレームに焦点を当てたものではないが，苦情増加の社会的背景として次の6点を指摘している。

①消費者の地位向上と権利意識の高まり：1995 年の製造物責任法（PL 法）の施行や，2004 年の消費者基本法（旧：消費者保護基本法）の改正，さらには 2009 年の消費者庁の設置などを通して，消費者保護や自立のための環境が急速に整備され，消費者の権利意識が強くなった。
②企業への不信感の増大：偽装表示や賞味期限の改ざん，欠陥商品や情報の隠ぺいなど，近年の相次ぐ企業不祥事により企業への信頼が失墜し，ささいな問題に対しても消費者が不安過剰となった。
③急激なメディア環境の変化：特にインターネットや SNS の普及は，消費者が簡単に苦情を書き込んだり，他の消費者と情報共有したりする機会を劇的に増加させた。また，携帯電話やスマートフォンの普及や，お客様相談室のフリーダイヤル化が進んだことで，どこからでもすぐに無料で苦情を訴えられるようになった。
④規範意識の低下に伴う苦情障壁の低下：苦情問題を面白おかしく取り上げるメディアが増えたことにより，苦情自体がより身近なものとなり，苦情を訴えることに対する規範意識や抵抗感が低下した。
⑤過剰サービスによる期待の増大：サービスが過剰になるにつれ，消費者の期待も高まるため，企業は常に高水準のサービスを提供し，消費者の期待に応え続けようとする。その結果，そうした過剰サービスの状況に慣れてしまった消費者は，少しでも意に沿わないと不満を抱き，苦情を訴えるようになった。
⑥社会全体の疲労と不寛容化：怒りなどの強い感情を抑えるためには，相当なエネルギーが必要となる。しかし，精神的・肉体的疲労などが原因で怒りがコントロールできず，社会全体が不寛容（謝罪を受け入れず，厳しくとがめる態度）になり，時には不満のはけ口として苦情を訴える人なども現れ始めた。実際，池内（2010）は苦情行動に「カタルシス効果（精神の浄化作用）」があることを認めている。

2. 苦情行動の心理的背景

　苦情行動の心理的背景の 1 つとして，商品やサービスに対する何らかの不満

の喚起があげられるが、そもそも不満はなぜ生じるのであろうか。

不満の源泉に関しては、消費者行動における顧客満足研究の文脈で議論されることが多く、特にオリバー（Oliver, 1980）の「期待不一致モデル（expectation disconfirmation theory）」が有名である。期待不一致モデルとは、商品やサービスの品質、性能、補償などに対して、消費者が購入前に考えていた「期待（expectation）」と、購入後の使用や消費を通して得られた「成果（performance）」とを比較し、それらの一致／不一致によって満足の度合いが決まるというものである。具体的には、成果が期待を上回れば消費者の満足度は高まり、リピート購入やロイヤルティ（忠誠心）の形成につながる。成果と期待がほぼ一致していれば、不満こそ生じないがその後の積極的なリピート購入は望めない。そして、成果が期待を下回った場合は、不満が喚起されることになる。なお、ウィルキー（Wilkie, 1994）によると不満を抱いた消費者は、①不満を表面化せずにがまん、②再購入の拒否、③負のクチコミの流布、④売り手企業への不満の訴え（苦情行動）、⑤他の機関への申し立てといった、いずれかの行動をとると述べている。

3. 苦情行動の規定因

このように、苦情の前提条件として不満の喚起があげられる。しかし、不満足を経験した誰もが必ずしも苦情を表明するとは限らない。この違いは何に起因するのだろうか。黒岩（2004）は、苦情行動と関連する要因について、"市場の特性"、"売り手やサービスの特性"、"消費者の特性"といった観点から、先行研究の知見を整理している。

まず、"市場の特性"については、競争市場に比べて寡占市場（少数の大企業が支配している市場）では、ブランドスイッチ（購入するブランドの変更）が起こる可能性が低いため、不満が生じた場合に苦情行動に結びつきやすいことが指摘されている（Hirschman, 1970）。次いで"売り手やサービスの特性"については、評判の高い企業に対するほうが、苦情につながりやすいことが見出されているが（Bolfing, 1989）、これは期待の裏返しといえる。また、"高価である"、"自分で修理をするのが困難"など、問題の重要性が比較的高い

場合も，苦情に至りやすいことが指摘されている（e.g., 池内，2006；Landon, 1977）。最後の"消費者特性"については，古くからパーソナリティ特性やデモグラフィック要因などとの関連性が研究されている。たとえばライフェルドら（Liefeld et al., 1975）は，苦情の手紙を書いた経験のある人には，高学歴で収入の高い中年世代が多いことを，メイソンとハイムス（Mason & Himes, 1973）は，高収入で持ち家，そして中年世代といった特性を持つ人が苦情行動を起こしやすいことを見出している。また，パーソナリティ特性については，自信のある人（Bolfing, 1989；池内，2010），社会的孤独感の強い人（Robinson, 1979），社会的不満や完全主義的傾向が強い人（池内，2006）などが苦情行動を起こしやすいことが見出されている。

　なお，ここでは近年の悪質クレーム増加の背景から，苦情のマイナス面を中心に概観したが，正当な苦情は，時に商品やサービスの開発・改善につながる貴重な財産になり得ることもある。事実，苦情がきっかけで生まれた商品や改良されたサービスは数多く存在する。たとえば，花王のシャンプーボトルの横の刻み（目をつぶっていてもリンスボトルと判別できるように）や，ヤマト運輸の「クール宅急便」などが有名な事例としてあげられる。苦情には，このようにプラスの側面も多分にあるということを忘れず，苦情を受けた側は冷静で慎重な対応を心がけ，また訴える側も伝え方に配慮する必要があろう。アメリカ政府は，苦情の伝え方を重視し，*Consumer Action Handbook* において，"Sample Complaint Letter Template"（苦情レターの見本）を HP にあげている[注2]。こうした消費者と企業の良好なコミュニケーションは，健全な市場発展に欠かせないことといえる（西村，2016）。

■ 第4節 ■
より良い消費社会の構築に向けて

　日本では，戦後，高度成長期に消費者問題が表面化してから，段階的に行政や事業者が消費者を保護する仕組みを築き上げてきた。しかし，いぜんとして

消費者被害はなくなるどころか，特に悪質商法や詐欺などは，時代とともにより巧妙化，多様化しながら増加の一途をたどっている。ちなみに，消費者庁（2018）によると，過去1年間に何らかの消費者被害やトラブルを受けた経験があると答えた人の割合は9.5％であり，消費者被害がもたらす経済的損失は約4.9兆円にものぼると推計されている。老若男女問わず誰もが安全で安心な暮らしを営むためには，こうした被害を「個人」の問題とみなすのではなく，「社会」全体で支え合いながら被害をなくしていくといった姿勢が必要となろう。特に，情報収集力や判断力などが低い高齢者を狙った悪質商法が増加しているがゆえ，地域や近隣住人，行政などが連携してネットワークを構築し，見守りや情報共有を通して未然防止に努めることが不可欠といえる。

また，この数十年間で，24時間営業の大型量販店やショッピングセンター，さらにはインターネット通販などが急速に普及し，われわれの消費生活は格段に便利になった。選択肢の幅も広がり，いつでもどこでも欲しい商品やサービスが簡単に手に入るようになった。しかし，それと同時に，従来の消費者被害とは異なった新たな消費者問題が浮上してきた。たとえば大量消費に伴う大量廃棄，それによる資源の無駄遣いや深刻化する環境問題などが一例としてあげられる。ほかにも，こうした大型店が主流になるにつれ商店街や近隣スーパーが閉店に追い込まれ，日々の買い物に不便を感じる「買い物弱者（買い物難民）」といわれる人が増加してきた。かつては，過疎化の進んだ農村部や山間部などの地域的な問題として捉えられていたが，近年は，大型商業施設の郊外化に伴い，都市部でも食料品の購入に不便や苦労を感じる住民が増えており，その数825万人にものぼっている（農林水産政策研究所，2015）。また，一般的には消費生活に大きな利便性をもたらしたインターネットやスマートフォンであるが，それらを使いこなせない高齢者にとっては，むしろ不便で住みにくい社会を作り上げたといえる。こうした「買い物弱者」の問題は，高齢化社会や情報化社会と関連する新たな消費者問題であり，これも近隣住民の支援や行政的な施策が求められる急務な課題の1つとなっている。

そのほか新たな消費者問題としては，所費者自身がともすれば加害者となり得るような問題もあげられる。たとえば上述した理不尽な苦情・クレームの問題や，インターネットを介した消費者間取引に関するトラブルなどが該当する。

こうしたさまざまな消費者問題に対処するには，消費者一人ひとりが消費の専門家として必要な知識やスキル，さらにはモラルといった「エンパワーメント（empowerment）」を身につけることが重要となろう。そのためにも，行政は消費者教育を推進し，消費者に良いこと，悪いことを意識した「消費者市民」としての自覚を与え，自らの消費行動が，経済だけでなく社会や環境にどれほど大きな影響を及ぼすのかを認識させることが求められる。戦後約70年間の中で，消費者は「保護」される対象から「自立」した主体へと変わり，今では自らの影響力を自覚し，主体的に社会参画する「市民」としての存在へと変化した（松葉口，2016）。こうした「消費者市民」が増えれば，相手を思いやり，誰もが安全で安心できる暮らしやすい「消費者市民社会」が実現できるだろう[注3]。本章を通じて，われわれ一人ひとりが「消費者市民社会」の一員であるとの自覚を持つ1つの機会となれば幸いである。

注）
1. 苦情とクレームはよく混同して用いられるが，その意は若干異なる。厳密にいえば苦情（complaint）は，「不快感や不信感といった負の感情の処理に関する要求」であり（中森・竹内，1999），クレーム（claim）は「消費者や顧客の不満に基づく企業側に対する何らかの要求行為」と規定されている（森山，2002）。また，クレームが賠償・補償の請求といった状況に限定されるのに比べて，苦情は用語の適用範囲が比較的広い。たとえば，『苦情マネジメント大全』を著したスタウスとシーデル（Stauss & Seidel, 2004）も，苦情を「企業または第三者機関に対して申し立てられる不満足を明確に表明したもの」と定義し，さまざまなタイプの苦情を含む広い概念として捉えている。しかし，日常的には両者は混同して用いられることも多いことから，ここでも特に区別せずに使用することとする。
2. "Sample Complaint Letter Template"が掲載されたHPのURLは下記の通りであり，購入日，購入場所，購入商品名，問題が生じた状況，返金や修理といった希望する対応方法などについて，具体例が示されている。
https://www.usa.gov/complaint-letter（2019年6月15日閲覧）
3. 消費者市民社会とは，消費者庁では「消費者一人ひとりが，自分だけでなく周りの人々や，将来生まれる人々の状況，内外の社会経済情勢や地球環境にまで思いをはせて生活し，社会の発展と改善に積極的に参加する社会」と定義されている。
http://www.caa.go.jp/policies/policy/consumer_research/white_paper/2013/honbun_13_column.html（2019年6月15日閲覧）

第9章
消費者行動の新展開1：消費者行動研究における行動経済学的アプローチと生体情報活用

　消費者行動研究において，「行動経済学（behavioral economics）」という研究領域が近年注目を浴びるようになってきている。行動経済学は，これまでの伝統的な経済学とは異なり，経済行動についての理論的検討を中心にするのではなく，人間の経済行動の実態を，観察，実験，調査などの実証的研究から解き明かし，経済行動を説明しようとする学問である。このような研究領域が有名になったのは，2002年にノーベル経済学賞を受賞したカーネマン（Kahneman, D.）と彼の共同研究者のトヴェルスキー（Tversky, A.），2017年に同賞を受賞したセーラー（Thaler, R.）の研究が契機になっているかもしれないが，行動経済学的アプローチは消費者行動研究や心理学の中ではそれ以前にも存在していた。

　本章では，消費者行動研究においての行動経済学的アプローチの経緯について簡潔に説明し，次に，この行動経済学的アプローチの下位領域でもある神経経済学（neuroeconomics）やニューロマーケティング（neuromarketing；神経マーケティングともいう）について解説をし，この領域でもよく用いられる生体情報活用の手法としての脳機能画像解析と眼球運動解析についての解説を行い，展望を行う。

　なお，行動経済学の消費者行動研究における経緯については，竹村・村上（2019）の議論をもとに行い，神経経済学やニューロマーケティングについては竹村（2016a, 2016b）の解説論文，そして眼球運動解析については竹村ら（2018a, 2018b）の解説をもとにしている。

■ 第1節 ■

行動経済学と消費者行動研究

1. 行動分析学領域の行動経済学

　もともとの「行動経済学」は，行動分析学と呼ばれるアメリカの心理学者スキナー（Skinner, B. F.）が1930年代に始めた研究に端を発する（竹村・村上，2019）。スキナーは，パブロフ（Pavlov, I. P.）の条件反射学やソーンダイク（Thorndike, E.）の試行錯誤学習説による研究を発展させて，オペラント条件づけという概念で人間や他の動物の行動を説明しようとした。オペラント条件づけというのは，その行動が生じた直後の環境の変化に応じて，その後にその行動が自発的に生じる頻度が変化する学習のことであり，スキナーはこの条件づけによって多くの学習行動を説明しようとした。この行動分析学と経済学を結びつけた研究領域としての行動経済学的研究がすでに1970年代に生まれており，1980年にはハーシュ（Hursh, S. R.）によって，動物の行動実験データを，具体的に，封鎖・開放経済環境，価格弾力性，あるいは代替性・補完性という経済学的概念に関連づけて考察がなされている。この流れでの行動経済学は，伝統的経済学に仮定されている効用最大化の仮定や価格弾力性や代替性や補完性などの概念を用いて動物行動を説明しようとするものであった。ただし，現在の所謂「行動経済学」は，この流れとは異なる経緯を持っている。

2. 行動意思決定論からの行動経済学

　カーネマンやセーラーの研究で有名になった所謂「行動経済学」は，行動意思決定論の研究に遡ることができる。従来，心理学における意思決定の研究においては，期待効用理論などの規範理論の妥当性を確認する研究が先行し，そこでの理論と実際の人間の意思決定行動を比較する形で，記述的な理論研究である行動意思決定論研究がなされるようになってきた。行動意思決定論の創始者はエドワーズ（Edwards, W.）である。彼は，1948年から意思決定に関する心理学的研究を始めていたし，1961年には，すでに「行動意思決定論（behavioral decision theory)」というタイトルのレビュー論文を書いている（Edwards, 1961）。この行動意思決定論研究は，方法論的には，数理心理学者，実験心理学者によって，研究対象領域で分けると，認知心理学者，社会心理学者によって，研究がなされてきた。この行動意思決定論が現在の行動経済学に与えた影響は大きいと思われる。

また，高見（2017）によると，1952年にフランスのパリでリスクに関する国際シンポジウムが開催されて，そこでアレの反例で有名なアレ（Allais, M.）が講演を行い，主観的期待効用理論の創始者のサヴェッジ（Savage, L. J.）と議論を行い，その数か月後にアメリカのランド研究所で心理学者のクームズ（Coombs, C. H.）と数学者のスロール（Thrall, R. M.）の組織した学際的研究会「意思決定過程における実験計画法」が開催され，意思決定についての行動経済学的な研究が発表された。このような研究がカーネマンらの行動経済学の初期のものとみなすことができるだろうが，「行動経済学」という用語はこの段階では使われていない。

3. 消費者行動研究と行動経済学

また，近年のマーケティング分野における消費者行動の研究も，行動意思決定論や行動経済学に強い影響を与えている。実際，ベットマン（Bettman, J. R.）やジョンソン（Johnson, J. E.）らに代表される消費者の意思決定研究は，彼ら独自の理論と方法論によるものであり，知覚や認知を扱う米国の基礎系の心理学会（Psychonomic Society）でも，1つの分野を形成している。わが国における消費者行動研究も，行動経済学とは一定の距離があるが，戦後にマーケティング・リサーチなどの実務的な観点から進展して，消費者行動に関する独自な知見を得ている。たとえば，すでに1950年代から林知己夫，印東太郎，小嶋外弘，吉田正昭，1960年代から飽戸弘，馬場房子，佐々木土師二をはじめとする心理学者がマーケティング・リサーチを念頭に置いた研究をしていた。特に小嶋外弘は，「心理的財布」というセーラーの唱える心理的会計に非常に近い概念を先んじて提唱している。また，1960年代より，広告心理に関する実務において，林英夫，仁科貞文をはじめとする心理学者が活躍しており，1970年代

からは，阿部周造，中西正雄をはじめとするマーケティング研究者が消費者情報処理を扱った研究を行っている。また，1970年代には，経済学者の西部邁が，消費者の選好形成や社会的影響を考えた経済学，すなわち，「ソシオ・エコノミックス」の必要性を説いている（西部，1975）。これは現代の観点からいうと行動経済学に近い学問を提唱していたのではないかと推察される。1980年代からは，消費者行動分析の観点から，杉本徹雄，岸志津江，青木幸弘，田中洋，恩蔵直人，守口剛，上田隆穂，江原淳，土田昭司，高橋郁夫，山本昭二などが消費者行動研究を盛んに行っている。

最後になるが，現在の行動経済学への先駆的な心理学的研究者としては，カトーナ（Katona, G.）の名前をあげないわけにはいかない。彼は，ハンガリーで生まれてゲシュタルト心理学の影響下で基礎心理学の研究を行っていたが，アメリカにわたり，第二次世界大戦下でのインフレーションの問題の心理的要因について研究を始めた。彼は，インフレーションのようなマクロな経済現象の心理的要因を膨大な調査研究をした。カトーナは，伝統的経済学の理論での合理的な「経済人」の仮定を置かずに，マクロな経済現象を心理学的に明らかにしようとしたのである。彼は，「大衆消費社会」について，自由裁量の購入を許す一般的な豊かさ，経済に影響を与える消費者権利，および消費者心理の重要性を指摘して，大衆消費社会，消費者行動の特徴を心理的側面から解明しようとした。彼は，マクロな経済現象に大きな影響をもたらす要因として，消費者の動機，態度，期待などを解明する経済社会の研究方法を確立したといえる（竹村，2015）。

■ 第2節 ■

神経経済学とニューロマーケティング

1. 神経経済学とニューロマーケティングとその方法論

近年，神経経済学やニューロマーケティングという用語が消費者行動研究やマーケティング実務の領域でも，よく用いられるようになってきている。ニ

ューロマーケティングは，近年は人間の意思決定行動の神経科学的基盤を明らかにしようとする神経経済学の下位領域である（Fugate, 2007；Hubert & Kenningy, 2008；Lee et al., 2007）。現在では，神経経済学は，人間の経済的意思決定に関する神経科学的研究であるので，ニューロマーケティングは特に消費者行動などのマーケティングに実務に接する経済的意思決定の神経科学的研究の領域に位置づけることができる。ニューロマーケティングは，経営学者，経済学者，心理学者，神経科学者など，幅広い領域の研究者やマーケティングの実務家によってその検討がなされている（竹村，2009a, 2009b, 2016a, 2016b）。

　サンフィーとストーレン（Sanfey & Stallen, 2015）によると，これらの研究の方法は，下記のようなものになる。1つは，イメージング研究であり，fMRI（functional Magnetic Resonance Imaging；機能的磁気共鳴画像法），NIRS（Near Infra Red Spectroscopy；近赤外線分光法，光トポグラフィ），PET（Positron Emission Tomography；陽電子放射断層撮影法），MEG（Magneto Encephalo Graphy；脳磁図），EEG（Electro Encephalo Gram；脳波）である。また，近年用いられるようになってきた方法に，TMS（経頭蓋磁気刺激法；Transcranial Magnetic Stimulation）がある。この方法は，介入的方法であり，実験参加者の脳活動に影響を与え，認知判断課題や意思決定課題への影響を観察するものである。TMSに関してはその刺激の方式によって以下のものがある。Single pulse TMS（単発経頭蓋磁気刺激法），またはPaired pulse TMS（2連発経頭蓋磁気刺激法）は，パルス刺激によって，大脳新皮質にある神経細胞集団を脱分極させ，活動電位を引き起こすものである。また，rTMS（反復経頭蓋磁気刺激法；Repetitive TMS）は，刺激の強度やコイルの向き，刺激の周波数などによって，皮質脊髄路や皮質間経路の興奮性を増加，または減少させるものである。いずれの方法も長所と短所があり，いろいろな方法を組み合わせた研究が行われている。

2. 神経経済学とニューロマーケティングの初期の研究

　神経経済学やその下位領域としてのニューロマーケティングが進展してきた理由は，神経科学の方法論が発達してその研究体制が整えられたことがあ

る。消費者の意思決定研究やマーケティング研究の中で，これまでの質問紙法，Web調査，面接法，行動観察法に頼った方法では十分に行動の予測ができず，客観的なデータの裏づけがないという問題意識が実務家や研究者の間で高まってきたことも指摘できる。また，行動経済学の分野で活躍してきたスイスのフェール（Fehr, E.）や，アメリカのキャメラー（Camerer, C.）らの研究グループが神経経済学で精力的な研究をしてきたことの影響も大きいように思われる。

　神経経済学やニューロマーケティングが人々の強い興味を引くようになったのは，2004年に *Neuron* という神経科学系の雑誌に，ベイラー医科大学の神経科学者モンタギュ（Montague, P. M.）らの研究グループによるコカ・コーラとペプシ・コーラの選好に関する実験結果を報告したことに始まるといえる。彼らは，コカ・コーラおよびペプシ・コーラが好きな被験者に対して，ブランド名を伏せた場合と伏せなかった場合について飲用中の脳の血流をfMRIで計測した（McClure et al., 2004）。モンタギュらのグループの研究によって，マーケティングの研究者からは，マーケティングのコミュニケーション効果を測定する客観的な手法としてニューロマーケティングが注目を集め，また，神経科学者からは実社会のマーケティングの問題に神経科学的手法が使用可能であることが強認識されるようになったのである。ブランド名を伏せた条件ではコカ・コーラとペプシ・コーラを選択する比率はほぼ同じであった。fMRI実験の結果，ブランド名を伏せた場合に，コカ・コーラおよびペプシ・コーラを選んだそれぞれの回数と前頭前野腹内側部（ventromedial prefrontal cortex）の脳活動とが有意に相関していた。このことは，前頭前野腹内側部の活動が，ブランド名を伏した場合には，純粋に個人のコーラに対する嗜好による選択を表現していると解釈できる。他方，1つのカップにブランドのラベルを示して，ほかのカップを無記入（コカ・コーラかペプシかどちらかが入っている）にした条件では，ペプシ・コーラよりコカ・コーラのラベルのあるカップのほうを著しく多く選ぶという結果が得られた。コカ・コーラの絵を見せた後にコカ・コーラを飲んだときと，何がくるかわからない刺激の後にコカ・コーラを飲んだときの脳活動を比べると，コカ・コーラの絵を見せた後には海馬（hippocampus）と背外側前頭前野（dorsolateral prefrontal cortex）などが有意に活動した（図9-1）。しかし，ペプシの絵を見せた後には有意に強い活動は認められなかった。この

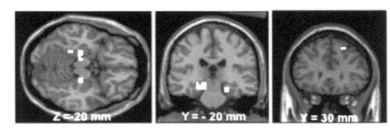

図9-1 コカ・コーラとペプシ・コーラの選好実験の脳画像 (McClure et al., 2004)

ことから，消費者の欲求生起には，少なくとも味を評価するシステムとブランドを想起することによるイメージ評価によるシステムの2つが存在し，広告などのコミュニケーション戦略によるブランド情報によっては，本来の生理的な反応に基づく嗜好とは異なる選好が存在するということが示唆された。すなわち広告が，ブランドイメージの操作によって消費者の欲求システムに強く影響することが示唆されたのである。このモンタギュらのグループの研究によって，マーケティングの研究者からは，マーケティングのコミュニケーション効果を側定する客観的な手法としてニューロマーケティングが注目を集め，また，神経科学者からは実社会のマーケティングの問題に神経科学的手法が使用可能であることが強く認識されるようになったのである。

これまでの神経経済学の研究は，人間の意思決定が多重なシステムによって行われていることを示唆している (Hubert & Kenningy, 2008；Lee et al., 2007；Sanfey, 2007；Takemura, 2014)。意思決定の際には，半ば無意識的で自動的に生じる自動的過程と，思考などによって意識的に制御される制御的過程が存在することがわかっている。感情的な処理などは，自動的過程であると解釈されるし，高次の思考を含む認知過程は制御過程であると考えることができる。すでに，意思決定において，高次の認知過程だけでなく感情が重要な役割を果たしていることは，ソマティックマーカー仮説を提案したダマジオ (Damasio, A.) らの研究グループによる一連の研究により見出されてきた。ソマティックマーカー仮説というのは，自覚的な熟慮に基づく意思決定に先立って，身体状態 (somaticstate) の変化を含むような情動が意思決定に関与するという仮説である。このような観点からの研究は，近年も増加している。

■ 第3節 ■

消費者行動の脳機能画像研究

1. プロスペクト理論における参照点とフレーミングに関する知見

　カーネマンとトヴェルスキー（Kahneman & Tversky, 1979）によって提唱されたプロスペクト理論は，行動意思決定理論のこれまでの知見と非線形効用理論（あるいは一般化期待効用理論）の知見を総合した理論であり，多くの研究者に受け入れられている。プロスペクト理論は，当初はリスク下の意思決定を扱う記述的理論として提案されたが（Kahneman & Tversky, 1979），後に，不確実性下の意思決定も説明できる理論に発展させられている（Tversky & Kahneman, 1992）。プロスペクト理論の「プロスペクト」とは，ある選択肢を採択した場合の諸結果とそれに対応する確率の組み合わせであり，プロスペクト理論では，意思決定過程は，問題を認識し，意思決定の枠組みを決める編集段階（editing phase）と，その問題認識に従って選択肢の評価を行う評価段階（evaluation phase）とに分かれる（Kahneman & Tversky, 1979）。前者の段階は，状況依存的であり少しの言語的表現の相違などによっても変化するが，後者の段階では，ひとたび問題が同定されると状況に依存しない評価と意思決定がなされることになる。意思決定の問題をどのように心理的に構成するかという編集段階において各プロスペクトが再構成され，それらをもとにして評価段階では最も評価値の高いプロスペクトが選ばれる。評価段階では，彼らが価値関数（value function）と呼ぶ一種の効用関数と確率への荷重関数（probability weighting function）によって，評価されることになる。重要なことは，編集段階において，価値関数の原点である参照点（reference point）が決まるということである。プロスペクト理論における大きな特徴の1つとして，結果の評価が，客観的な金銭価値ではなく，心理的な基準点である参照点と実際の客観的な結果との差異に関してなされるということが仮定されている。

　これまでの研究では，予期に反して報酬をもらえなかったほうが予期どおりのときより前頭前野内側部（MPFC：Medial PreFrontal Cortex）や側坐核（NAcc：Nucleus Accumbens）の活性がみられるという知見がある（Lowenstein et al., 2008)。これらの部位は，報酬系に関与していると考えられ，人間が，結果の最終的な状態ではなく，予期との差異のようなプロスペクト理論に仮定された編集段階に対応した脳活動が存在することを示唆している。佐藤ら（2010）によると側坐核は快感情の処理に関わっており，多賀（2010）によると前頭前野内側部は，自己参照や共感などとも関わりがある。

プラスマンら（Plassmann et al., 2008）は，商品評価への価格の影響とその神経メカニズムを詳細に検討する興味深い研究を行っている。彼らの実験では，数種類のワインを刺激に用い，ワインが実際に口腔に注入された時点で価格を対呈示し，fMRIにより脳機能画像を撮像した。その結果，高価格ワインが呈示されたとき内側眼窩前頭皮質（mOFC: medial Orbito Frontal Cortex）を中心とした報酬関連部位の活性化がみられた。また，質問紙によるワインの好意度の評定結果においても，高価格なワインのほうが低価格のワインよりも好まれることが示された。この結果から，前頭眼窩前頭皮質などの報酬関連部位の活動によって商品評価の推定が可能であることが示唆された。実在のブランドや商品を刺激に用いたほかの研究においても実験参加者にとって評価が肯定的である刺激に対し，線条体（striatum），前頭前野腹内側部を中心とした報酬関連部位の活性化が報告されている。

さらに，これまでの研究では，同じ報酬であっても，予期に反して報酬をもらえなかったほうが予期どおりのときより前頭前野内側部や側坐核の活性がみられるという知見がある。これらの部位は，報酬系に関与していると考えられ，人間が，結果の最終的な状態ではなく，予期との差異のような認知要因に対応した脳活動が存在することを示唆している（Lee et al., 2007）。このことも，プロスペクト理論で説明されているフレーミング効果と対応している。この知見は，製品戦略や価格戦略の問題に敷衍すると，同じ価格であっても，広告などのコミュニケーション戦略によって，期待どおりかそうでないかによって脳活動が異なり，後続する購買行動が変化することを示唆している。

竹村ら（2009）の研究では，商品の背景情報の商品評価への効果を検討するために，夏に多く消費される商品と冬に多く消費される商品とを抽出し，夏・冬背景画像と商品の季節が一致している条件と，背景と商品の季節が不一致な条件，それから背景には明度のみ揃えた灰色の背景の統制群とで，消費者がど

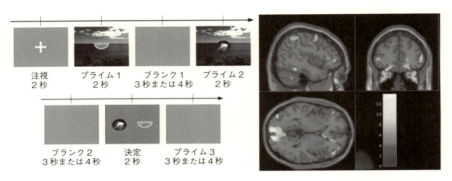

図 9-2　呈示した背景情報と背景一致条件で賦活が高かった脳部位の例（竹村ら，2009）

のように商品を評価するのかを，脳機能画像測定により検討を行った。しかし，集団解析では，背景一致，不一致，統制群との間に有意な脳機能画像の違いは認められなかった。ただし，ある被験者は，下記のような脳機能画像の違いを条件間で示した。すなわち，図9-2に，統制条件に比較し，背景一致条件で賦活が高かった脳部位を示したが，報酬関連部位である線条体の右尾状核，前頭眼窩野（OFC：Orbito Frontal Cortex）内側部に関し，統制条件に比較し，背景一致条件に有意な賦活がみられた。また，意思決定の報酬の予期にも関与する前頭前野背外側部（DLPFC：Dorso-Lateral Pre-Frontal Cortex），補足運動野（supplementary motor area）などにおいても有意な賦活がみられていた。この被験者にとっては，背景情報が商品と一致することは快感情や報酬をもたらすことを示唆しており，マーケティングにおいても商品の背景情報を操作することによって購買行動が変化することを示唆している。ただし，この知見は集団全般にはいえず限定的であり，今後の研究を待たねばならないであろう。

　プロスペクト理論における編集段階を調べたゴンザレスら（Gonzalez et al., 2005）は，同じ意思決定問題の言語表現をポジティブにするかネガティブにするかで人々の意思決定が異なり，ネガティブな表現ではリスク志向的な選択が行われやすいことを示し，リスクのある選択を行う場合，右背外側前頭前野（right dorsolateral prefrontal cortex）と頭頂間溝（intraparietalsulcus）の活性が見られることをfMRIを用いて見出した（Gonzalez et al., 2005）。デ・マルティノら（DeMartino et al., 2006）は，プロスペクト理論における評価段

階に対応する意思決定をfMRIを用いて検討した。利得を選択する状況ではリスク回避傾向が，損失を選択する状況でリスク志向が観察された。また，利得・損失状況ごとの脳機能画像の検討から，扁桃体（amygdala）を中心とする感情ベースの意思決定が選好の逆転に関与していることが示された。佐藤ら（2010）によると，扁桃体は快感情とも不快感情とも同時に関わるが，特に不快感情と密接な関わりがあることになる。また，この研究では，意思決定の制御は前頭眼窩野と前頭前野腹内側部が関与していることが示唆された（DeMartino et al., 2006）。

2. プロスペクト理論におけるリスクや不確実性に対する処理に関する知見

これまでのプロスペクト理論に関する研究では，客観的確率を非線形に歪める確率荷重関数というものが仮定されており，その評価式においてさまざまな計量モデルが提案されており，その比較が行われている（たとえば，Gonzalez & Wu, 1996；Takemura, 2014；竹村・村上, 2016；Takemura & Murakami, 2016, 2018）。

オリジナルなプロスペクト理論では，確率荷重関数は，非加法性，低確率事象の過大評価，非比例性，端点付近での非連続性を示していたが，累積プロスペクト理論では，先に示したように下記のように定式化されている（ここでは，利得の領域での確率荷重関数のみを示した。

$$W(p) = \frac{p^{\gamma}}{\left(p^{\gamma} + (1-p)^{\gamma}\right)^{\frac{1}{\gamma}}}$$

ただし，p は確率を，$W(p)$ は確率 p に対する主観的な重みを，γ はパラメータを表している。パラメータ γ は，0から1までの値をとるが，このモデルのパラメータごとの形状を図9-3に示している。

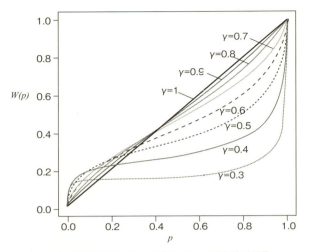

図 9-3　累積プロスペクト理論における確率荷重関数
（Tversky & Kahneman, 1992 のモデルをもとに作図）

　ロッテンストライクとシー（Rottenstreich & Hsee, 2001）は，快感情や不快感情を喚起することによって，確率加重関数の歪みが大きくなることによって，客観確率の過大評価と過小評価がより顕著になることを実験で示した。これは，上の確率加重関数の計量モデルの γ の値が感情によって小さな値になることにより示される。

　また，スーターら（Suter et al., 2015）は，プロスペクト理論の当てはまりを感情を操作した実験を行うことによって検討している。この結果，感情が喚起されると確率加重関数の計量モデルの γ が小さくなり，感情が確率加重関数の歪みを大きくすることが示唆された。しかし，感情が喚起されると，確率情報と結果の情報の統合を行うプロスペクト理論というよりもむしろ，確率情報を無視して結果のみで決定する方式で決めることが多いことが示された。感情が喚起されると確率情報を無視して結果のみで決定するという知見は，別の研究者によっても示されている（Pachur et al., 2014）。また，スーターら（2015）は，fMRI 実験を用いて感情が確率加重関数と価値関数に及ぼす効果を検討しているが，感情を伴う結果の意思決定の場合，扁桃体がより活性化し，後帯状皮質や視床部がより活性化するという結果が得られた。感情をあまり伴わない

意思決定の場合は、縁上回や後頭葉などがより活性化するという結果が得られている（Suter et al., 2015）。

プロスペクト理論における確率荷重関数における神経科学的研究で、高橋らは、PET（陽電子断層撮像法）を用いて脳内のドーパミンD1受容体およびD2受容体を測定し、確率荷重関数と脳の線条体のD1受容体およびD2受容体との関係性を調べた（Takahashi et al., 2010；図9-4参照）。彼らは、これまでの研究で確率荷重関数が線条体の活動と関連があることや、ニコチン依存などでも線条体のD1受容体密度と関連していることから確率の非線形な重みづけの程度を推定するために、リスク下の意思決定課題を行った。この研究では、計量モデルとして、公理的基礎も検討されているプレレック（Prelec, 1998）の数理モデルを用いた。このモデルの簡易式は、行動経済学や行動意思決定研究の分野、さらには神経科学でよく用いられている。この簡易式は、下記のようなものになっている。

$$w(p) = \exp\{-(-\ln p)^{\alpha}\}$$

ただし、pは確率を、$W(p)$はpに対する主観的な重みを、αはフリーパラメータであり、区間（0, 1）を取る。また、図9-4に示されているように、不動点はパラメータαの値によらず$1/e$つまり約0.36となる。

高橋ら（Takahashi et al., 2010；高橋, 2013）は、この簡易式のモデルに基づき、確率荷重関数を推定し、確率荷重関数を規定するαを求めると、その平均は0.5〜0.6程度であり、過去の報告ともよく一致した。しかし、同時に個人差もあることが認められ、PETで測定した線条体のD1受容体およびD2受容体結合能との関連を調べたところ、線条体のD1受容体結合能と確率荷重関数を規定するαとの間に正の相関が認められた（図9-5）。この結果を言い換えると、線条体のD1受容体密度が低い人ほど確率荷重関数の非線形性が高く、低確率を高く、高確率を低く見積もる傾向が強いことを意味していることになる。この結果から感情との関係を推測すると、線条体のD1受容体結合能と感情が関与している可能性があると考えられる。

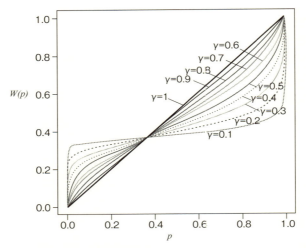

図 9-4 プレレックによる確率荷重関数 (Prelec, 1998 より式をもとに作図)

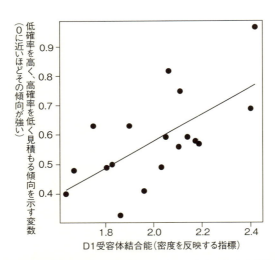

図 9-5 低確率を高めに見積もり，高確率は低く見積もる度合いを表す変数と線条体のドーパミン受容体との関係 (高橋, 2013)

3. プロスペクト理論における価値関数に関する知見

　ナットソン（Knutson et al., 2007）は，fMRIを用いて，実験参加者に実際の商品を呈示した後に価格を呈示し，購入するかどうかを決定させる実験を行った。その結果，商品の魅力が高いときほど，腹側線条体（ventral striatum）の側座核の活性が認められ，高い価格が呈示されると島（insula）の活性が認められ，前頭前野内側部の活性が低下した。この結果は，損失を処理するときの脳活動は一種の「痛み」の体験を表しており，利得を処理するときの脳活動は一種の「報酬」になっていることを示唆している。また，この知見は，少なくとも利得と損失の処理が別種のものであることを示唆しており，損失と利得の領域で異なる価値関数を用いるプロスペクト理論とも整合的であると解釈された。この結果は，経済学の効用理論で仮定されているような単一の効用関数や反応関数で情報処理をしているというよりも，消費者行動理論で仮定されることの多いプロスペクト理論のように利得領域と損失領域の別々の価値関数で情報処理がなされていると解釈することができる。

　高橋（2013）は，プロスペクト理論における価値関数に相当する神経基盤を検討している。彼らは，損失に非常に重みを置いて判断する損失忌避の度合いと，視床のノルアドレナリントランスポーターの密度との関係を調べたところ，視床のノルアドレナリントランスポーターの密度が低い被験者ほど，リスクのある意思決定における損失忌避の度合いが強いという関係を見出した。視床のノルアドレナリントランスポーターの密度が低い人は，損失の金額より利得の金額がかなり高く，予想されないとリスクのある選択肢を選ばないという傾向を見出している。高橋（2013）は，視床のノルアドレナリントランスポーターの密度が低い人は，損失への情動的な注意が高まっていると推察している。これまでの研究でも，ポジティブ感情の被験者がリスクのある選択肢を選ばない傾向があるという知見が得られているが（竹村，2016b），このことを総合して考えると，ポジティブな感情とノルアドレナリンの取り込みの効率が関係している可能性がある。ただし，ノルアドレナリンの取り込みにしても，線条体のD1受容体結合能にしても感情とどのような因果的関係を持っているかは明らかではないので，今後の検討の余地があるだろう。

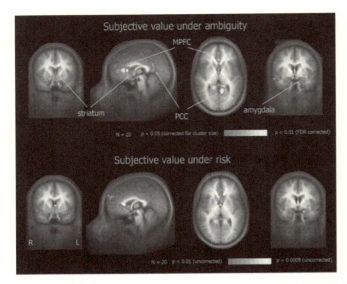

図9-6 レヴィらによる曖昧性下の意思決定とリスク下の意思決定について主観的価値と相関が見られた部位（Levy et al., 2010）

　意思決定において，曖昧にしか確率分布がわからない状況のほうが，確率分布がわかっているリスク下の状況より，前頭眼窩野や扁桃体の活性が高く，曖昧性を人間が期待効用理論のように受け取らず，むしろプロスペクト理論に整合的なことを示唆する研究知見もある（Loewenstein et al., 2008）。前頭眼窩野や扁桃体も感情と関わりがあることから，曖昧性も感情的な処理がなされていることが示唆される。レヴィら（Levy et al., 2010）は，リスク下と曖昧性下の意思決定課題を通して，曖昧性下における主観的価値が，リスク下における主観的価値よりも多くの脳内部位と相関することを示した（図9-6）。しかし，各意思決定に特異的に関連する部位は見出されず，少なくとも共通して賦活する部位として線条体と前頭前野内側部が見出された。

　このように，これまでの神経経済学やニューロマーケティング研究は，プロスペクト理論におけるフレーミング，確率荷重関数，価値関数と関係を持つ神経基盤もいろいろと明らかにしており，消費者行動研究に及ぼす影響は大きくなっていると考えられる。

■ 第4節 ■

眼球運動測定を用いた消費者行動研究

　消費者の意思決定過程の理解のために眼球運動測定は有意義である。実際の眼球運動測定を用いた消費者行動研究としては，商品選択における眼球運動を検討したものや，雑誌広告などを見る際の眼球運動を検討したものがある（大久保・竹村，2011；森井・坂上，2018；竹村ら，2018b）。

1. 眼球運動の基礎

　人が何かを見ようとするとき，網膜において最も解像度が高い領域である中心窩に，見る対象が入力されるように眼球を動かすことになる。ここで，見ようとして注視している点を注視点と呼び，眼球運動測定を用いた研究では注視点がどのように動くかが検討の対象となることが多い。眼球運動はサッケードと，それ以外とに大別することができる。サッケードとは見る対象を変えようとするときに発生するもので，ある点からある点へと視線が素早く移動するものである。サッケード中には視覚情報の処理が抑制されることが知られており（Martin, 1974），サッケード間の視線の停留は，その対象に注意を向け，情報を処理していることを示唆している（詳しくは大野，2004を参照）。

2. 眼球運動測定装置

　多くのメーカーは，眼球運動を測定するハードウェアと，測定された視線データを分析するためのソフトウェアをセットで提供している。国内メーカーではナックイメージテクノロジーと竹井機器工業，海外メーカーではTobii社とSR Research社が眼球運動測定装置を扱う主なメーカーである。現在の眼球運動測定装置は設置型と装着型の2種類に大別することができる。図9-7と図9-8に，それぞれの装置の例を示す。設置型はPCモニタの前などに設置し，モニタ上の視線の移動を測定することができる。装着型はメガネや帽子のよう

図 9-7 設置型の眼球運動測定装置
(SR Research 社製 Eyelink1000Remote)

図 9-8 装着型の眼球運動測定装置
(Tobii 社製 Tobii グラスアイトラッカー)
眼鏡の左部分に，被験者の視野を撮影するためのカメラが取り付けられている。

な形状をしており，被験者は自由に移動しながら視線の測定をすることができる。

　設置型の場合，視野が固定されているため，興味の対象となる場所に対する注視の回数や，累積の注視時間などの集計処理が容易であるという特徴がある。かつては頭部を固定しなければ視線の測定をすることができなかったが，今日ではある程度の頭部の移動は許容されるようになっている。しかし，被験者の頭部の移動が大きい場合，眼球運動がうまく測定できないという問題がある。装着型の場合，被験者が自由に移動できるため，たとえば実際の購買中の視線を計測できるという利点があるが，一方で被験者の移動に伴って視野が移動するため，集計処理が困難であるという問題がある。研究目的や計画によって，適した装置を選択する必要がある。また，これら2種類のほか，知覚研究など，より精細な眼球運動測定の必要がある場合に用いられる，顔面固定器と一体化したものや，fMRI などの脳機能画像の撮影中に眼球運動を測定するものも存在している（竹村ら，2018b）。

3. 商品選択における眼球運動測定

(1) 多属性意思決定課題

　眼球運動測定を用いた商品選択の研究は，多くの場合，多属性意思決定の枠

第 9 章　消費者行動の新展開 1：消費者行動研究における行動経済学的アプローチと生体情報活用

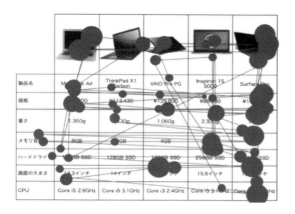

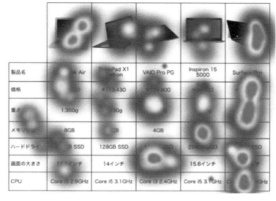

上図ではそれぞれの注視が長いほど大きな円で表されており，注視間のサッケードが線で表されている。下図では多くの注視の対象となった部分が，サーモグラフィー状に示されている

図 9-9　パソコンのスペック表に対する視線データの可視化例（竹村ら，2018b）

組みのもとで行われている。そのため，被験者にブランドについての情報を自由に探索させ，どのような選択肢のどのような属性の情報をどのような順序で取得したかを分析する手法である，情報モニタリング法（methods for tracing information acquisition）の 1 つとして位置づけることができる（竹村，2015 を参照）。図 9-9 には，情報モニタリング法の実施例として，パソコンのスペック表に対する視線データの可視化例を示した。図 9-9 の上図は，被験者に呈示した刺激上に，注視点の移動を重ね合わせた画像であり，被験者がどのようにパソコンのスペック表を探索していたかが可視化されている。また図 9-9 の下

167

図は，上図を簡略化し，注視の多い箇所をヒートマップで表すことにより，被験者がどのような情報をより多く注視していたかを可視化している。

　ルッソとローゼン（Russo & Rosen, 1975）は，中古車を題材として，6つの選択肢から，最も望ましい中古車を選ぶという課題を実施中の被験者の眼球運動を検討した。各選択肢は型式，年式，走行距離の3つの属性から構成され，2×3の行列形式でディスプレイ上に呈示された。彼らは，各選択肢に対する注視の順序に注目し検討を行った。属性単位への注視や，注視の長さなどは分析の対象になっていない。結果，6選択肢のような，多数の選択肢からの選択であっても，選択肢X-選択肢Y-選択肢X…といった2選択肢間の比較の積み重ねで決定が行われることを見出した。ただし，彼ら自身も指摘しているように，非常に選択肢が多い場合，彼らが見出した知見がそのまま適用できるかには議論の余地がある。また，選択肢の呈示形式が選択肢×属性の表形式ではなく，選択肢ごとに呈示されていたことにも注意が必要であろう。さらに，ルッソらはより実際の購買状況に近い設定で，商品選択中の被験者の眼球運動を測定し，検討を行っている（Russo & Leclerc, 1994）。彼らはケチャップのような消費財を題材に，スーパーマーケットを模した商品棚を用いて，被験者に商品選択を行わせた。彼らは商品選択の段階が方向づけ（orientation），評価（evaluation），確認（verification）の3段階に分割できると措定し，各段階の間で注視データから計算される各種の指標に差が見られることを報告している。具体的には，それぞれの段階で行われた注視の回数，注視の長さの平均，注視の対象となった選択肢の数，最終的に選ばれた選択肢に対する注視の割合などを比較し，段階間で差があることをもって，適切な分割であることの証左としている。

　竹村ら（2018a）の研究では，実際のスーパーマーケットでフィールド調査を実施しており，スーパーマーケットに訪れた消費者に図9-8に示したようなアイカメラを装着させ，乳製品売り場の一部を用いて，商品選択中の消費者の眼球運動を測定した（図9-10参照）。この研究では，図9-11のように乳製品の商品棚を棚ごとに5つの領域に分け，領域ごとに注視時間，注視回数を集計し，選択した商品と注視の関係を検討した。商品選択の意思決定過程を3期間に等分割したところ，①時間の経過に伴い，最終的に選択した商品が配置された棚

第 9 章　消費者行動の新展開 1：消費者行動研究における行動経済学的アプローチと生体情報活用

商品選択を行った乳製品売り場の前で装着型アイカメラのキャリブレーションを行っている際の様子を示した。図の右側がアイカメラを装着した消費者であり，左側が調査者である

図 9-10　フィールド調査実施時の風景（竹村ら，2018a）

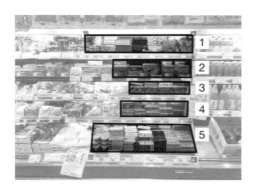

図 9-11　段ごとに 5 つの領域に分けた商品棚（竹村ら，2018a）

と比較対象とした商品の棚への注視が増加していたこと，②意思決定過程を 3 等分したうち，最初の期間において最終的に選択した商品の棚を，比較した商品の棚よりも多く注視していたことを報告している。①から，消費者は，まず選択する商品の候補を定め，次に候補の商品の吟味を行っており，また，②から，商品選択の最初の時点において選択する商品をほとんど決めている可能性を指摘している。

　大久保ら（2010）の研究では，乳幼児の笑顔画像を用いた快感情の誘導手法を提案し，眼球運動測定を用いた商品選択実験を適用例として用いている。同

169

研究では，被験者の情報探索過程の特徴を示す指標として変異性（各選択肢，もしくは各属性に対して，どの程度偏った注視が行われたかを示す指標。選択肢／属性に対する注視回数の分散を，平均で除して算出する）を用い，快感情を誘導された被験者は商品選択の前半において広くブランドの情報を探索し，後半においてより少ないブランドを探索の対象とすることが示された。

カジョポウロスら（Kajopoulos et al., 2017）の研究では，図9-9左図に示したような注視点間のサッケードを表した線の画像に対し，フーリエ変換や特異値分解，ウェーブレット解析，およびテクスチャ解析などの既存の画像解析手法を用いる分析方法を提案し，注視パターンと意思決定過程や決定後に体験した心理状態との関連を検討した。この研究では，ノートパソコンを題材として，4つの選択肢から，最も望ましいノートパソコンを選択するという課題を実施し，課題遂行時の被験者の眼球運動を測定した。各選択肢は3つの属性（価格，保証期間，重さ）から構成され，3×4の行列形式でディスプレイ上に呈示された。課題実施後に，「あなたは選択肢の決定に，どのくらい難しさを感じましたか」など意思決定過程あるいは意思決定後の心理状態に関する質問項目に7段階尺度で回答させた。課題遂行時のサッケードの線画像に対して，ウェーブレット解析を実施することで，画像からサッケードの縦，横，斜め方向の成分を抽出し，意思決定時の心理状態との関係について検討した。分析の結果，選択肢の決定に難しさをより感じている人は，縦と横方向のサッケードが多いことが報告されている。

(2) 眼球運動測定と情報モニタリング法との比較研究

情報モニタリング法は，被験者が情報探索を行うにあたって，眼球運動の測定を用いる他に，選択肢×属性の表状に並べられた封筒から，属性値が書かれたカードを取り出して情報を取得する情報呈示ボード（information board）を用いた方法や，GUI上で動作するプログラムを用いた方法などがあるが，これらの方法によって得られる知見に差があるかどうかも検討の対象となってきた。こうした検討においては，ある情報に対する視線の停留を，1回の情報取得とみなして分析が行われている（竹村ら，2018ɔ）。

ファン・ライ（VanRaaij, 1977）は，情報呈示ボードによる方法と眼球運動

の測定を用いた場合との比較を，コーヒーを題材とした商品選択を用いて試みている。選択肢は，13のコーヒーブランドについて，それぞれ4つの属性によって特徴づけられていた。比較の結果，利用可能な情報（4属性×13ブランド＝52）のうち利用された情報の数，情報取得の対象となった選択肢の数，2回以上取得された情報の数といった各種指標について，眼球運動測定を用いた場合のほうが，情報呈示ボードを用いた場合よりも多いことが示された。特に，情報呈示ボードを用いた場合，2回以上取得された情報が見られなかったことは特徴的である。また，各属性に対して回答を求めた重要度の評定と，それぞれの属性に向けられた情報の割合との相関を比較したところ，眼球運動測定を用いた場合のほうが高い相関が認められている。ただし，この知見について，情報呈示ボードでは選択肢×属性の表形式で呈示が行われているのに対し，眼球運動測定を用いた場合では選択肢ごとの呈示が行われている点は留意すべきと考えられる。

　ライセンら（Reisen et al., 2008）は，選択肢×属性の表形式による携帯電話の選択を題材に，プログラムを用いた方法と，眼球運動の測定を用いた場合との比較を行っている。比較の結果，眼球運動測定を用いた場合，プログラムを用いた場合に比べ，意思決定までの所要時間が長く，情報取得の回数も多い一方で，取得された情報の数に有意差は認められなかった。

(3) 店舗での眼球運動測定

　相川ら（2016）では，実際の小売店に掲示された購買時広告（POP：point of purchase）と段ごとに5つの領域に分けた商品棚（図9-11）の情報と注視との関係を検討した。同研究では，実際のスーパーマーケットでフィールド調査を行い，店舗を訪れた消費者にメガネ型のアイカメラを装着させ，店舗内購買行動中の視線データを取得した。特に売り場によって，注視するPOPの情報が異なることに着目し，分析を行った。店舗内に掲示されたPOPに含まれる情報を4種類（価格，生産者・生産地，調理例，その他の説明）に分類し，POPの各情報に対する注視回数を青果物売り場と精肉売り場とで比較した。その結果，青果物売り場においては生産者・生産地が記載されたPOPに対する注視の割合が多くなるのに対し，精肉売り場においては調理例や，視覚

的に商品の説明が記載された POP に対する注視の割合が多いことが示された。このことから，消費者の注意を引く POP の情報は，商品カテゴリーによって異なることが報告されている。

(4) 神経科学的基礎を持つ数理モデルを背景とした研究

近年では，神経科学的なモデルを，商品選択に適用した研究が現れている。ランゲル（Rangel, A.）らの研究グループは，商品選択を題材に，知覚的意思決定の計算論的モデルとして広く用いられている，ドリフト拡散モデル（drift diffusion model）を適用した研究を行っている（Krajbich et al., 2010 ; Krajbich & Rangel, 2011）。

彼らが使用したドリフト拡散モデルは，ある選択肢を注視することで，当該の選択肢の相対的な決定上の価値が増加していき，一定の閾値に達したところで商品選択が行われる。そして，決定上の価値の増加は，選択肢間の好ましさの差によって，傾きが変化するというものであり，注視データと商品選択を十分に説明するものであった。このモデルは，注意によって状況依存的意思決定を数理・計量的に説明する状況依存的焦点モデル（藤井・竹村，2001；竹村，1994；竹村・藤井，2015）に類似したモデルである。このように，神経科学的基礎を持つ数理モデルが，従来の行動経済学的研究のモデルからも説明でき，また，眼球運動の解析とも密接な関係を持っているのである。

4. 結論

本章では，行動経済学，神経経済学，ニューロマーケティングの研究経緯やその消費者行動研究についての適用例についての説明を行った。近年は，特に脳機能画像研究や眼球運動解析のような研究は，大学や公的機関の研究所だけでなく，企業でも盛んに行われており，行動経済学の一領域の中の神経経済学やニューロマーケティングアプローチの研究が活発になされているといえる。神経経済学やニューロマーケティングには，さまざまな応用が考えられ，実際のマーケティングにとっても有用である。

サンフィーとストーレン（Sanfey & Stallen, 2015）が主張するように，意

思決定の研究にとっても有益な知見を見出している。しかし，イメージング研究でも TMS（経頭蓋磁気刺激法）などによる研究でも，正確に意思決定の神経科学的機序や因果関係を同定することは非常に困難である。多くの場合は，脳機能画像などが得られていても，特定の脳の活動が意思決定現象の原因であるとは必ずしもいえず，相関研究にすぎない場合が多い。また，近年では，因果関係を仮定して，脳部位間のネットワークの統計解析なども行われているが，通常の統計的因果解析と同様，正確な意味での因果関係や因果のネットワークを解明していない点がある。マーケティングの実務家や研究者は，ニューロマーケティング手法の特徴と限界を把握した上で，意思決定現象の理解やマーケティング実務に携わる必要があると考える。

　本章では，眼球運動測定装置に関する概説と，眼球運動測定を用いた消費者行動研究についての概観も行った。最近のレビューでも眼球運動による意思決定研究は，年々増えており（Shaikh & Zee, 2018），今後の技術の発展によって，眼球運動の測定はさらにより容易に，より高精度に行うことが可能になると考えられる。先に示した神経科学的見地からの数理モデルによる研究（Krajbich et al., 2010；Krajbich & Rangel, 2011）も，商品選択のような，実社会における高次な意思決定においても，比較的単純な意思決定に関する神経科学的基盤が大きな役割を果たしていることを示唆するものである。このようなことからも，今後は，神経経済学やニューロマーケティングの観点に立った実務や研究がますます増加すると考えられる。

第10章

消費者行動の新展開2：顧客エンゲージメント
企業と顧客との関係性における新たな視点

　これまで，企業が顧客との間で長期継続的な取引（transaction）あるいはその基盤となる「関係性（relationship）」の構築を志向するリレーションシップ・マーケティング（relationship marketing；関係性マーケティング）研究において，企業と顧客との関係性の構築や維持に関する多くの知見が蓄積されてきた。本章では，このリレーションシップ・マーケティング研究において，これまでの商品やサービスの取引を中心とした経済的関係の側面から，企業と顧客との関係性における新たな視点として社会的関係に着目した「顧客エンゲージメント（customer engagement）」を取り上げる。

　顧客エンゲージメントは，たとえば「購買を超えた，動機づけの駆動要因に起因するブランドまたは企業に対する顧客の行動の顕在化」（van Doorn et al., 2010, p.254）などと定義される。この顧客エンゲージメントの具体的な行動として，企業の主催するイベントへの参加，新しい商品やサービスのアイデア提供，クチコミ活動，推奨，ブログやレビューの投稿，他の顧客の支援，企業に対して法的措置を講じることなどがあげられる。

　本章では，この顧客エンゲージメントを，顧客による企業やブランドに対する社会的な関係行動のみならず，企業やブランドを媒介とした他の顧客に対する社会的な関係行動を説明する概念として捉えた上で，整理を行う。

　本章の目的は，リレーションシップ・マーケティング研究における顧客エンゲージメントの位置づけを明確にし，企業と顧客との関係性の観点から顧客エンゲージメントの枠組みを整理し，顧客エンゲージメントを社会的関係行動として概念規定した上で，その対象範囲の特定化を試みることである。

本章の構成として，まず，第1節で従来のマネジリアル・マーケティングからリレーションシップ・マーケティングへのパラダイム・シフトにおいて企業と顧客の関係性に関わる視点の変化を整理した上で，リレーションシップ・マーケティングにおける顧客エンゲージメントの位置づけを明確にする。第2節では顧客エンゲージメント概念とその登場の背景について整理する。第3節では，社会的関係ならびに社会的関係行動の観点から顧客エンゲージメント概念について，その枠組みや対象範囲を特定化する。第4節では，顧客エンゲージメントの類似概念として，先に広告分野において取り上げられたメディア・エンゲージメント概念とその登場の背景を踏まえた上で，顧客エンゲージメント概念との異同を整理する。第5節では，本章のまとめに加えて，今後の課題について取り上げる。

■ 第1節 ■
企業と顧客との関係性の変遷と顧客エンゲージメント

　今日までのマーケティングは，企業と消費者間における単発での「取引」をベースとした従来のマネジリアル・マーケティングから，企業と顧客間における長期継続的な取引あるいはその基盤となる「関係性」の構築を志向するリレーションシップ・マーケティングへとパラダイムがシフトしてきた。

　マネジリアル・マーケティングでは，市場全体を対象としたマス・マーケティングからその部分市場ごとに対応するセグメント・マーケティングへと進展したが，多くの場合，ターゲット・セグメントの設定が行われていても購買データを得られていないため，不特定多数の消費者あるいは顧客が対象となっていた。そして，STP戦略やマーケティング・ミックス（4P）を中心としたマーケティング諸施策も「顧客創造」といった新規顧客の獲得の側面が強いものであった。その際，（相対）市場シェアと投資利益率（ROI：Return On Investment）との間に正の相関関係があるということを示したPIMS（Profit Impact of Market Strategies）研究などの影響もあり，市場シェアの拡大およ

びその最大化が目指されてきた。

　一方のリレーションシップ・マーケティングでは，ワン・トゥ・ワン・マーケティングやCRM（Customer Relationship Management；顧客関係性管理）などにみられるように，個々の顧客を識別し，特定多数あるいは優良顧客などの特定セグメントにおける顧客を個人ごとにマーケティング対象とする形で進展した。成果指標も個人の顧客における当該製品カテゴリーの購買（金額）に占める自社ブランドの割合を指す顧客シェアへと重点が移り，「顧客維持（リテンション）」に対する重要性が増すこととなる。

　このマーケティング・パラダイムのシフトの背景にあるのは，POSデータや個人の購買履歴データが捕捉可能となるID-POSデータをはじめとする顧客データベースの構築とその活用の進展があげられる。1980年代後半頃から精力的に行われたデータベース・マーケティングや後述する顧客ロイヤルティ（customer loyalty）などの研究を通して，企業における上位20%の顧客が収益の80%をもたらすといった事例などが報告され，一部の優良顧客の収益性に対する貢献の大きさに注目が集まることとなった。さらに，既存顧客の財務面での重要性が示されることで，既存顧客の維持や顧客シェアが重要視されたのである。

　その結果，企業の競争優位の源泉となる資産価値として顧客が評価されることとなる。この顧客を資産価値の観点から捉えた代表的な指標および概念としては，顧客が生涯ないし一定期間において企業にもたらす総利益あるいは現時点における正味現在価値（NPV：Net Present Value）を算出した金銭的な指標である「LTV（Life Time Value；顧客生涯価値）」や企業における（既存）顧客の資産価値を意味する「カスタマー・エクイティ（customer equity；顧客資産）」などがあげられる。

　企業は，顧客維持やLTVの向上のため，FSP（Frequent Shoppers Program）などのロイヤルティ・プログラムにより，購買金額や利用頻度などに応じて割引やインセンティブの提供を行う優遇策を講じるなど，さまざまな施策を顧客に対して行う。その際，企業は顧客に対して購買頻度の向上，上位の商品やサービスへの切り替え，関連商品やサービスの同時購買などを訴求するが，顧客ライフサイクルの段階や顧客ロイヤルティの段階に応じて個々の顧

客やセグメントごとに対応を変える必要がある。

　顧客ライフサイクルとは企業やブランドと顧客との関係をライフサイクルから捉えた枠組みであり，顧客ロイヤルティとは企業やブランドに対する顧客の反復購買や忠誠心を指す概念である。後者の顧客ロイヤルティは，リレーションシップ・マーケティング研究において，企業と顧客との関係性を表す重要な概念である。たとえば，クリストファーら（Christopher et al., 1991）は，顧客ロイヤルティの「はしご（ladder）」として，企業と顧客との関係の発展段階は「見込み客（prospect）」，「顧客（customer）」，「クライアント（client）」，「サポーター（supporter）」，「信奉者（advocate）」の順に発展することを示している。企業は，こうした顧客ロイヤルティや顧客ライフサイクルの段階が異なる顧客を，ポートフォリオ・マネジメントの下でトータルに管理する必要がある。

　リレーションシップ・マーケティングでは，こうした企業と顧客との関係性を構築・強化・維持し，長期的取引の安定性を高めることが重要課題となる。しかしながら，従来のリレーションシップ・マーケティングでは，企業が顧客を購買金額やLTVのような金銭的価値の観点から評価や識別を行い，企業と顧客との関係性としては取引を中心とした経済的関係に焦点が当てられていたと考えられる。

　前述の顧客ロイヤルティのはしごをはじめとした企業と顧客との関係性の発展段階において，顧客ロイヤルティの最終段階に信奉者が位置づけられてきた（Christopher et al., 1991；Griffin, 1995）。この信奉者は，企業の商品やサービスを反復的に購買するだけでなく，他者へ推奨したり，企業に（他の）顧客を紹介したりする顧客である。このように，購買といった経済的関係をベースとした顧客ロイヤルティの最終段階あるいは延長上という位置づけではあるものの，顧客ロイヤルティにおいても購買とは異なる行動を行う顧客やその行動が注目されてきたのである。加えて，顧客ロイヤルティの測定指標においても，ライクヘルド（Reichheld, 2006）は，反復購買ではなく，推奨意向度を用いたNPS（Net Promoter Score；正味推奨者比率）を提示するなど，購買とは異なる行動（推奨）やその行動に対する意図（推奨意図）などにより，顧客ロイヤルティを捉えようとする研究が行われた。

　このような流れの中，リレーションシップ・マーケティングにおいて，従来

の購買や取引をベースとした企業と顧客との経済的な関係性に加え，顧客とさらに深く継続的な関係性を築くため，顧客による「購買を超えた（go beyond purchase）」行動を説明する概念として顧客エンゲージメントに対する注目がマーケティング実務や研究において高まってきているものと考えられる。詳細は第3節にて後述するが，リレーションシップ・マーケティングにおいて，経済的関係の観点から捉えられてきた企業と顧客との関係性に対し，顧客エンゲージメントは，社会的関係の観点から企業と顧客との関係性を捉える点で新たな視点となる概念である。

■第2節■

顧客エンゲージメント概念の登場の背景

　マーケティング分野におけるエンゲージメントは，まず広告研究において2000年代の半ばごろからメディア・エンゲージメントが議論され，その後，サービス・マーケティング研究や顧客戦略に関わる研究，そして，消費者行動研究を中心に顧客エンゲージメントの研究が行われてきた。このメディア・エンゲージメントと顧客エンゲージメントはその研究領域に加えて意味内容が異なるため，本節では，顧客エンゲージメントについて取り上げる。なお，第4節においてメディア・エンゲージメント概念が取り上げられた背景やその意味内容，そして，顧客エンゲージメント概念との異同について整理する。

　顧客エンゲージメントに関する研究は，2010年ごろから行われ始め，サービス・マーケティング研究や消費者行動研究，顧客管理の研究などにおいて行われてきた。この顧客エンゲージメントは，2010年に *Journal of Service Research* の第13巻2号において特集が組まれた他，MSI（Marketing Science Institute）においても2010〜2012年，2014〜2016年，2018〜2020年の間，顧客経験や顧客資産（customer asset）の文脈において重要な研究テーマとして取り上げられている。

　顧客エンゲージメントが登場した背景には，モバイルデバイスの普及に伴い，

消費者がいつでもどこでもインターネットを通じて企業やブランドと繋がることができるようになり，購買に加え，新製品開発への参画や既存商品の改良の提案など，消費者と企業との間で双方向のコミュニケーションを行うことが比較的容易となってきたことがあげられる。また，ソーシャル・メディアなどのプラットフォームを通じて消費者間で企業やブランドについてのコミュニケーションが多く行われるようになった。これらを通じて，企業と消費者の間における情報の非対称性が改善され，消費者のエンパワーメントや影響力が増したことなどが考えられる。

　このような背景を踏まえ，企業やブランドあるいは他の顧客に対する顧客の購買外の行動が注目され，こうした行動を説明する概念として顧客エンゲージメントに着目が集まったものと考えられる。

　この顧客エンゲージメントに関して，ファン・ドールンら（van Doorn et al., 2010）は，顧客エンゲージメントを行動的概念とみなした上で，顧客エンゲージメント行動を「購買を超えた，動機づけの駆動要因に起因するブランドまたは企業に対する顧客の行動の顕在化」（van Doorn et al., 2010, p.254）と定義している。その際，顧客エンゲージメント行動の例として，クチコミ活動，推奨，他の顧客の支援，ブログ投稿，レビュー投稿，法的措置を講じることなどをあげている（van Doorn et al., 2010）。

　顧客エンゲージメントは，前述したファン・ドールンら（van Doorn et al., 2010）が行動として捉えている他，心理状態（Hollebeek, 2011），心理プロセス（Bowden, 2009）など，顧客の行動面や心理面などのさまざまな次元のうちの１つあるいは複数の次元から定義されている。加えて，ヴィヴェックら（Vivek et al., 2012）は顧客エンゲージメントを「顧客または組織が引き起こす組織の提供物または組織の活動に対する個人の参加およびつながりの強さ」（Vivek et al., 2012, p.133）と定義し，組織の活動への参加といった行動面や関係性の強度として捉えている。

　顧客エンゲージメント概念に関しては，以上のようにさまざまな定義や視点があり，明確な概念規定がなされておらず統一されていない状況である。次節では，顧客エンゲージメントの位置づけを整理し，その概念規定を明らかにするため，顧客エンゲージメントの概念規定とその対象範囲を特定化する。

■ 第3節 ■

顧客エンゲージメントの概念規定と対象範囲

1. 社会的関係行動としての顧客エンゲージメント

　これまでのリレーションシップ・マーケティングでは，前述の通り，主に企業と顧客との関係性に着目してきたが，それは多くの場合，顧客の経済的価値に目を向けた視点であり，取引をはじめとした経済的関係から企業と顧客との関係性を捉えるものである。その点，顧客エンゲージメントは，顧客を企業の提供する商品やサービスを単に購買・消費するだけの存在ではなく，新製品開発への参画や新たな顧客の獲得など，企業にとってパートナーかのようにふるまう顧客に着目した概念であり，企業と顧客のみならず顧客と他の顧客との社会的な関係性とその関係行動に着目した視点である。

　社会的関係（social relation）とは，企業や顧客といった対象者間で，持続的ないし継続的に安定して相互作用が行われ，その相互作用によって一定の行動様式や形態を有している状態のことである。たとえば，顧客が企業に関する情報を収集したり企業の主催するイベントに参加することで企業と関わりを持ち，企業も顧客が求める情報を提供したりそのイベントで顧客と交流を行うことで，社会的関係が構築される。

　この社会的関係には，上下関係や対等関係，友好関係あるいは敵対関係などのさまざまな関係がある。この「関係（relation）」自体は上記のように正と負の両方の関係があり中立的な概念であると考えられるが，「関係性（relationship）」は当事者間の相互信頼によって生じる崇高なスピリッツや精神的卓越性が示唆されているため，正の関係を捉えた概念である（cf. 嶋口, 1997；金，1998）。

　ここで，関係性を取り結ぶ企業や顧客などの主体ないしブランドといった客体に着目すると，顧客エンゲージメントの視点は大きく2つの関係に分けられる。それは，企業ないしブランドと顧客との間の関係と，顧客と他の顧客との間の関係の2つである。図10-1では，社会的関係における顧客エンゲージメントの枠組みについて，顧客と企業ならびに顧客と他の顧客といった主体間の

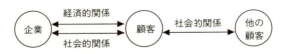
図 10-1　社会的関係における顧客エンゲージメントの枠組み

関係のイメージ図を示している。図中の双方向の矢印が引かれた線は経済的関係と社会的関係を示している。顧客を金銭的価値から捉える視点は従来の経済的関係に着目したものであり，顧客エンゲージメントは社会的関係に着目した概念である。企業と顧客の間では，経済的関係に加えて社会的関係が築かれるが，顧客と他の顧客間においては基本的に社会的関係のみが築かれる。

こうした顧客エンゲージメントの関係性に関する枠組みは，リレーションシップ・マーケティングにおいてみられるような企業と顧客といったダイアドの関係のみならず，顧客と他の顧客までをも含めた視点である点に特徴がある。その際，他の顧客に関しては，顧客が友人などのように個人を認識している場合と，ソーシャル・メディア上でのみ繋がりを有する見知らぬ他人のように個人を認識していない場合に加え，顧客と他の顧客間の関係性についてもそれが強固である場合とそうではない場合がある。

以上のように，顧客エンゲージメントは，顧客と企業（あるいはブランド）あるいは顧客と他の顧客との間の社会的関係が前提となる。そのため，行動面から捉えた顧客エンゲージメントは，①顧客による企業あるいはブランドに対する社会的関係行動，②顧客による他の顧客に対する企業やブランドに関連した社会的関係行動の2つに大別が可能である。

企業と顧客との関係性において，これまで取り上げられてきた企業と顧客との経済的関係に関わる概念としては，前述の顧客ロイヤルティがあげられる。企業やブランドに対する顧客の反復購買や忠誠心を指す顧客ロイヤルティのはしごにおいて，顧客ロイヤルティの最終段階や延長上に，他者への推奨や企業への顧客の紹介など，現在，顧客エンゲージメント行動として捉えられている行動の一部が位置づけられてきた。

しかしながら，顧客ロイヤルティと顧客エンゲージメントは，独立した概念であり，顧客エンゲージメントは顧客ロイヤルティの一部として捉えられてきた他者への推奨や企業への顧客の紹介といった行動のみならず，顧客による企

表10-1 顧客エンゲージメントと顧客ロイヤルティ

		顧客エンゲージメント	
		低	高
顧客ロイヤルティ	高	経済的な関係	強固な関係 （経済的・社会的関係）
	低	—	社会的な関係

業やブランドあるいは他の顧客に対するさまざまな社会的関係行動を説明する概念であると考えられる。表10-1は，顧客エンゲージメントと顧客ロイヤルティを独立した概念として，それぞれの高低から企業と顧客の関係を示した表である。それぞれ，顧客ロイヤルティが経済的関係，顧客エンゲージメントが社会的関係と対応しており，企業が顧客とのよりいっそう強固な関係を結ぶには，どちらか一方ではなく双方を高める必要がある。

　加えて，顧客ロイヤルティが顧客による再購買（反復購買）といった行動とその心理的側面を説明する概念であるのに対し，顧客エンゲージメントは社会的関係行動であるため，その対象となる行動は多種多様である。ただし，顧客ロイヤルティが顧客による反復購買といった行動に着目した概念であるように，顧客エンゲージメントも顧客による反復的に行われる社会的関係行動に着目した概念である。この顧客による社会的関係行動の対象範囲に関しては後述する。

2. 顧客エンゲージメント概念の範囲

　これまで行動面から捉えた一般的な顧客エンゲージメント（顧客エンゲージメント行動）は，顧客による購買前行動・購買行動・購買後行動のうち，使用・消費行動以外の推奨や他の顧客へのサポートなどの購買後行動に加え，企業やブランドに関わる購買外の行動として捉えられている（cf., Bolton, 2016；Lemon ＆ Verhoef, 2016）。その際，顧客エンゲージメント行動に購買を含めるのか，あるいは，購買外のどのような行動までを含めるのかといった点にお

表 10-2 顧客エンゲージメントの対象範囲

		顧客エンゲージメント	
		有	無
取引か非取引	取引	・購買プロセスへの積極的な参加 ・非経済的理由での購買 ・非経済的理由での商品やサービスの購買とは異なる取引行動	純粋な取引
	非取引	純粋なエンゲージメント行動	―

いて，統一的な理解が得られていない状況である。

しかしながら，社会的関係行動として顧客エンゲージメントを捉えると，顧客エンゲージメントは購買外の行動のみならず，購買としても顕在化する。そして，顧客エンゲージメント行動を顧客による企業や他の顧客との関係の中で捉えた際，顧客エンゲージメント行動は，①「(購買などの) 取引行動」と②「非取引行動」の大きく2つに大別される。

表10-2は，顧客エンゲージメントの有無に加え，取引か非取引といった2軸により顧客エンゲージメントの対象範囲を示した表である。この表において，顧客エンゲージメントの対象範囲は，表中の①「(購買などの) 取引行動」と，②「非取引行動」の両方である。以下では，この取引と非取引行動として顕在化する顧客エンゲージメント行動を取り上げる。

(1) (購買などの) 取引行動

「(購買などの) 取引行動」における顧客エンゲージメント行動は，主に3つの行動が考えられる。①「購買プロセスへの積極的な参加」，②「非経済的理由での購買」，③「非経済的理由での商品やサービスの購買とは異なる取引行動」である。

1つめの「購買プロセスへの積極的な参加」としての顧客エンゲージメント行動は，顧客が購買プロセスに対して非経済的理由から積極的に関わることである。たとえば，企業やブランドに対する新しい知識を得るために，購買前や

購買時においてブランドに関わる情報探索や評価を積極的に行うことである。この視点は購買を一時点ではなくプロセスから捉え，顧客の購買プロセスに対する積極的な関わりに目を向けたものである。たとえば，購買プロセス自体が楽しいといった理由で，得られる便益が高まるという経済的理由以外の理由により，顧客が購買プロセスに積極的に関わることで，結果として高い価値が生み出される可能性がある。この点に関して，たとえばサービス・マーケティング研究では，サービス財の特徴の1つである生産と消費の同時性（不可分性）のために，顧客によるサービスの生産への関わりが，サービスの価値向上にも貢献するものとして注目されてきた。

　2つめの「非経済的理由での購買」としての顧客エンゲージメント行動は，顧客が非経済的理由，あるいは非合理的な理由により購買を行うことである。たとえば，援助や支援目的で特定企業や特定ブランドの購買を行ったり，新商品は必ず購買したり，すべての商品を購買したりといったことが考えられる。

　3つめの「非経済的理由での商品やサービスの購買とは異なる取引行動」としての顧客エンゲージメント行動は，非経済的理由から企業の株を購買したり，企業の取り組みに対する賛同や賛同の意思表示のために金銭や物品の寄附を行ったりすることなどが考えられる。

(2) 「非取引行動」

　「非取引行動」とは取引や購買外の行動であり，この「非取引行動」はさらに，①「購買後行動」と，②「購買外の行動」の2つに分かれる。前者の①「購買後行動」は，主に購買後における顧客による使用・消費行動の他，クチコミなどである。顧客エンゲージメント行動を購買後の消費や使用時点の行動としてのみ捉える研究があるが（cf., Lemon & Verhoef, 2016），多くの顧客エンゲージメントの議論ではこの「購買後行動」が中心となっている。

　後者の②「購買外の行動」では，顧客による企業やブランドとの関係性の構築や強化を目的にして行われる行動に加え，関係性の結果として行われる行動である。たとえば，購買を前提としない企業やブランドに関する情報収集，企業や消費者が主催するリアルイベントへの参加，既存商品の改善点や新しい商品やサービスのアイデア提供などである。

以上のように，顧客エンゲージメントは，購買や取引においても顕在化する。一方で，クチコミや他者への推奨といった行動として顕在化する顧客エンゲージメントも，企業やブランドに対する選好から行われる場合もあれば，インセンティブといった経済的な理由で行われる場合がある。そのため，顧客エンゲージメントを行動面のみならず，後述するように心理面からもエンゲージメントを捉える必要がある。

3. 顧客エンゲージメントを捉える重要な視点

　本項では，顧客エンゲージメント概念を整理するため，重要となる3つの視点を取り上げる。具体的には，①対象の識別，②正と負の側面，③構造である。また，本研究とは異なる視点で顧客エンゲージメントの研究課題や方向性に言及した研究も参照されたい（Bolton, 2011；Hollebeek et al., 2016）。

(1) 対象の識別

　顧客エンゲージメントを扱う上で，企業は顧客がエンゲージメントする対象を識別する必要がある。顧客エンゲージメントは，顧客と企業あるいは顧客と他の顧客といった主体間，または，顧客とブランドといった客体と主体間の関係性を表す概念として用いられてきた。リレーションシップ・マーケティング研究では，基本的に企業と消費者といった主体間の関係性に主眼が置かれているが，ブランド・リレーションシップ研究では，ブランドを介した企業と消費者間の関係性に加え，ブランドと消費者といった客体と主体間の関係性にも着目がなされている。顧客エンゲージメントの対象は主に企業あるいはブランドであるが，対象が異なれば顧客エンゲージメントが顕在化する際の行動や関係性の内容が少なからず異なると考えられるため，顧客エンゲージメントの対象を識別する必要がある。

(2) 正と負の側面

　顧客エンゲージメント行動は，ファン・ドールンら（van Doorn et al., 2010）が指摘するように，企業にとって正と負の行動があると考えられる。た

とえば，負の顧客エンゲージメント行動は，負のクチコミの流布や，法的措置を講じることなどである。なお，本章では特に断りがなければ，正の側面のみを取り上げている。顧客エンゲージメントと対比される顧客ロイヤルティは，企業やブランドに対する顧客の忠誠心ということで基本的に正の側面しか持たないが，顧客エンゲージメントには正と負の2つの側面を持つ顧客と企業（ないしは他の顧客）との関係性を広く捉える概念である。

(3) 構造

顧客エンゲージメントは，前述のように，行動面や態度面，あるいは（心理的）状態といった側面から捉えられてきた。その際，顧客エンゲージメントは，（顧客）ロイヤルティと同様，行動面のみならず心理面を含め構造的に捉える必要がある。たとえば，顧客ロイヤルティにおいて，同じ反復購買でも選好に基づいた反復購買と，一番安い商品の購買あるいは惰性や習慣の結果として選好を伴わずになされる反復購買があるためである。同様に，行動面から捉えた顧客エンゲージメントの代表的な行動であるクチコミや推奨においても，当該の企業やブランドに対する選好に基づいてなされる場合と，インセンティブのためになされる場合などが考えられる。

顧客ロイヤルティは，行動面のみならず心理面からも捉えられるが，オリバー（Oliver, 1999）は心理的側面を認知的ロイヤルティ（cognitive loyalty），態度的（感情的）ロイヤルティ（affective loyalty），意図（意欲）的ロイヤルティ（conative loyalty）に分け，行動的ロイヤルティ（action loyalty）を加えた4段階で捉えている。認知的ロイヤルティは当該ブランドの属性やパフォーマンスが他のブランドよりも好ましいという知識が消費者に保有されている段階である。態度的ロイヤルティは消費者がブランドに対する好ましさや感情，態度を有する段階である。意図的ロイヤルティは消費者が当該のブランドを再購買や反復購買する意思や意図を有している段階である。行動的ロイヤルティは消費者が当該のブランドを反復購買することである。

リレーションシップ・マーケティングにおいて，企業と顧客間の関係性に着目すると，顧客ロイヤルティは経済的関係と顧客によるその関係行動に着目した概念であり，一方の顧客エンゲージメントは社会的関係と顧客によるその関

係行動に着目した概念である。顧客エンゲージメントをリレーションシップ・マーケティングにおいて位置づける場合，顧客エンゲージメントは顧客ロイヤルティと同様に行動面，心理面の両面から捉えられるべきであり，またその複数の段階も仮定されるべきである。

(4) 顧客エンゲージメント価値

　企業において顧客エンゲージメント行動は，マーケティング活動のパフォーマンスの成果として捉えられる。企業にとって価値ある顧客であるかという視点で顧客を捉える際，従来のLTVなどの金銭的価値のみならず，顧客のエンゲージメント行動を組み込んだ「顧客エンゲージメント価値（CEV：Customer Engagement Value）」を含めて評価される（Kumar et al., 2010）。こうした顧客エンゲージメント価値の視点を組み込むと，企業にとっての優良顧客は顧客のLTVといった直接的な金銭的価値のみならず，非金銭的価値も加えた上で識別される可能性がある。

　クマーら（Kumar et al., 2010）は，顧客エンゲージメント価値として，従来のLTVと同様の「顧客生涯価値（CLV：Customer Lifetime Value）」の他に，「顧客紹介価値（CRV：Customer Referral Value）」，「顧客影響価値（CIV：Customer Influencer Value）」，「顧客知識価値（CKV：Customer Knowledge Value）」を加えた4つの価値を提示している。後者の3つの価値は，それぞれ顧客紹介価値が企業の紹介プログラムなどを用いて他の顧客を企業に紹介する能力，顧客影響価値が他の顧客へポジティブな影響をもたらす能力，顧客知識価値が企業に対する製品やサービスのフィードバックによってもたらされる価値を意味している。

　しかしながら，クマーら（Kumar et al., 2010）の顧客エンゲージメント価値（CEV）を捉える視点においても，商品やサービスの対価として顧客から得られる金銭などの経済的価値に加え，その顧客から紹介を受けた他の顧客の購買によって得られる経済的価値が中心となっている。そのため，彼らの視点は，主に顧客からもたらされる直接的，間接的な経済的価値に目を向けたものであり，企業が顧客をマーケティング・コミュニケーションの担い手としての経済的なパートナー関係として捉える視点である。また，この視点は企業が影

響力を増した顧客をマーケティング活動の担い手やマーケティング資源として見る視点である。そのため，社会的な関係行動の観点から非金銭的な価値に目を向けた評価指標についても検討が必要である。

■ 第4節 ■

顧客エンゲージメントの類似概念との異同

　本節では，顧客エンゲージメントの類似概念となるメディア・エンゲージメントを取り上げ，その研究の背景を整理した上で，顧客エンゲージメントとの異同について明確化する。

　メディア・エンゲージメントは，広告研究や広告実務において取り上げられ，広告効果指標の質的側面を意味する概念として扱われてきた。広告研究におけるエンゲージメントは，顧客エンゲージメントよりも5年程度早い2000年代の半ば頃から取り上げられ始め，*Journal of Advertising Research* の2006年12月号において特集が組まれた。日本でも2007年に日経広告研究所の創立40周年記念セミナーでエンゲージメントがテーマにあげられ，そのときの基調講演などの要旨が同研究所による2008年発行の『日経広告研究所報』の237号に掲載されている（日経広告研究所，2008）。

　広告研究においてメディア・エンゲージメントが注目された背景には，ソーシャル・メディアをはじめとするインターネットなどの「双方向のコミュニケーション」が可能なメディアが登場したことなどに対し，これまでのコミュニケーションがマスメディアを通じた企業から消費者に対する「一方向のコミュニケーション」であったことへの反省があげられる。たとえば，テレビ広告では一定期間における各回の広告（あるいは番組など）の視聴率の合計を意味するGRP（Gross Rating Point；延べ視聴率），インターネット広告では広告表示回数（インプレッション）といったように，広告露出量，いわゆる量の面が重視されていた。この点，テレビ広告では不特定の消費者（視聴者）であり，インターネット広告では消費者（視聴者）を特定する形で進展している。

このような企業側の視点，なおかつ，消費者の行動を必ずしも伴わない広告効果指標であったことに対し，ソーシャル・メディアの広がりやインターネット広告における成果報酬型広告（運用型広告）の伸張を背景に，企業のコミュニケーションに接触した際の消費者の質的側面およびその接触時点でのメディアに対する行動（反応）を評価する必要性が生じた結果，メディア・エンゲージメントに着目が集まったものと考えられる。

一方で，カルダーとマルトハウス（Calder & Malthouse, 2007）によると，広告分野におけるメディア・エンゲージメントが提示された直接的な理由としては，メディア（広告媒体）そのものが持つ消費者に対する影響力に注目するためであったという理由があげられている。メディア・エンゲージメントは当初の研究においては，インターネット上の広告やソーシャル・メディアなどではなく，雑誌媒体を対象としていた。この視点は，広告分野における初期のエンゲージメントの定義にも表れている。ワン（Wang, 2006）によれば，米国のARF（Advertising Research Foundation；広告調査財団）はエンゲージメントを「見込み顧客を周囲のコンテクストで強化されたブランド・アイデアに引き付けること」と定義している。このように広告分野におけるエンゲージメントとは，メディアと消費者の結びつきなどにより，メディアが消費者をメディアやブランドに対して引き付けること，すなわち，メディアの持つ影響力や広告効果の程度として取り上げている。

メディア・エンゲージメントを捉える視点がメディアの持つ影響力といったメディア側の視点から消費者側の視点に転じた結果，メディア・エンゲージメントは「メディア（刺激）との接点において消費者が対象（メディアやブランド）に対して喚起された状態」を意味するものとみなされている。

加えて，広告分野におけるエンゲージメントは，メディアとの接点における消費者のメディアに対する行動（反応）にも着目している。たとえば，エンゲージメントの一般的な具体例として，Facebookなどのソーシャル・メディア上における当該ブランドの記事や投稿に対して，消費者が「いいね！」や共有ボタンのクリック，コメント，投稿などの反応を行うことなどがあげられる。この視点は，メディアとの接点における消費者の状態ではなく，消費者によるメディア上における具体的な行動に着目したものである。このような広告分野を

第10章　消費者行動の新展開2：顧客エンゲージメント

礎にしたメディア・エンゲージメントでは，こうした消費者によるソーシャル・メディア上の具体的な行動は，主にインターネット上のコミュニケーション手段や広告における効果指標やKPI（Key Performance Indicator；重要業績評価指標）として用いられる。

　ここで，これまでのメディア・エンゲージメントの捉え方をまとめると，メディア・エンゲージメントは，①「メディアとの接点において消費者が対象（メディアやブランド）に対して喚起された心理的状態」に加え，②「メディアとの接点における消費者のメディアに対する具体的な行動（反応）」の2つの意味を有していると考えられる。

　以上のように，広告分野におけるエンゲージメントの捉え方は，対象がメディアであり，メディアに接触した際における消費者が対象（メディアやブランド）に対して喚起された状態を意味する概念であることに加え，メディアに対する消費者の具体的な行動（反応）を意味する概念である。そのため，広告分野におけるエンゲージメントは，AIDMAモデルやAISASモデルなどの広告に対する消費者の反応階層モデルと同様に，その前提には刺激（メディアなど）があり，消費者のブランド選択行動を刺激－生体－反応といった枠組みで捉える概念モデルである刺激－反応モデルと同じ構図である。

　広告分野におけるメディア・エンゲージメントと顧客エンゲージメントは，メディア・エンゲージメントが主にメディアとの接点における消費者の状態や具体的な行動（反応）に着目しているのに対して，顧客エンゲージメントは顧客による企業ないしブランドや，顧客と他の顧客に対する社会的関係行動に着目した概念である。このメディア・エンゲージメントと顧客エンゲージメントは，同じく「エンゲージメント」を用いていながらも，対象（企業やブランド）との接点があるという点では重なり合う部分もあるが，異なる概念である。そして，顧客エンゲージメントは，メディア・エンゲージメントとは異なり，消費者の行動が主体的・能動的であり，刺激－反応モデルを超えたものである。

■第5節■

今後の課題

　本章では，企業と顧客との関係性における新たな視点となる顧客エンゲージメントについて，リレーションシップ・マーケティングにおける企業と顧客との関係性の観点からその枠組みと位置づけを特定化し，社会的関係を背景にした社会的関係行動として顧客エンゲージメント行動の対象範囲の特定化を試みた。

　従来のリレーションシップ・マーケティングが長期継続的な取引やその基盤となる関係性に着目していたことに対し，顧客エンゲージメントは社会的関係を背景にその関係行動を取り上げたものである。この顧客エンゲージメントは，顧客ロイヤルティおよびメディア・エンゲージメントとは近接しつつも独立した異なる概念であり，行動面から捉えた顧客エンゲージメント行動は，①顧客による企業あるいはブランドに対する関係行動，②顧客による他の顧客に対する企業やブランドに関連した関係行動の2つに大別が可能であることが示された。そして，その対象範囲は，「(購買などの) 取引行動」と「非取引行動」の大きく2つである。

　本章では，主に行動面から顧客エンゲージメントの位置づけや対象範囲を整理し，構造的に捉える必要性について言及するに留まったが，顧客エンゲージメントを行動面のみならず，認知，態度，意図 (意欲) といった心理面までを含めて構造的に捉え，その各段階の精査が必要となる。その際，顧客ロイヤルティとの関係を踏まえながら顧客エンゲージメントの構造を把握する必要がある。

　今後の課題としては，顧客エンゲージメントの先行変数や結果変数の特定やその関係把握に加えて，近接概念との異同の整理などが必要となる。また，顧客エンゲージメントを高めるマーケティング戦略や諸施策に加え，その効果指標となる金銭的価値に還元されない顧客の行動とその測定指標を明らかにしていく必要がある。その際，顧客エンゲージメントの費用対効果 (ROI：Return On Investment) やクマーら (Kumar et al., 2010) の顧客エンゲージメント価

値をはじめとした直接・間接的な金銭的価値との関係や効果なども含めて検討が必要である。

文　献

■第1章

American Marketing Association (2008). AMA press release "*The American Marketing Association Releases New Definition for Marketing*" January 14, 2008.

Boush, D. M, Friestad, M., & Wright, P. (2009). Deception in the marketplace. *The psychology of deceptive persuasion and consumer self-protection*. Taylor and Francis Group, LLC. 安藤清志・今井芳昭（監訳）（2011）．市場における欺瞞的説得―消費者保護の心理学―　誠信書房

Dhar, S., & Nowlis, S. M. (1999) . The effect of time pressure on consumer choice deferral. *Journal of Consumer Research, 25*, 369-384.

Engel, J. F., Blackwell, R. D., & Miniard, P. W. (1993). *Consumer behavior* (7th ed.) Dryden Press.

Howard, J. A., & Sheth, J. N. (1969). *The theory of buyer behavior*. New York: John Wiley and Sons.

独立行政法人国民生活センター（2017）．国民生活 61
http://www.kokusen.go.jp/pdf_dl/wko/wko-201708.pdf（2019年4月15日閲覧）

Lauterborn, R. F. (1990). New marketing litany: Four Ps Passe: C-Words Take Over. *Advertising Age, 61*(41), 26.

松原隆一郎　（2001）．「消費不況」の謎を解く　ダイヤモンド社

Scott, W. D. (1903). *The theory of advertising*. Small & Maynard & Co.

■第2章

青木幸弘（2014）．消費者行動研究における最近の展開―新たな研究の方向性と可能性を考える―　流通研究，*16*（2），3-17.

Belk, R. W. (1987). The role of the odyssey in consumer behavior and in consumer research. *Advances in Consumer Research Volume, 14*, 357-361.

Duncan, J. W., & Peter, S. D. (2007). Influentials, networks, and public opinion formation. *Journal of Consumer Research, 34*(4), 441-458.

Engel, J.F., & Blackwell, R. D. (1982). *Consumer behavior*. The Dryden Press.

Farley, J.U., & Ring, L.W. (1966). A stochastic model of supermarket traffic flow. *Operations Research, 14*(4), 555-567.

Fishbein, M. (1963). An investigation of the relationship between beliefs about an object and the attitude toward that object. *Human Relations, 16*(3), 233-239.

Goldenberg, J., & Levy, M. (2009). Distance is not dead: Social interaction and geographical distance in the internet era. *Computers and Society, 2*, 1-22.

萩原雅之（2012）．データ環境が変えるマーケティングの実践　マーケティングジャーナル，*31*（3），45-57.

195

Hirschman E. C., & Holbrook, M. B. (1982). Hedonic consumption: Emerging concepts, methods and propositions. *Journal of Marketing, 46*(3), 92-101.

Howard, J. A., & Sheth, J. N. (1969). *The theory of buyer behavior*. New York: John Wiley & Sons.

Hui, S. K., Peter, S. F., & Eric, T. B. (2009). Path data in marketing: An integrative framework and prospectus for model building. *Marketing Science, 28*(2), 320-335.

伊藤正彦・赤石美奈（2011）．3次元可視化による史料データにおける人間関係構造変化の俯瞰　第82回 人工知能基本問題研究会（SIG-FPAI), 31-36.

Krosnick, J. A. (1991). Response strategies for coping with the cognitive demands of attitude measures in surveys. *Applied Cognitive Psychology, 5*, 213-236.

Larson, J. S., Eric, T. B., & Peter, S. F. (2005). An exploratory look at supermarket shopping paths. *International Journal of Research in Marketing, 22*(4), 395-414.

三浦麻子・小林哲郎（2016）．オンライン調査における努力の最小限化（Satisfice）傾向の比較─IMC違反率を指標として─　メディア・情報・コミュニケーション研究, *1*, 27-42.

守口　剛・竹村和久（2012）．消費者行動論─購買心理からニューロマーケティングまで─　八千代出版

大隅　昇（2006）．インターネット調査の抱える課題と今後の展望　ESTRELA, 143, 統計情報研究開発センター

小田博志（2010）．エスノグラフィー入門─〈現場〉を質的研究する─　春秋社

Peter, J. P., & Olson, J. (2011). *Consumer behavior and marketing strategy*. McGraw-Hill Education.

清水　聡（1999）．新しい消費者行動　千倉書房

白根英昭（2010）．エスノグラフィック・マーケティング　DIAMONDハーバード・ビジネス・レビュー, *35*（10）, 42-57.

Sterne, J. (2010). *Social media metrics: How to measure and optimize your marketing*. John Wiley & Sons.

渡辺隆之（2000）．店舗内購買行動とマーケティング適応─小売業とメーカーの協働側面─　千倉書房

Watts, D. J., & Strogatz, S. H. (1998). Collective dynamics of 'small-world' networks. *Nature, 393*(6684), 440-442.

■ 第 3 章

Ajzen, I. (1991). The theory of planned behavior. *Organizational Behavior and Human Decision Processes, 50*, 179-221.

Bandura, A. (1977). Self-efficacy: Toward a unifying theory of behavioral change. *Psychological Review, 84*(2), 191-215.

Blackwell, R. D., Miniard, P. W., Engel, J. F., & Rahman, Z. (2018). *Consumer behavior* (10th ed.). Cengage Learning India Pvt. Ltd.

Cronin, J. J., & Taylor, S. A. (1992). Measuring service quality: A reexamination and extension. *Journal of Marketing, 56*(3), 55-68.

Duchowski, A. T. (2016). *Eye tracking methodology: Theory and practice*, (3rd ed.). Springer.

Edwards, W. (1961). Behavioral decision theory. *Annual Review of Psychology, 12*, 473-498.

Evans, J. St. B. T. (2008). Dual-processing accounts of reasoning, judgment, and social cognition. *Annual Review of Psychology, 59*, 255-278.

Fishbein, M. (1967a). A behavior theory approach to the relations between beliefs about an object and the attitude toward the object. In M. Fishbein (Ed.) *Readings in attitude theory and measurement*. New York: John Wiley & Sons. pp. 389-400.

Fishbein, M. (1967b). Attitude and the prediction of behavior. In the Readings in attitude theory and measurement. In M. Fishbein (Ed.) *Readings in attitude theory and measurement*. John Wiley & Sons, New York. pp.477-492.

Fishbein, M., & Ajzen, I. (1975). *Belief, attitude, intention, and behavior: An introduction to theory and research*. Reading. MA: Addison-Wesley.

Holyoak, K. J., & Thagard, P.(1995). *Mental leaps*. Cambridge, MA: MIT Press.

Howard, J. A., & Sheth, J. N. (1969). *The theory of buyer behavior*. New York: John Wiley & Sons.

Iyengar, S. S., & Lepper, M. R. (2000). When choice is demotivating: Can one desire too much of a good thing? *Journal Personality and Social Psychology, 79*(6), 995-1006.

Jacoby,J. , Speller, D. E., & Kohn, C. A. (1974). Brand choice behavior as a function of information laod: Study II. *Advances in Consumer Research, l,* 381-383.

Jung, I. C., & Kwon, Y. S. (2011). Grocery customer behavior analysis using RFID-based shopping paths data. *World Academy of Science, Engineering and Technology, 59*, 1401-1408.

Kahneman, D., & Frederick, S. (2005). A model of heuristic judgment. In K. Holyoak & R. G. Morrison (Eds.). *The Cambridge Handbook of Thinking and Reasoning*. Cambridge, UK: Cambridge Univ. Press. pp. 267-294.

Kahneman, D., & Miller, D. T. (1986). Norm theory: Comparing reality to it's alternatives. *Psychological Review, 96*, 136-153.

Kahneman, D., & Tversky, A. (1982). The simulation heuristics. In D. Kahneman, P. Slovic, & A. Tversky (Eds.), *Judgment under uncertainty: Heuristics and biases*. New York: Cambridge University Press. pp.201-208.

吉川肇子（編著）（2009）．健康リスク・コミュニケーションの手引き　ナカニシヤ出版

栗山直子・上市秀雄・齊藤貴浩・楠見　孝（2001）．大学進学における進路決定方略を支える多重制約充足と類推　教育心理学研究，49(4)，409-416.

楠見　孝（2000）．シミュレーション・ヒューリスティックを支える類推と評価基準としての後悔—意思決定の規範理論から記述理論へ—　日本における数理心理学の展開VIII　日本心理学会第64回大会発表論文集，S46.

楠見　孝・栗山直子・齊藤貴浩・上市秀雄（2008）．進路意思決定における認知・感情過程—高校から大学への追調査に基づく検討—　キャリア教育研究，26（1），3-17.

松本晃子（2004）．若者の衣料品購入における顧客満足度の要因　繊維製品消費科学，45（11），829-836.

Parasuraman, A., Zeithaml, V. A., & Berry, L. L. (1988). SERVQUAL: A multiple-Item scale for measuring consumer perceptions of service quality. *Journal of Retailing, 64*(1), 12-40.

Petty, R. E. & Cacioppo, J. T. (1986). *Communication and persuasion: Central and peripheral routes to attitude change*. New York: Springer.

Roese, N. (2005). *If only: How to turn regret into opportunity*. Harmony. 村田光二（監訳）（2008）．後悔を好機に変える—イフ・オンリーの心理学—　ナカニシヤ出版

Schwartz, B. (2004). *The paradox of choice: Why more is less*. Harper Perennial. 瑞穂のりこ（訳）（2004）．なぜ選ぶたびに後悔するのか—選択自由の落とし穴—　武田ランダムハウスジャパン

Simon, H. A. (1996). *The science of the artificial* (3rd ed.). The MIT Press. 稲葉元吉・吉原英樹（訳）（1999）．システムの科学　パーソナルメディア

杉本徹雄（1982）．多属性態度モデルの妥当性研究　実験社会心理学研究，22(1), 37-48.
竹村和久（1997）．消費者の情報探索と選択肢評価（4章）　杉本徹雄（編著）消費者理解のための心理学　福村出版
Tsiros, M. (1998). Effect of regret on post-choice valuation: The case of more than two alternatives. *Organizational Behavior and Human Decision Processes, 74*, 254-272.
Tversky, A., & Kahneman, D. (1986). Rational choice and the framing of decisions. *Journal of Business, 59*, S251-278.
上市秀雄（2003）．個人的リスク志向・回避行動の個人差を規定する要因の分析　風間書房
上市秀雄・楠見　孝（2000）．後悔がリスク志向・回避行動における意思決定に及ぼす影響—感情・ハーソナリティ・認知要因のプロセスモデル—　認知科学，7(2), 139-151.
上市秀雄・楠見　孝（2004）．後悔の時間的変化と対処方法—意思決定スタイルと行動選択との関連性—　心理学研究，74(6), 487-495.
上市秀雄・渡辺涼介・織田弥生・岡田幸彦（2017）．販売員の対応および接客タイミングが販売員・店舗評価や購買意図に及ぼす影響　日本心理学会第81回大会発表論文集，2B-060.
山本昭二（1995）．サービス品質概念と品質評価尺度の開発—SERVQUALの開発とその後—　消費者行動研究，3(1), 41-58.
Wang, M. S., Chen, C. C., Chang, S. C., & Yang, Y. H. (2007). Effects of online shopping attitude, subjective norms and control beliefs on online shopping intention: A test of the theory of planned behavior. *International Journal of Management, 24*(2), 296-302.
Zeelenberg, M., van Dijk, W. W., van der Pligt, J., Manstead, A. S. R., van Empelen, P., & Reinderman, D. (1998). Emotional reactions to the outcomes of decision: The role of counterfactual thought in the experience of regret and disappointment. *Organizational Behavior and Human Decision Processes, 75*, 117-141.

■ 第4章

Brehm, J. W. (1956). Postdecision changes in the desirability of alternatives. *The Journal of Abnormal and Social Psychology, 52*, 384-389.
Briñol, P., & Petty, R. E. (2003). Overt head movements and persuasion: A self-validation analysis. *Journal of Personality and Social Psychology, 84*, 1123-1139.
Briñol, P., Petty, R. E., & Wagner, B. C. (2012). Embodied validation: Our bodies can change and also validate our thoughts. In P. Briñol & K. DeMarree (Eds.), *Frontiers of social psychology. Social metacognition*. New York: Psychology Press. pp. 219-240.
Burger, J. M. (1986). Increasing compliance by improving the deal: The that's-not-all technique. *Journal of Personality and Social Psychology, 51*, 277-283.
Cacioppo, J. T., Priester, J. R., & Berntson, G. G. (1993). Rudimentary determinants of attitudes: II. Arm flexion and extension have differential effects on attitudes. *Journal of Personality and Social Psychology, 65*, 5-17.
Chaiken, S., Liberman, A., & Eagly, A. H. (1989). Heuristic and systematic information processing within and beyond the persuasion context. In J. S. Ulman & J. A. Bargh (Eds.), *Unintended thought*. New York: Guilford Press. pp. 212-252.
Chaiken, S., & Maheswaran, D. (1994). Heuristic processing can bias systematic processing: Effects of source credibility, argument ambiguity, and task importance on attitude judgment. *Journal of*

Personality and Social Psychology, 66, 460-473.

Chan, E., & Sengupta, J. (2010). Insincere flattery actually works: A dual attitudes perspective. *Journal of Marketing Research, 47*, 122-133.

Cialdini, R. B. (1988). *Influence: Science and practice* (2nd ed.). Illinois: Scott, Foresman & Company. 社会行動研究会（訳）（2014）．影響力の武器―なぜ，人は動かされるのか―（第三版）　誠信書房

Cialdini, R.B. (2016). *Pre-suasion: A revolutionary way to influence and persuade*. New York: Simon & Schuster. 安藤清志（監訳）（2017）．PRE-SUATION ―影響力と説得のための革命的瞬間―　誠信書房

Dovidio, J. F., Kawakami, K., Johnson, C., Johnson, B., & Howard, A. (1997). On the nature of prejudice: Automatic and controlled processes. *Journal of Experimental Social Psychology, 33*, 510-540.

Eagly, A. H., & Chaiken, S. (1984). Cognitive theories of persuasion. In L. Berkowitz (Ed.), *Advances in experimental social psychology, Vol. 17*. New York: Academic Press. pp. 267-359.

深田博己（2002）．説得研究の基礎知識　深田博己（編著）　説得心理学ハンドブック―説得コミュニケーション研究の最前線―　北大路書房　pp.2-44.

Goldstein, N. J., Griskevicius, V., & Chialdini, R. B. (2007). Invoking social norms: A social psychology perspective on improving hotels' linen-reuse programs. *Cornell Hotel and Restaurant Administration Quarterly, 48*, 145-150.

Guéguen, N., & Jacob, C. (2001). Fund-raising on the Web: The effect of an electronic foot-in-the-door on donation. *Cyber Psychology & Behavior, 4*, 705-709.

Guéguen, N., Jacob, C., & Meineri, S. (2011). Effects of the Door-in-the-Face technique on restaurant customers' behavior. *International Journal of Hospitality Management, 30*, 759-761.

Hovland, C. I., Janis, I. I., & Kelley, H. H. (1953). *Communication and persuasion: Psychological studies of opinion change*. New Haven: Yale University Press.

Hovland, C. I., & Weiss, W. (1951). The influence of source credibility on communication effectiveness. *Public Opinion Quarterly, 15*, 635-650.

今井芳昭（2006）．依頼と説得の心理学―人は他者にどう影響を与えるか―　サイエンス社

Jostmann, N. B., Lakens, D., & Schubert, T. W. (2009). Weight as an embodiment of importance. *Psychological Science, 20*, 1169-1174.

Mackie, D. M., & Worth, L. T. (1989). Processing deficits and the mediation of positive affect in persuasion. *Journal of Personality and Social Psychology, 57*, 27-40.

McGuire, W. J. (1964). Inducing resistance to persuasion: Some contemporary approaches. In L. Berkowitz (Ed.). *Advances in experimental social psychology, Vol. 1*. New York: Academic Press. pp. 191-229.

Petty, R. E., Briñol, P., & Tormala, Z. L. (2002). Thought confidence as a determinant of persuasion: The self-validation hypothesis. *Journal of Personality and Social Psychology, 82*, 722-741.

Petty, R. E., & Cacioppo, J. T. (1984). The effects of involvement on responses to argument quantity and quality: Central and peripheral routes to persuasion. *Journal of Personality and Social Psychology, 46*, 69-81.

Petty, R. E., & Cacioppo, J. T. (1986). The elaboration likelihood model of persuasion. In L. Berkowitz (Ed.), *Advances in experimental social psychology, Vol. 19*. New York: Academic Press. pp. 123-205.

Strenthal, B., Dholakia, R., & Leavitt, C. (1978). The persuasive effect of source credibility: Tests of cognitive response. *Journal of Consumer Research, 4*, 252-260.

Van den Bergh, B., Schmitt, J., & Warlop, L. (2011). Embodied myopia. *Journal of Marketing Research, 48*, 1033-1044.

Wells, G. L., & Petty, R. E. (1980). The effects of overt head movements on persuasion: Compatibility and incompatibility of responses. *Basic and Applied Social Psychology, 1*, 219-230.

Wilson, T. D., Lindsey, S., & Schooler, T. Y. (2000). A model of dual attitudes. *Psychological Review, 107*, 101-126.

■ 第5章

Aaker, J. L. (1997). Dimensions of brand personality. *Journal of Marketing Research, 34*(3), 347-356.

Aaker, J. L., Benet-Martínez, V., & Garolera, J. (2001). Consumption symbols as carriers of culture: A study of Japanese and Spanish brand personality constucts. *Journal of Personality and Social Psychology, 81*(3), 492-508.

Anderson, G., & Brown, R. I. (1984). Real and laboratory gambling, sensation-seeking and arousal. *British Journal of Psychology, 75*(3), 401-410.

Andreassen, C. S., Griffiths, M. D., Gjertsen, S. R., Krossbakken, E., Kvam, S., & Pallesen, S. (2013). The relationships between behavioral addictions and the five-factor model of personality. *Journal of Behavioral Addictions, 2*(2), 90-99.

Azoulay, A., & Kapferer, J. N. (2003). Do brand personality scales really measure brand personality? *Journal of Brand Management, 11*(2), 143-155.

Benjamin, J., Li, L., Patterson, C., Greenberg, B. D., Murphy, D. L., & Hamer, D. H. (1996). Population and familial association between the D4 dopamine receptor gene and measures of Novelty Seeking. *Nature Genetics, 12*(1), 81-84.

Berlyne, D. E. (1960). *Conflict, arousal, and curiosity.* New York: McGraw-Hill Book Company. https://doi.org/10.1037/11164-000

Bettman, J. R., Kassarjian, H. H., & Lutz, R. J. (1978). Consumer behavior. *Review of Marketing, 1*, 194-229.

Bratko, D., Butkovic, A., & Bosnjak, M. (2013). Twin study of impulsive buying and its overlap with personality. *Journal of Individual Differences, 34*(1), 8-14.

Brunel, F. F., Tietje, B. C., & Greenwald, A. G. (2004). Is the implicit association test a valid and valuable measure of implicit consumer social cognition? *Journal of Consumer Psychology, 14*(4), 385-404.

Burns, P. C., & Wilde, G. J. S. (1995). Risk taking in male taxi drivers: Relationships among personality, observational data and driver records. *Personality and Individual Differences, 18*(2), 267-278.

Byrnes, N. K., & Hayes, J. E. (2016). Behavioral measures of risk tasking, sensation seeking and sensitivity to reward may reflect different motivations for spicy food liking and consumption. *Appetite, 103*, 411-422.

Cloninger, C. R. 1987 A systematic method for clinical description and classification of personality variants: Aproposal. *Archives of General Psychiatry, 44*, 573-588.

Costa, P. T., & McCrae, R. R. (1995). Domains and facets: Hierarchical personality assessment using the Revised NEO Personality Inventory. *Journal of Personality Assessment, 64*(1), 21-50.

DeBono, K. G., & Packer, M. (1991). The effects of advertising appeal on perceptions of product quality. *Personality and Social Psychology Bulletin, 17*(2), 194-200.

Diab, D. L., Gillespie, M. A., & Highhouse, S. (2008). Are maximizers really unhappy? The measurement of maximizing tendency. *Judgment and Decision Making, 3*(5), 364-370.

Ebstein, R. P., Novick, O., Umansky, R., Priel, B., Osher, Y., Blaine, D., Bennett, E. R., Nemanov, L., Katz,

M., & Belmaker, R. H. (1996). Dopamine D4 receptor (D4DR) exon III polymorphism associated with the human personality trait of Novelty Seeking. *Nature Genetics, 12*(1), 78-80.

Fromkin, H. L. (1970). Effects of experimentally aroused feelings of undistinctiveness upon valuation of scarce and novel experiences. *Journal of Personality and Social Psychology, 16*(3), 521-529.

Galloway, G., Mitchell, R., Getz, D., Crouch, G., & Ong, B. (2008). Sensation seeking and the prediction of attitudes and behaviours of wine tourists. *Tourism Management, 29*(5), 950-966.

Goldberg, L. R. (1990). An alternative "description of personality": The Big-Five factor structure. *Journal of Personality and Social Psychology, 59*(6), 1216-1229.

ファンデンボス G.R.（監著）（2013）．繁桝算男・四本裕子（監訳） APA心理学大辞典　培風館

Granero, R., Fernández-Aranda, F., Baño, M., Steward, T., Mestre-Bach, G., del Pino-Gutiérrez, A., ... Jiménez-Murcia, S. (2016). Compulsive buying disorder clustering based on sex, age, onset and personality traits. *Comprehensive Psychiatry, 68*, 1-10.

Hebb, D. O. (1955). Drives and the C N S (conceptual nervous system). *Psychological Review, 62*(4), 243-254.

Hirschman, E. C. (1980). Innovativeness, novelty seeking, and consumer creativity. *Journal of Consumer Research, 7*(3), 283-295.

市村　潤（1974）．消費者行動の測定的研究　第5章パーソナリティと購買行動　新書館　pp.134-155.

Karimi, S., Holland, C. P., & Papamichail, K. N. (2018). The impact of consumer archetypes on online purchase decision-making processes and outcomes: A behavioural process perspective. *Journal of Business Research, 91*, 71-82.

柏木繁男（1997）．性格の評価と表現―特性5因子論からのアプローチ―　有斐閣

Kassarjian, H. H. (1971). Personality and consumer behavior: A review. *Journal of Marketing Research, 8*(4), 409-418.

Lai, L. (2010). Maximizing without difficulty: A modified maximizing scale and its correlates. *Judgment and Decision Making, 5*(3), 164-175.

Leuba, C. (1955). Toward some integration of learning theories: The concept of optimal stimulation. *Psychological Reports, 1*, 27-33.

Lewin, K. (1935). *A dynamic theory of personality*. New York: McGraw-Hill.

Li, C., & Tsai, B. (2013). Impact of extraversion and sensation seeking on international tourism choices. *Social Behavior & Personality: An International Journal, 41*(2), 327-333.

Meil, W. M., LaPorte, D. J., Mills, J. A., Sesti, A., Collins, S. M., & Stiver, A. G. (2016). Sensation seeking and executive deficits in relation to alcohol, tobacco, and marijuana use frequency among university students: Value of ecologically based measures. *Addictive Behaviors, 62*, 135-144.

Mitchell, A. (1983). *The nine American lifestyles: Who we are and where we're going*. New York: Macmillan Publishing Co., Inc.

Mitchell, A., Ogilvy and J., & Schwartz, P. (1986). *The VALS typology: A new perspective on America*, SRI International. 吉福伸逸（監訳）（1987）．パラダイム・シフト―価値とライフスタイルの変動期を捉える VALS類型論―　TBSブリタニカ

Mueller, A., Claes, L., Mitchell, J. E., Wonderlich, S. A., Crosby, R. D., & de Zwaan, M. (2010). Personality prototypes in individuals with compulsive buying based on the big five model. *Behaviour Research and Therapy, 48*(9), 930-935.

中島義明（他編）（1999）．心理学辞典　有斐閣

Nenkov, G. Y., Morrin, M., Ward, A., Schwartz, B., & Hulland, J. (2008). A short form of the Maximization Scale: Factor structure, reliability and validity studies. *Judgment and Decision Making, 3*(5), 371-388.

仁平京子（2006）．マーケティング戦略における市場細分化の再考―ライフスタイル・セグメンテーションの視座から―　明治大学大学院商学研究論集，24，161-182.

Oishi, S., Tsutsui, Y., Eggleston, C., & Galinha, I. C. (2014). Are maximizers unhappier than satisficers? A comparison between Japan and the USA. *Journal of Research in Personality, 49*, 14-20.

Okamoto, K. (1983). Effects of excessive similarity feedback on subsequent mood, pursuit of difference, and preference for novelty or scarcity. *Japanese Psychological Research, 25*(2), 69-77.

岡本浩一（1991）．ユニークさの社会心理学―認知形成的アプローチと独自性欲求テスト―　川島書店

Otero-López, J. M., & Pol, E. V. (2013). Compulsive buying and the five factor model of personality: A facet analysis. *Personality and Individual Differences, 55*(5), 585-590.

Otero-López, J. M., Pol, E. V., & Bolaño, C. C. (2017). Beyond the Big Five: The role of extrinsic life aspirations in compulsive buying. *Psicothema, 29*(4), 440-445.

Plummer, J. T. (1974). The concept and application of life style segmentation. *Journal of Marketing, 38*(1), 33-37.

Raju, P. S. (1980). Optimum stimulation level: Its relationship to personality, demographics, and exploratory behavior. *Journal of Consumer Research, 7*(3), 272-282.

Rim, H. B., Turner, B. M., Betz, N. E., & Nygren, T. E. (2011). Studies of the dimensionality, correlates, and meaning of measures of the maximizing tendency. *Judgment and Decision Making, 6*(6), 565-579.

Roets, A., Schwartz, B., & Guan, Y. (2012). The tyranny of choice: A cross-cultural investigation of maximizing-satisficing effects on well-being. *Judgment and Decision Making, 7*(6), 689-704.

Schwartz, B. (2004). *The paradox of choice: Why more is less*. New York, NY: Harper Collins Publishers.
瑞穂のりこ（訳）（2004）．なぜ選ぶたびに後悔するのか―「選択の自由」の落とし穴―　ランダムハウスジャパン

Schwartz, B., Ward, A., Monterosso, J., Lyubomirsky, S., White, K., & Lehman, D. R. (2002). Maximizing versus satisficing: Happiness is a matter of choice. *Journal of Personality and Social Psychology, 83*(5), 1178-1197.

Smith, W. (1956). Product differentiation and market segmentation as alternative marketing strategies. *Journal of Marketing, 21*(1), 3-8.

Snyder, M. (1974). Self-monitoring of expressive behavior. *Journal of Personality and Social Psychology, 30*(4), 526-537.

Snyder, M., & DeBono, K. G. (1985). Appeals to image and claims about quality: Understanding the psychology of advertising. *Journal of Personality and Social Psychology, 49*(3), 586-597.

Snyder, C. R., & Fromkin, H. L. (1977). Abnormality as a positive characteristic: The development and validation of a scale measuring need for uniqueness. *Journal of Abnormal Psychology, 86*(5), 518-527.

Thompson, E. R., & Prendergast, G. P. (2015). The influence of trait affect and the five-factor personality model on impulse buying. *Personality and Individual Differences, 76*, 216-221.

和田さゆり（1996）．性格特性用語を用いた Big Five 尺度の作成　心理学研究，67（1），61-67.

Wang, C.-C., & Yang, H.-W. (2008). Passion for online shopping: The influence of personality and compulsive buying. *Social Behavior and Personality, 36*(5), 693-706.

Wells, W. D. & Tigert, D. J. (1971). Activities, interests, and opinions. *Journal of Advertising Research, 11*(4), 27-35.

Wolfgang, A. K. (1988). Gambling as a function of gender and sensation seeking. *Journal of Gambling Behavior, 4*(2), 71-77.

Xu, S., Barbieri, C., Stanis, S. W., & Market, P. S. (2012). Sensation-seeking attributes associated with storm-chasing tourists: Implications for future engagement. *International Journal of Tourism Research, 14*(3), 269-284.

Zuckerman, M. (1971). Dimensions of sensation seeking. *Journal of Consulting and Clinical Psychology, 36*(1), 45-52.

Zuckerman, M. (1994). *Behavioral expressions and biosocial bases of sensation seeking*. New York: Cambridge University Press.

Zuckerman, M., Eysenck, S. B., & Eysenck, H. J. (1978). Sensation seeking in England and America: Cross-cultural, age, and sex comparisons. *Journal of Consulting and Clinical Psychology, 46*(1), 139-149.

Zuckerman, M., Kolin, E. A., Price, L., & Zoob, I. (1964). Development of a sensation-seeking scale. *Journal of Consulting Psychology, 28*(6), 477-482.

Zuckerman, M., & Kuhlman, D. M. (2000). Personality and risk-taking: Common biosocial factors. *Journal of Personality, 68*(6), 999-1029.

■第6章

Ampuero, O., & Vila, N. (2006). Consumer perception of product packaging. *Journal of Consumer Marketing, 23*(2), 100-112.

Anderson, E.T., & Simester, D. I. (2001). Are sale signs less effective when more products have them? *Marketing Science, 20*(2), 121-142.

Anderson, E.T., & Simester, D. I. (2003). Effects of $9 price endings on retail sales: Evidence from field experiments. *Quantitative Marketing and Economics, 1,* 93-110.

青木幸弘（1989）．店頭研究の展開方向と店舗内購買行動分析　田島義博・青木幸弘（編著）　店頭研究と消費者行動分析―店舗内購買行動とその周辺―　誠文堂新光社

Atalay, A. S., Bodur, O., & Rasolofoarison, D. (2012). Shining in the center: Central gaze cascade effect on product choice. *Journal of Consumer Research, 39,* 848-866.

Babin, B. J., Hardesty, D. M., & Suter, T. A. (2003). Color and shopping intentions: The intervening effect of price fairness and perceived affect. *Journal of Business Research, 56,* 541-551.

Bellizzi, J. A., Crowley, A.E., & Hasty, R. W. (1983). The effects of color in store design. *Journal of Retailing, 59,* 21-45.

Bellizzi, J. A., & Hite, R. E. (1992). Environmental color, consumer feelings, and purchase likelihood. *Psychology & Marketing, 9* (5),3 47-363.

Chebat, J. C., Morrin, M., & Chebat, D. R. (2009). Does age attenuate the impact of pleasant ambient scent on consumer response? *Environment and Behavior, 41* (2), 258-267.

Cheskin, L. (1957). *How to predict what people will buy*. New York: Liveright.

Crowley, A. E. (1993). The two-dimensional impact of color on shopping. *Marking Letters, 4,* 59-69.

Deng, X., & Kahn, B. E. (2009). Is your product on the right side? The 'location effect' on perceived product heaviness and package evaluation. *Journal of Marketing Research, 46,* 725-738.

Dhar, R., Nowlis, S. M., & Sherman, S. J. (2000). Trying hard or hardly trying: An analysis of context effects in choice. *Journal of consumer Psychology, 9,*189-200.

Dhar, R., & Simonson, I. (2003).The effect of forced choice on choice. *Journal of Marketing Research, 40*, 146-160.

Dickson, P. R., & Sawyer, A. G. (1990). The price knowledge and search of supermarket shoppers. *The Journal of Marketing, 54*, 42-53.

Drèze, X., Hoch, S. J., & Purk, M. E. (1994). Shelf management and space elasticity. *Journal of Retailing, 70* (4), 301-326.

Dwyer, S. (1993). C-Store Merchandising: For candy consumers, seeing is buying. *National Petroleum News, September*, 50-52.

Elliot, A. J., Maier, M. A., Moller, A. C., Friedman, R., & Meinhardt, J. (2007). Color and psychological functioning: The effect of red on performance attainment. *Journal of Experimental Psychology:General, 136*, 154-168.

Gueguen, N., & Petr, C. (2006). Odors and consumer behavior in a restaurant. *International Journal of Hospitality Management, 25* (2), 335-339.

Hatta, T., Yoshida, H., Kawakami, A., & Okamoto, M. (2002). Color of computer display frame in work performance, mood, and physiological response. *Perceptual and Motor Skills, 94* (1), 39-46.

Hine, T. (1995). T*he total package:The evolution and secret meanings of boxes, bottles, cans, and tubes*. Boston: Little, Brown.

Hoyer, W. D. (1984). An examination of decision making for a common repeat-purchase product. *Journal of Consumer Research, 11*, 822-829.

Huber, J., Payne, J. W., & Puto, C. (1982). Adding asymmetrically dominated alternatives:Violations of regularity and similarity hypotheses. *Journal of Consumer Research, 9*, 90-98.

Iyengar, S, S., & Lepper, M. R. (2000).When choice is demotivating: Can one desire too much of a good thing? *Journal of Personality and Social Psychology, 79*, 995-1006.

前田洋光・近都智美・佐々木智崇・吉田夏希・北林弘行・永野光朗（2017）．パッケージカラーが商品イメージおよび購買意欲に及ぼす影響―チョコレートのパッケージを題材として― 京都橘大学研究紀要, 43, 203-218.

Mehta, R., & Zhu, R. (2009). Blue or red? Exploring the effect of color on cognitive task performances. *Science, 323*, 1226-1229.

Milliman, R. E. (1982). Using background music to affect the behavior of supermarket shoppers. *Journal of Marketing, 46* (3), 86-91.

守口　剛（1989）．シェルフ・ディスプレイ効果についての考察―シェルフ・ポジション効果の実証研究を中心として― 田島義博・青木幸弘（編著） 店頭研究と消費者行動分析―店舗内購買行動とその周辺― 誠文堂新光社

大槻　博（1986）．店頭マーケティング ―メーカーの〈量販店〉演出法― 中央経済社

Point-of-Purchase Advertising Institute (1978). *POPAI/DuPont consumer buying habits study*. New York: Point-of-Purchase Advertising Institute.

Raghubir, P., & Greenleaf, E. A. (2006). Ratios in proportion: What should the shape of the package be? *Journal of Marketing, 70* (2), 95-107.

Raghubir, P., & Krishna, A. (1999). Vital dimensions in volume perception: Can the eye fool the stomach? *Journal of Marketing Research, 36*, 313-326.

Rettie, R., & Brewer, C. (2000). The verbal and visual components of package design. *Journal of Product & Brand Management, 9* (1), 56-70.

Scheibehenne, B., Greifender, R., & Todd, P. M. (2010). Can there ever be too many options? A meta-

analytic review of choice overload. *Journal of Consumer Research, 37*,409-425.
Simonson, I. (1989). Choice based on reasons: The case of attraction and compromise effects. *Journal of Consumer Research, 16*, 158-174.
Smith, P. C., & Curnow, R. (1966). Arousal hypotheses and the effects of music on purchasing behavior. *Journal of Applied Psychology, 50* (3), 255-256.
Spangenberg, E. R., Crowley, A. E., & Henderson, P. W. (1996). Improving the store environment: Do olfactory cues affect evaluations and behaviors? *Journal of Marketing, 60*, 67-80.
Staten, V. (1993). *Can you trust a tomato in January?* New York: Simon and Schuster.
Underwood, R. L., Klein, N. M., & Burke, R. R. (2001). Packaging communication:attentional effects of product imagery. *Journal of Product & Brand Management, 10*, 403-422.
Wilson, T. D., & Nisbett, R. E. (1978). The accuracy of verbal reports about the effects of stimuli on evaluation and behavior. *Social Psychology, 41*, 118-131.

■ 第7章

Aaker, J. L. (1999). The malleable self: The role of self-expression in persuasion. *Journal of Marketing Research, 36* (1), 45-57.
Alicke, M. D., & Sedikides, C. (2009). Self-enhancement and self-protection: What they are and what they do. *European Review of Social Psychology, 20* (1), 1-48.
Arndt, J. (1967). Word of mouth advertising: A review of the literature. *Advertising Research Foundation*.
Asch, S. (1952). *Social psychology*. Englewood Cliffs, N. J.: Prentice Hall.
Baumeister, R. F., & Leary, M. R. (1995). The need to belong: Desire for interpersonal attachments as a fundamental human motivation. *Psychological Bulletin, 117* (3), 497-529.
Bearden, W. O., & Etzel, M. J. (1982). Reference group influence on product and brand purchase decisions. *Journal of Consumer Research, 9* (2): 183-194.
Bearden, W. O., Netemeyer, R. G., & Teel, J. E. Jr. (1989). Measurement of consumer susceptibility to interpersonal influence. *Journal of Consumer Research, 15* (March), 473-481.
Bellezza, S., Gino, F., & Keinan, A. (2014). The red sneakers effect: Inferring status and competence from signals of nonconformity. *Journal of Consumer Research, 41* (1), 35-54.
Berger, J. (2014). Word of mouth and interpersonal communication: A review and directions for future research. *Journal of Consumer Psychology, 24* (4), 586-607.
Berger, J. (2015). Word of mouth and interpersonal communication. In M. I. Norton, D. D. Rucher & C. Lamberton (Eds.), *The Cambridge Handbook of Consumer Psychology*. New York, NY: Cambridge University Press. pp.368-397.
Berger, J., & Heath, C. (2007). Where consumers diverge from others: Identity-signaling and product domains. *Journal of Consumer Research, 34* (2), 121-134.
Berger, J., & Iyengar, R. (2013). Communication channels and word-of-mouth: How the medium shapes the message. *Journal of Consumer Research, 40* (3), 567-579.
Berger, J., & Ward, M. (2010). Subtle signals of inconspicuous consumption. *Journal of Consumer Research, 37* (4), 555-569.
Brewer, M. B. (1991). The social self: On being the same and different at the same time. *Personality and Social Psychology Bulletin, 17* (5), 475-482.
Brock, T. C. (1965). Communicator-recipient similarity and decision change. *Journal of Personality and*

Social Psychology, 1 (6), 650-654.

Brown, J.O., Broderick, A.J., & Lee, N. (2007). Word of mouth communication within online communities: Conceptualizing the online social network. *Journal of interactive marketing, 21* (3), 1-19.

Brown, J. J., & Reingen, P. H. (1987). Social ties and word of mouth referral behavior. *Journal of Consumer Research, 14* (3), 350-362.

Cialdini, R. B., Kallgren, C. A., & Reno, R. R. (1991). A focus theory of normative conduct: A theoretical refinement and reevaluation of the role of norms in human behavior. *Advances in Experimental Social Psychology, 24*, 201-234.

Crocker, J., Luhtanen, R., Blaine, B., & Broadnax, S. (1994). Collective self-esteem and psychological well-being among White, Black, and Asian college students. *Personality and Social Psychology Bulletin, 20*, 503-513.

Crowley, A.W., & Hoyer, W. D. (1994). An integrative framework for understanding two-sided persuasion. *Journal of Consumer Research, 20*, 561-574.

Das, S., & Kramer, A. (2013). *Self-Censorship on Facebook*. In Proceedings of the Seventh International AAAI Conference on Weblogs and Social Media. Association for the Advancement of Artificial Intelligence.

De Matos, C. A., & Rossi, C. A. V. (2008). Word-of-mouth communications in marketing: A meta-analytic review of the antecedents and moderators. *Journal of the Academy of Marketing Science, 36*, 578-596.

Deutsch, M., & Gerard, H. B. (1955). A study of normative and informational social influences upon individual judgment. *Journal of Abnormal and Social Psychology, 51* (3), 629-636.

Escalas, J. E., & Bettman, J. R. (2003). You Are What They Eat: The Influence of Reference: Groups on Consumers' Connections to Brands. *Journal of Consumer Psychology, 13* (3), 339-348.

Escalas, J. E., & Bettman, J. R. (2005). Self-construal, reference group, and brand meaning. *Journal of Consumer Research, 32* (3), 378-389.

Fournier, S. (1998). Consumers and their brands: Developing relationship theory in consumer research. *Journal of Consumer Research, 24* (4), 343-373.

Gal, D. (2015). Identity-signaling behavior. In M. I. Norton, D. D. Rucher, & C. Lamberton (Eds.), *The Cambridge Handbook of Consumer Psychology*. New York: Cambridge University Press. pp. 257-281.

Gao, L., Wheeler, S. C., & Shiv, B. (2009). The "Shaken Self": Product choices as a means of restoring self-view confidence. *Journal of Consumer Research, 36* (1), 29-38

Higgins, E. T. (1987). Self-discrepancy: A theory relating self and affect. *Psychological Review, 94* (3), 319-340.

Hovland, C. I., & Weiss, W. (1951). The influence of source credibility on communication effectiveness. *Public Opinion Quarterly, 15* (4), 635-650.

池田謙一（2010）．第15章　消費者行動・環境行動　池田謙一・唐沢　穣・工藤恵理子・村本由紀子（著）社会心理学　有斐閣　pp.331-350.

Kassarjian, H. H. (1971). Personality and consumer behavior: A review. *Journal of Marketing Research, 8* (4), 409-418.

Khare A., Labrecque, L. I., & Asare, A. K. (2011). The assimilative and contrastive effects of Word-of-Mouth Volume: An experimental examination of online consumer ratings. *Journal of Retailing, 87* (1), 111-126.

Kim, S., Kandampully, J., & Bilgihan, A. (2018). The influence of e WOM communications: An application of online social network framework. *Computers in Human Behavior, 80*, 243-254.

King, R. A., Racherla, P., & Bush, V. D. (2014). What we know and don't know about online Word-of-Mouth: A review and synthesis of the literature. *Journal of Interactive Marketing, 28*, 167-183.

Laczniak, R. N., DeCarlo, T. E., & Ramaswami, S. N. (2001). Consumers' responses to negative Word-of-Mouth communication: An attributions theory perspective, *Journal of Consumer Psychology, 11* (1), 57-73.

Lascu, D., & Zinkhan, G. (1999). Consumer conformity: Review and applications for marketing theory and practice. *Journal of Marketing Theory and Practice, 7* (3), 1-12.

Leibenstein, H. (1950). Bandwagon, snob, and veblen effects in the theory of consumers' demand. *The Quarterly Journal of Economics, 64* (2), 183-207.

Malär, L., Krohmer, H., Hoyer, W. D., & Nyffenegger, B. (2011). Emotional brand attachment and brand personality: The relative importance of the actual and the ideal self. *Journal of Marketing, 75* (4), 35-52.

Markus, H. R., & Kunda, Z. (1986). Stability and malleability of the self-concept. *Journal of Personality and Social Psychology, 35* (2), 63-78.

Maslow, A. H. (1943). A theory of human motivation. *Psychological Review, 50* (4), 370-396.

Nelissen, R. M. A., & Meijers, M. H. C. (2011). Social benefits of luxury brands as costly signals of wealth and status. *Evolution and Human Behavior, 32*, 343-355.

野村総合研究所（2018）．NRI「生活者年末ネット調査」からみる5年間の変化
https://www.nri.com/jp/event/mediaforum/2018/forum261.html（2018年8月17日閲覧）

Park, C. W., & Lessig, V. P. (1977). Students and housewives: Differences in susceptibility to reference group influence. *Journal of Consumer Research, 4* (2), 102-110

Petty, R. E., & Wegner, D. T. (1998). Attitude change: Multiple roles for persuasion variables. In D. Gilbert, S. Fiske, & G. Lindzey (Eds.) *The Handbook of Social Psychology*. New York: McGrawHill. pp. 323-390.

Pronin, E., Berger, J. A., & Molouki, S. (2007). Alone in a crowd of sheep: Asymmetric perceptions of conformity and their roots in an introspection illusion. *Journal of Personality and Social Psychology, 92* (4), 585-595.

Rucker, D. D., & Galinsky, A. D. (2009). Conspicuous consumption versus utilitarian ideals: How different levels of power shape consumer behavior. *Journal of Experimental Social Psychology, 45*, 549-555.

Schlosser, A. E. (2011). Can including pros and cons increase the helpfulness and persuasiveness of online reviews? The interactive effects of ratings and arguments. *Journal of Consumer Psychology, 21*, 226-239.

Sedikides, C., Gaertner, L., & Toguchi, Y. (2003). Pancultural self-enhancement. *Journal of Personality and Social Psychology, 84* (1), 60-79.

Shen, H., & Sengupta, J. (2018). Word of Mouth vs. Word of Mouse: How Speaking vs. Writing about a Brand Affects the Communicator. *Journal of Consumer Research, 45* (3), 595-614

Sherif, M. (1936). *The psychology of social norms*. New York: Harper.

Short, J., William, E., & Christie, B. (1976). *The social psychology of telecommunications*. John Wiley & Sons.

澁谷　覚（2013）．類似性の構造と判断―他者との比較が消費者行動を変える―　有斐閣

Sirgy, M. J. (1982). Self-concept in consumer behavior: A critical review. *Journal of Consumer Research, 9*(3), 287-300.

Snyder, M. (1974). The Self-monitoring of expressive behavior. *Journal of Personality and Social Psychology, 30* (4), 526-37.

Spears, R., Lea, M., & Postmes, T. (2001). Social psychological theories of computer-mediated communication: Social pain or social gain. In P. Robinson & H. Giles (Eds.), *The new handbook of language and social psychology* (2nd.). Chichester, England: Wiley.

StatCounter (2018a). Mobile Operating System Market Share Japan
http://gs.statcounter.com/os-market-share/mobile/japan（2018 年 8 月 22 日閲覧）

StatCounter (2018b). Mobile Operating System Market Share Worldwide
http://gs.statcounter.com/os-market-share/mobile/worldwide （2018 年 8 月 22 日閲覧）

杉谷陽子（2011）．消費者の態度における感情と認知―『強い』ブランドの態度構造の検討― 消費者行動研究．17, 143-168.

杉谷陽子（2016）．悪い口コミに負けないブランドをどう作るか？―消費者の感情および商品の使用経験の役割について― 消費者行動研究．22, 1-26.

Sugitani, Y. (2018). The effect of self- and public-based evaluations on brand purchasing: The interplay of independent and interdependent self-construal. *Journal of International Consumer Marketing, 30* (4), 235-243.

Sundaram, D. S., & Webster, C. (1999). The role of brand familiarity on the impact of Word-of-Mouth communication on brand evaluations. *Advances in Consumer Research, 26,* 664-670.

Tajfel, H., & Turner, J. C. (1986). *The social identity theory of intergroup behavior.* Chicago, IL: Nelson-Hall.

Tian, K. T., Bearden, W. O., & Hunter, G. L. (2001). Consumers' need for uniqueness: Scale development and validation. *Journal of Consumer Research, 28* (1), 50-66.

Townsend, C., & Sood, S. (2012). Self-Affirmation through the choice of highly aesthetic products. *Journal of Consumer Research, 39,* 415-428.

Turner, J. C. (1985). *Social categorization and the self-concept: A social cognitive theory of group behavior.* Greenwich, CT: JAI Press.

Turner, J.C., Hogg, M., Oakes, P., Reicher, S., & Wetherell, M. (1987). *Rediscovering the social group: A self-categorization theory.* Cambridge, MA: Basil Blackwell.

Van den Bulte, C., & Wuyts, S. (2009). Looking forward, looking back: Anticipation is more evocative than retrospection. *Journal of Experimental Psychology: General, 136* (2), 289-300.

Veblen, T. (1899). *The theory of the leisure.* Houghton Mifflin Harcourt Publishing. 村井章子（訳）（1973）．有閑階級の理論　筑摩書房

Walther, J. B. (1996). Computer nediated communication: Impersonal, interpersonal and hyperpersonal Interaction. *Human Communication Research, 23,* 3-43.

Walther, J. B., Anderson, J. F., & Park, D. W. (1994). Interpersonal effects of computer-mediated communication: A meta-analysis of social and antisocial communication. *Communication Research, 21,* 460-487.

White, K., & Argo, J. J. (2009). Social identity threat and consumer preferences. *Journal of Consumer Psychology, 19* (3), 313-325.

White, K., & Argo, J. J. (2011). When imitation doesn't flatter: The role of consumer distinctiveness in responses to mimicry. *Journal of Consumer Research, 38* (3), 667-680.

White, K., & Dahl, D.W. (2006). To be or not be? The influence of dissociative reference groups on consumer preferences. *Journal of Consumer Psychology, 16* (4), 404-414.

White, K., & Dahl, D. W. (2007). Are all out-groups created equal? Consumer identity and dissociative influence. *Journal of Consumer Research, 34* (4), 525-536.

White, K. Simpson, B., & Argo, J. J. (2014). The motivating role of dissociative out-groups in encouraging positive consumer behaviors. *Journal of Marketing Research, 51* (4), 433-447

Wilson A. E., Giebelhause, M. D., & Brady, M. K. (2017). Negative word-of-mouth can be a positive for consumers connected to the brand. *Journal of the Academy of Marketing Science, 45*, 534-547.

Yamaguchi, S. (1994). Collectivism among the Japanese: A perspective from the self. In U. Kim, H. C. Triandis, Ç. Kâğitçibaşi, S.-C. Choi & G. Yoon (Eds.), *Cross-cultural research and methodology series, Vol. 18. Individualism and collectivism: Theory, method, and applications.* Thousand Oaks, CA, US: Sage Publications. pp.175-188.

■ 第8章

Bolfing, C. P. (1989). How do customers express dissatisfaction and what can service marketers do about it? *Journal of Services Marketing, 3*, 5-23.

Boush, D. M., Friestad, M., & Wright, P. (2009). *Deception in the marketplace: The psychology of deceptive persuasion and consumer self-protection.* New York, NY: Routledge, Taylor and Francis Group, LLC. 安藤清志・今井芳昭（監訳）（2011）．市場における欺瞞的説得―消費者保護の心理学―　誠信書房

Cialdini, R. B. (2009). *Influence: Science and practice* (5th ed.). Boston: Allyn and Bacon, Inc. 社会行動研究会（訳）（2014）．影響力の武器―なぜ，人は動かされるのか―　第3版　誠信書房

DePaulo, B. M., Lindsay, J. J., Malone, B. E., Muhlenbruck, L., Charlton, K., & Cooper, H. (2003). Cues to deception. *Psychological Bulletin, 129*, 74-118.

Hirschman, A. O. (1970). *Exit, voice, and loyalty: Responses to decline in firms, organizations, and states.* Harvard University Press. 三浦隆之（訳）（1975）．組織社会の論理構造―退出・告発・ロイヤルティ―　ミネルヴァ書房

細川幸一（2016）．経済社会の発展と消費者問題の発生　神山久美・中村年春・細川幸一（編）　新しい消費者教育―これからの消費生活を考える―　慶應義塾大学出版会　pp.12-18.

池内裕美（2006）．社会の中の落とし穴―苦情・クレーム行動と悪質商法―　金政祐司・石盛真徳（編）　わたしから社会へ広がる心理学　北樹出版　pp.174-199.

池内裕美（2010）．苦情行動の心理的メカニズム，社会心理学研究，25, 188-198.

池内裕美（2013）．苦情行動者の心理―消費者がモンスターと化す瞬間―　繊維製品消費科学，54, 21-27.

池内裕美（2018）．言わずにはいられない？―欺瞞的説得と苦情行動―　山田一成・池内裕美（編）　消費者心理学　勁草書房　pp.163-177.

経済企画庁（1956）．昭和31年度経済白書―日本経済の自立と近代化―　至誠堂

黒岩健一郎（2004）．苦情行動研究の現状と課題　武蔵大学論集，52, 1-16.

Landon, E. L. Jr. (1977). A model of consumer complaint behavior. In R. L. Day, (Ed.), *Consumer satisfaction, dissatisfaction and complaining behavior proceedings.* Bloomington: Indiana University. pp.31-35.

Leventhal, H. (1970) Findings and theory in the study of fear communications. In L. Berkowitz (Ed.), *Advances in experimental social psychology, vol. 5.* New York: Academic Press, pp.119-186.

Liefeld, J. P., Edgecombe, F. H. C., & Wolfe, L. (1975). Demographic characteristics of Canadian consumer complainers. *Journal of Consumer Affairs, 9*, 73-80.

Mason, J. B., & Himes, S. H. Jr. (1973). An explanatory behavioral and socio-economic profile of consumer

action about dissatisfaction with selected household appliances. *Journal of Consumer Affairs, 7*, 121-127.
松葉口玲子（2016）．消費者教育の歴史と体型　神山久美・中村年春・細川幸一（編）　新しい消費者教育―これからの消費生活を考える―　慶應義塾大学出版会　pp.6-10.
森山　満（2002）．企業のためのクレーム処理と悪質クレーマーへの対応　商事法務
中森三和子・竹内清之（1999）．クレーム対応の実際　日本経済新聞社
中島貴子（2005）．森永ヒ素ミルク中毒事件 50 年目の課題　社会技術研究論文集, 3, 90-101.
西村隆男（2016）．消費者教育とは―理念と目的―　神山久美・中村年春・細川幸一（編）　新しい消費者教育―これからの消費生活を考える―　慶應義塾大学出版会　pp.2-5.
農林水産政策研究所（2015）．食料品アクセス困難人口の推計　農林水産省
　　http://www.maff.go.jp/primaff/seika/fsc/faccess/table01.html（2019 年 6 月 15 日閲覧）
Oliver, R. L. (1980). A cognitive model of the antecedents and consequences of satisfaction decisions. *Journal of Marketing Research, 17*, 460-469.
Robinson, L. M. (1979). Consumer complaint behavior: A review with implications for further research. In R. L. Day & H. K. Hunt (Eds.), *New dimensions of consumer satisfaction/dissatisfaction and complaint behavior*. Bloomington: Indiana University. pp.41-50.
Stauss, B., & Seidel, W. (2004). *Complaint management: The heart of CRM*. Ohio: Thomson South-Western.　近藤隆雄（監訳）（2008）．苦情マネジメント大全―苦情の受理から分析・活用までの体系―　生産性出版
消費者庁（2015）．入門！消費者問題の歴史　消費者庁
　　http://www.caa.go.jp/policies/policy/consumer_education/public_awareness/teaching_material/history/（2019 年 6 月 15 日閲覧）
消費者庁（2018）．平成 30 年版消費者白書　消費者庁
UAゼンセン（2017）．悪質クレーム対策（迷惑行為）アンケート調査結果　UAゼンセン　全国繊維化学食品流通サービス一般労働組合同盟
Wilkie, W. L. (1994). *Consumer behavior* (3rd ed.). New York: John Wiley & Sons.

■ 第 9 章

相川真鈴・武藤杏里・Kajopoulos Jasmin・竹村和久・戸田晃太郎・永野光朗・北林弘行（2016）．スーパーマーケットにおける消費者の眼球運動の研究　第 12 回日本感性工学会春季大会抄録集, 23.
DeMartino, B., Kumaran, D., Seymour, B., & Dolan, R. J. (2006). Frames, biases, and rational decision-making in the human brain. *Science, 313*, 684-687.
Edwards, W. (1961). Behavior aldecision theory. *Annual Review of Psychology, 12*, 473-498.
Fugate, D. L. (2007). Neuro marketing: A Layman's look at neuroscience and its potential application to marketing practice, *Journal of Consumer Marketing, 24*, 385-394.
藤井　聡・竹村和久（2001）．リスク態度と注意―状況依存焦点モデルによるフレーミング効果の計量分析―　行動計量学, 54, 9-17.
Gonzalez, C., Dana, J., Koshino, H., & Just, M., (2005). The framing effect and risky decisions: Examining cognitive functions with fMRI. *Journal of Economic Psychology, 20*, 1-20.
Gonzalez, R., & Wu, G. (1999). On the shape of the probability weighting function. *Cognitive Psychology, 38*, 129-166.
Hubert, M., & Kenningy, P. (2008). A Currentover view of consumer neuroscience. *Journal of Consumer*

Behaviour, 7, 272-292.

Kahneman, D., & Tversky, A. (1979). Prospecttheory: Ananalysis of decision under risk. *Econometrica, 47,* 263-291.

Kajopoulos, J., Murakami, H., Kawasugi, K., Aikawa, M., & Takemura, K. (2017). Image processing methods forgaze pattern analysis in marketing research, Paper presented at IFCS-2017 Conference, Tokyo, Japan.

Knutson, B., Rick, S., Wimmer, G. E., Prelec, D., & Loewenstein, G.（2007）. Neural predictors of purchases. *Neuron, 53,* 147-156.

Krajbich, I., Armel, C., & Rangel, A. (2010).Visual fixations and the computation and comparison of value in simple choice. *Nature Neuroscience, 13,* 1292-1298.

Krajbich, I., & Rangel, A. (2011). Multi alternative drift-diffusion model predicts there lationship between visual fixations and choice in value-based decisions. *Proceedings of the National Academy of Sciences of the United States of America (PNAS), 108,* 13852-13857.

Lee, N., Broderick, A. J., & Chamberlain, L. (2007).What is 'neuromarketing'?: A Discussion and agenda for future research. *International Journal of Psychophysiology, 63,* 199-204.

Levy, I., Snell, J., Nelson, A. J., Rustichini, A., &, Glimcher, P. W. (2010). Neural representation of subjective value under risk and ambiguity. *Journal of Neurophysiology, 103,* 1036-1047.

Lowenstein, G., Rick, S., & Cohen, J. (2008). Neuroeconomics. *Annual Review of Psychology, 59,* 647-673.

Martin, E. (1974). Saccadic suppression: A review and ananalysis. *Psychological Bulletin, 81,* 899-917.

McClure, S. M., Li, J., Tomlin, D., Cypert, K. S., Montague, L. M., & Montague, P. M（2004）. Neural correlates of behavioral preference for culturally familiar drinks. *Neuron, 44,* 379-387.

森井真広・坂上貴之（2018）. 眼球運動測定装置を用いた意思決定過程分析　竹村和久（編）　西條辰義（監修）　フロンティア実験社会科学シリーズ―選好形成と意思決定―　勁草書房　pp.123-154.

西部　邁（1975）. ソシオ・エコノミックス―集団の経済行動―　中央公論社

大久保重孝・井出野尚・竹村和久（2010）. 乳幼児の笑顔画像呈示による感情誘導手法の提案―商品選択実験を用いた適用例―　日本感性工学会研究論文集, 9, 485-491.

大久保重孝・竹村和久（2011）. シリーズ消費者行動とマーケティング2　眼球運動測定と消費者行動　繊維製品消費科学, 52, 744-750.

大野健彦（2004）. 視線から何がわかるか―視線測定に基づく高次認知処理の解明―　認知科学　日本認知科学会学会誌, 9, 565-576.

Pachur, T., Hertwig, R., & Wolkewitz, R. (2014). The affect gap in risky choice: Affect-rich outcomes attenuate attention to probability information. *Decision, 1,* 64-78.

Plassmann, H., O'Doherty, J., Shiv, B., & Rangel, A. (2008). Marketing actions can modulate neural representations of experienced pleasantness. *Proceedings of the National Academy of Sciences (PNAS), 105,* 1050-1054.

Prelec, D. (1998). The probability weighting function 6. *Econometrica, 6,* 497-527.

Reisen, N., Hoffrage, U., & Mast, F. W. (2008). Identifying decision strategies in aconsumer choice situation. *Judgment and Decision Making, 3,* 641-658.

Rottenstreich, Y., & Hsee, C. K. (2001). Money, kisses, and electric shocks: On the affective psychology of risk. *Psychological Science, 12,* 185-190.

Russo, J. E., & Leclerc, F. (1994). An eye fixation analysis of choice processes for consumer nondurables. *Journal of Consumer Research,* 21, 274-290.

Russo, J. E., & Rosen, L. D. (1975). An eye fixation analysis of multi alternative choice. *Memory &*

Cognition, 3 (3), 267-276.
Sanfey, A. G. (2007). Decision neuroscience: New directions instudies of judgment and decision making. *Current Directions in Psychological Science, 16*, 151-155.
Sanfey, A. G., & Stallen, M. (2015). Neuroscience contribution to judgement and decision making: Opportunities and limitations. In G. Keren & G.Wu, (Eds.), *The Wiley Blackwell handbook of judgement and decision making*. Chichester, UK: John Wiley and Sons. pp.268-294.
佐藤弥・魚野翔太・鈴木直人（2010）．情動　村上郁也（編）イラストレクチャー認知神経科学　オーム社　pp.197-214.
Shaikh, A. G., & Zee, D. S. (2018). Eye movement research in the twenty-first century: A Window to the brain, mind and more. *The Cerebellum, 17* (3), 252-258.
Suter, R. S., Pachur, T., Hertwig, R., Endestad, T., & Biele, G. (2015). The neural basis of risky choice with affective outcomes, PLoSONE, 10 (4).　doi.org/10.1371/journal.pone.0122475.
多賀巌太郎（2010）．発達・社会性　村上郁也（編）イラストレクチャー認知神経科学　オーム社　pp.215-132.
高橋英彦（2013）．社会神経科学と精神医学　精神神経学雑誌，115（10），1027-1041.
Takahashi, H., Matsui, H., Camerer, C., Takano, H., Kodaka, F., Ideno, T., Okubo, O., Takemura, K., Arakawa, R., Eguchi, Y., Murai, T., Okubo, Y., Kato, M., Ito, H., & Suhara. (2010). Dopamine D1 receptors and nonlinear probability weighting in risky choice. *Journal of Neuroscience, 30*, 16567-16572.
高見典和（2017）．行動経済学の由来連載経済学史第 10 回　経済セミナー 10 月・11 月号　日本評論社　pp.95-101.
竹村和久（1994）．フレーミング効果の理論的説明―リスク下での意思決定の状況依存的焦点モデル―　心理学評論，37(3)，270-291.
竹村和久（2009a）．意思決定と神経経済学　臨床精神医学，38，35-42.
竹村和久（2009b）．ニューロマーケティングの可能性　流通情報，41（4），pp.37-45.
Takemura, K. (2014). *Behavior aldecision theory: Psychological and mathematical representations of human choice behavior.* New York: Springer.
竹村和久（2015）．経済心理学―行動経済学の心理的基礎―　培風館
竹村和久（2016a）．ニューロマーケティングと意思決定研究　オペレーションズ・リサーチ，61（7），429-434．マーケティングジャーナル（*Japan Marketing Journal*），35（4），6-26.
竹村和久（2016b）．感情と経済行動の意思決定―プロスペクト理論と神経経済学からの展望―　マーケティングジャーナル（日本マーケティング学会学会誌），35（4），6-26.
竹村和久・相川真鈴・柏　万菜・村上　始（2018a）．商品選択における視線測定と注視パターンの解析　日本感性工学会感性商品研究部会第 63 回研究会発表論文集（CD-ROM）
竹村和久・藤井　聡（2015）．意思決定の処方（シリーズ・行動計量の科学 6）朝倉書店
竹村和久・井出野尚・大久保重高・小高文總・高橋英彦（2009a）．消費者の選好に関する神経経済学的研究：認知反応と脳画像解析　日本消費者行動研究学会第 39 回消費者行動研究コンファレンス要旨集
竹村和久・井出野　尚・大久保重孝・松井博史（2009b）．神経経済学と前頭葉　分子精神医学，8，35-40.
竹村和久・村上　始（2016）．意思決定における確率荷重関数と時間割引の関係について　日本知能情報ファジィ学会第 21 回あいまいな気持ちに挑むワークショップ講演論文集（大分市コンパルホール）（CD-ROM）

Takemura, K., & Murakami, H. (2016). Probability weightingf unctions derived from hyper bolictime discounting: Psychophysical model sand their individual level testing. *Frontiers in Psychology, 7*. doi:10.3389/fpsyg.2016.00778

Takemura, K., & Murakami, H. (2018). A testing method of probability weighting functions from anaxiomatic perspective. *Frontierin Applied Mathematics and Statistics, 11*. doi.org/10.3389/fams.2018.00048.

竹村和久・村上 始・大久保重孝（2018b）．5章5節 眼球運動測定を用いた消費者の商品選択分析 技術情報協会（編）ヒトの感性に訴える製品開発とその評価 技術情報協会 pp.273-281.

竹村和久・村上 始（2019）．心理学と行動経済学―古典的心理学と確率荷重関数の関係を中心に― 行動経済学，12，37-50.

Tversky, A., & Kahneman, D. (1992). Advances in prospect theory: Cumulative representation of uncertainty, *Journal of Risk and Uncertainty, 5*, 297-323.

Van Raaij, W. (1977). Consumer information processing for different information structures and formats. *Advances in Consumer Research, 4*, 176-184.

■第10章

Bolton, R. N. (2011). Comment: Customer engagement: Opportunities and challenges for organizations. *Journal of Service Research, 14* (3), 272-274.

Bolton, R. N. (2016). *Service excellence: Creating customer experiences that build relationships*. New York: Business Expert Press.

Bowden, J. L. H. (2009). The process of customer engagement: A conceptual framework. *Journal of Marketing Theory and Practice, 17* (1), 63-74.

Calder, B. J., & Malthouse, E. C.（2007）．メディア・エンゲージメントと統合マーケティング 日本経済新聞社 日経広告手帖 4月号 pp.4-7.

Christopher, M., Payne, A., & Ballantyne, D. (1991). *Relationship marketing: Bringing quality, customer service and marketing together*. Oxford: Butterworth-Heinemann.

Griffin, J. (1995). *Customer loyalty: How to earn it, how to keep it*. New York: Lexington Books.

Hollebeek, L. (2011). Exploring customer brand engagement: Definition and themes. *Journal of Strategic Marketing, 19* (7), 555-573.

Hollebeek, L. D., Conduit, J., Sweeney, J., Soutar, G., Karpen, I. O., Jarvis, W., & Chen, T. (2016). Epilogue to the special issue and reflections on the future of engagement research. *Journal of Marketing Management, 32* (5-6), 586-594.

金 顕哲（1998）．関係性の実践メカニズム 株式会社ハウスオブローゼ 嶋口充輝・竹内弘高・片平秀貴・石井淳蔵（編） マーケティング革新の時代〈1〉顧客創造 有斐閣 pp.259-283.

Kumar, V., Aksoy, L., Donkers, B., Venkatesan, R., Wiesel, T., & Tillmanns, S. (2010). Undervalued or overvalued customers: Capturing total customer engagement value. *Journal of Service Research, 13* (3). 297-310.

Lemon, K. N., & Verhoef, P. C. (2016). Understanding customer experience throughout the customer journey, *Journal of Marketing, 80*, November, 69-96.

日経広告研究所（2008）．"Engagement"を考える 日経広告研究所報，237，2-19.

Oliver, R. L. (1999). Whence consumer loyalty? *Journal of Marketing, 63*, 33-44.

Reichheld, F. (2006). *The ultimate question: Driving good profits and true growth*. Boston: Harvard

Business School Press. 堀新太郎（監訳）　鈴木泰雄（訳）（2006）．顧客ロイヤルティを知る「究極の質問」　ランダムハウス講談社

嶋口充輝（1997）．柔らかいマーケティングの論理―日本型成長方式からの出発―　ダイヤモンド社

van Doorn, J., Lemon, K. N., Mittal, V., Nass, S., Pick, D., Pirner, P., & P. C. Verhoef, (2010). Customer engagement behavior: Theoretical foundations and research directions. *Journal of Service Research, 13* (3), 253-266.

Vivek, S. D., Beatty, S. E., & Morgan, R. M. (2012). Customer engagement: Exploring customer relationships beyond purchase. *Journal of Marketing Theory and Practice, 20* (2), 127-145.

Wang, A. (2006). Advertising engagement: A driver of message involvement on message effects. *Journal of Advertising Research, 46* (4), 355-368.

索　引

人　名

▶あ行

アーカー（Aaker, J. L.）　80, 118
アイエンガー（Iyengar, S. S.）　37, 105
アイゼン（Ajzen, I.）　36
青木幸弘　152
飽戸　弘　151
アレ（Allais, M.）　151
阿部周造　152
アンダーウッド（Underwood, R. L.）　90
アンダーソン（Anderson, E. T.）　97
アンプエロ（Ampuero, O.）　93
印東太郎　151
ヴィラ（Vila, N.）　93
上田隆穂　152
ヴェブレン（Veblen, T.）　117
エドワーズ（Edwards, W.）　150
江原　淳　152
エバンス（Evans, J. St. B. T.）　38
エルデシュ（Erdös, P.）　26
オリバー（Oliver, R. L.）　144, 187
オルソン（Olson, J.）　14
恩蔵直人　152

▶か行

カーナウ（Curnow, R.）　101
カーネマン（Kahneman, D.）　149
カーン（Kahn, B. E.）　91
カサージアン（Kassarjian, H. H.）　73
カシオッポ（Cacioppo, J. T.）　51, 54

カジョポウロス（Kajopoulos, J.）　170
カトーナ（Katona, G.）　152
岸　志津江　152
キャメラー（Camerer, C.）　154
クウォン（Kwon, Y. S.）　47
クームズ（Coombs, C. H.）　151
クマー（Kumar, V.）　188
グリーンリーフ（Greenleaf, E. A.）　92
クリシュナ（Krishna, A.）　92
クリストファー（Christopher, M.）　178
クローニン（Cronin, J. J.）　46
クロニンジャー（Cloninger, C. R.）　76
ケヴィン・ベーコン（Bacon, K.）　26
ゴールデンバーグ（Goldenberg, J.）　28
ゴールドバーグ（Goldberg, L. R.）　73
小嶋外弘　151
ゴンザレス（Gonzalez, C.）　158

▶さ行

サイモン（Simon, H. A.）　39
サヴェッジ（Savage, L. J.）　151
佐々木土師二　151
ザッカーマン（Zuckerman, M.）　75
サンフィー（Sanfey, A. G.）　153, 172
シー（Hsee, C. K.）　160
シェス（Sheth, J. N.）　32
シミスター（Simester, D. I.）　97
シュバ（Chebat, J. C.）　100
シュワルツ（Schwartz, B.）　76
ジョンソン（Johnson, J. E.）　151
スーター（Suter, R. S.）　160

215

スキナー（Skinner, B. F.） 150
杉本徹雄 152
スコット（Scott, W. D.） 1
スターン（Sterne, J.） 29
ストーレン（Stallen, M.） 153, 172
ストロガッツ（Strogatz, S. H.） 27
スナイダー（Snyder, C. R.） 79
スナイダー（Snyder, M.） 77
スパンゲンバーグ（Spangenberg, E. R.） 100
スミス（Smith, P. C.） 101
スロール（Thrall, R. M.） 151
セーラー（Thaler, R.） 149
ソーヤー（Sawyer, A. G.） 90
ソーンダイク（Thorndike, E.） 150

▶た 行

高橋郁夫 152
田中 洋 152
ダマジオ（Damasio, A.） 155
ダンカン（Duncan, J. W.） 28
チャルディーニ（Cialdini, R. B.） 61, 137
土田昭司 152
ディクソン（Dickson, P. R.） 90
テイラー（Taylor, S. A.） 46
デパウロ（DePaulo, B. M.） 141
デン（Deng, X.） 91
トヴェルスキー（Tversky, A.） 149
ドレーズ（Drèze, X.） 94, 95
ドワイアー（Dwyer, S.） 96

▶な 行

中西正雄 152
ナットソン（Knutson, B.） 163
仁科貞文 151
ニスベット（Nisbett, R. E.） 95

▶は 行

ハーシュ（Hursh, S. R.） 150
ハーシュマン（Hirschaman, E. C.） 19
ハイト（Hite, R. E.） 101
ハイムス（Himes, S. H. Jr.） 145
馬場房子 151
バビン（Babin, B. J.） 101
パブロフ（Pavlov, I. P.） 150
林 知己夫 151
林 英夫 151
ハワード（Howard, J. A.） 32
ピーター（Peter, J. P.） 14
ピーター（Peter, S. D.） 28
ファン・ドールン（van Doorn, J.） 180
ファン・ライ（VanRaaij, W.） 170
フィッシュバイン（Fishbein, M.） 35
フェアリイ（Farley, J. U） 21
フェール（Fehr, E.） 154
ブッシュ（Boush, D. M.） 139, 141
プラスマン（Plassmann, H.） 157
ブリュワー（Brewer, C.） 91
フレデリック（Frederick, S.） 38
フロムキン（Fromkin, H. L.） 79
ベットマン（Bettman, J. R.） 151
ペティ（Petty, R. E.） 51, 54
ベリッツィ（Bellizzi, J. A.） 101
ベルク（Belk, R. W.） 19
ホイヤー（Hoyer, W. D.） 89
ホルブルック（Holbrook, M. B.） 19

▶ま 行

マグワイア（McGuire, W. J.） 55
マズロー（Maslow, A.） 83
ミリマン（Milliman, R. E.） 100
メイソン（Mason, J. B.） 145
守口 剛 152
モンタギニ（Montague, P. M.） 154

索 引

▶や行

山本昭二　152
ユング（Jung, I. C.）　47
吉田正昭　151

▶ら行

ライクヘルド（Reichheld, F.）　178
ライセン（Reisen, N.）　171
ラグビール（Raghubir, P.）　92
ラジュ（Raju, P. S.）　74
ランゲル（Rangel, A.）　172
リング（Ring, L. W.）　21
ルッソ（Russo, J. E.）　168
レヴィ（Levy, I.）　164
レヴィン（Lewin, K.）　68
レッパー（Lepper, M. R.）　37, 105
レティ（Rettie, R.）　91
レビー（Levy, M.）　28
ローゼン（Rosen, L. D.）　168
ローゼンベルグ（Rosenberg, M. J.）　35
ロッテンストライク（Rottenstreich, Y.）　160

▶わ行

ワッツ（Watts, D. J.）　27
ワン（Wang, A.）　190

事　項

▶あ行

アイトラッキング　47
悪質商法　130, 136
意思決定方略　39
一貫性　61
一貫性の原理　65
一体感の原理　65
インターネット　14
AI（人工知能）　vii
エスノグラフィー　20
オムニチャネル　25

▶か行

解釈主義的アプローチ　15
快楽消費（hedonic consumption）　19
学習理論（S-O-R 理論）　1
カスタマー・エクイティ（customer equity；顧客資産）　177
価値観　69
価値表出（value-expressiveness）　121
眼球運動測定　165
関係性マーケティング　175
関連購買　87
記述的規範（descriptive norm）　120
希少性　61
期待不一致モデル（expectation disconfirmation theory）　144
欺瞞的説得　136
恐怖喚起コミュニケーション　138
苦情　142
苦情行動　143
クチコミ　32, 108
クラスター係数　27
クレーム　142
計画購買　87
権威　61
限定的問題解決　33

好意　61
後悔最小化（regret minimization）　43
広告　55, 67
行動意思決定論　150
行動経済学研究　12
購買意思決定過程　31
広範的問題解決　33
効用最大化　39
顧客エンゲージメント　175
顧客関係性管理　177
顧客資産　177
顧客満足（CS：Customer Satisfaction）　11
顧客ロイヤルティ　182
個人差　68
個人差要因　67
個人特性　9
コミュニケーション　10

▶さ行

サービス　45
最適刺激水準（OSL：Optimal Stimulation Level）　74
催眠商法（SF 商法）　129
ザッツ・ノット・オール・テクニック（that's-not-all technique）　64
サティスファイサー（satisficer）　76
刺激希求傾向（sensation seeking tendency）　75
自己高揚（self-enhancement）　117
自己高揚の欲求　117
市場細分化　9, 69
質問紙調査　17
社会規範（social norm）　119
社会的アイデンティティ　122
社会的影響　107
社会的証明　61
社会的動物（social animal）　107
周辺的ルート　51
準拠集団（reference group）　119

状況要因　87
条件購買　87
衝動購買　87
消費者契約法　131
消費者行動　v
消費者政策　127
消費者保護　125
消費者ニーズ　11
消費者問題　125
消費の外部性　114
商品パッケージ　67
情報の非対称性　126
情報モニタリング法　167
所属欲求　116
シンギュラリティ（技術的特異点）　vii
神経経済学（neuroeconomics）　149
人口動態変数（デモグラフィック変数）　70
身体化認知　59
信憑性　50
心理的変数（サイコグラフィック変数）　71
心理的リアクタンス理論　56
スキャンパネルデータ　21
スノッブ効果　114
製造物責任法（PL法）　131
精緻化見込みモデル　51
セール表示　98
セグメント　69
説得　49
説得コミュニケーション　49
セルフ・モニタリング（self-monitoring）　77
選択のオーバーロード現象　104
想起購買　87
ソーシャル・マーケティング
　　（social marketing）　11

▶た行

対人的影響　108
態度　69
対面クチコミ　110

妥協効果　103
多重制約充足　40
中心的ルート　51
地理的変数（ジオグラフィック変数）　70
陳列　94
店頭マーケティング　90
店舗内購買行動　87
ドア・イン・ザ・フェイス・テクニック
　　（door-in-the-face technique）　64
動機づけ　74
独自性欲求　79

▶な行

ニーズ　46
二重過程理論（dual processing theory）　37
二重態度　57
ニューロマーケティング（neuromarketing；神
　　経マーケティング）　149
認知的過負荷　105
ネズミ講　129
ネットワーク分析　25

▶は行

パーソナリティ特性　68
端数価格　97
パッケージ　92, 93
ハロー効果　62
ハワード・シェスモデル（Howard and Sheth
　　model）　32
バンドワゴン効果　114
非計画購買　87
ビッグ・ファイブ（The Big Five）　73
ヒューリスティック　53
ヒューリスティック・システマティック・モデ
　　ル　54
フット・イン・ザ・ドア・テクニック（foot-in-
　　the-door technique）　64
ブランド　32, 80

219

ブランド選択　103, 121
ブランド・パーソナリティ
　　（brand personality）　80
フレーミング　156
プロスペクト理論（prospect theory）　41
プロトコル法　21
文脈効果　103
返報性　61
POP広告　97

▶ま行
マーケット・セグメンテーション　69
マーケティング　3
マキシマイザー（maximizer）　76
マルチ商法　129
満足化　39
魅力効果　103
無限連鎖講（ネズミ講）　129
命令的規範（injunctive norm）　120
メタ認知　60

▶や行
要請技法　61
C理論　6
4P　5

▶ら行
ライフスタイル　68
リスク　42
リスク・コミュニケーション
　　（risk communication）　42
リレーションシップ・マーケティング
　　（relationship marketing）　175
ルーチン的問題解決　33
レイアウト　94
連鎖販売取引（マルチ商法）　129
ロー・ボール・テクニック

（low-ball technique）　65

▶欧文
AIDMA　191
AIOアプローチ　82
AISAS　191
CDPモデル（the Consumer Decision Process
　　Model）　33
CRM（Customer Relationship Management）
　　177
EBMモデル（Engel, Blackwell, and Miniard
　　Model）　1, 33
EKBモデル（Engel, Kollat, and Blackwell Model）
　　33
eクチコミ　109, 110
fMRI（functional Magnetic Resonance
　　Imaging；機能的磁気共鳴画像法）　153
ID-POSデータ　22
LTV（Life Time Value；顧客生涯価値）　177
Place（流通）　5
POSシステム　22
Price（価格）　5
Product（製品）　5
Promotion（プロモーション）　5
SF商法　129
SNS（Social Networking Service）　14
VALS（Values and Lifestyles）　83

執筆者一覧

＊は編者

金井篤子（名古屋大学大学院教育発達科学研究科）
　　　　　　　　………刊行の言葉
永野光朗＊（京都橘大学健康科学部）
　　　　　　　　………はじめに
杉本徹雄（上智大学経済学部）
　　　　　　　　………第5巻の発刊に寄せて
花尾由香里（東京富士大学経営学部）
　　　　　　　　………第1章
新井範子（上智大学経済学部）
　　　　　　　　………第2章
上市秀雄（筑波大学システム情報系）
　　　　　　　　………第3章
田中知恵（明治学院大学心理学部）
　　　　　　　　………第4章
鎌田晶子（文教大学人間科学部）
　　　　　　　　………第5章
前田洋光（京都橘大学健康科学部）
　　　　　　　　………第6章
杉谷陽子（上智大学経済学部）
　　　　　　　　………第7章
池内裕美（関西大学社会学部）
　　　　　　　　………第8章
竹村和久（早稲田大学文学学術院）
　　　　　　　　………第9章
西原彰宏（亜細亜大学経営学部）
　　　　　　　　………第10章

編者紹介

永野　光朗（ながの・みつろう）

1958 年：大阪府に生まれる
1987 年：同志社大学大学院文学研究科心理学専攻博士課程単位取得退学
現　在：京都橘大学健康科学部心理学科教授

〈主著・論文〉
　よくわかる産業・組織心理学（共著）ミネルヴァ書房　2007 年
　産業・組織心理学への招待（共著）　有斐閣　2009 年
　新・消費者理解のための心理学（共著）　福村出版　2012 年
　産業・組織心理学（シリーズ心理学と仕事 11）（共著）　北大路書房　2017 年
　心理学概論―こころの理解を社会へつなげる―（共編著）　ナカニシヤ出版　2018 年
　経営・ビジネス心理学（共著）　ナカニシヤ出版　2018 年

――― 産業・組織心理学講座　第 5 巻 ―――

消費者行動の心理学
消費者と企業のよりよい関係性

2019 年 9 月 10 日　初版第 1 刷印刷	定価はカバーに表示
2019 年 9 月 20 日　初版第 1 刷発行	してあります。

　　　　企画者　　産業・組織心理学会
　　　　編　者　　永 野 光 朗
　　　　発行所　　㈱北 大 路 書 房
　　　　　　　　　〒 603-8303　京都市北区紫野十二坊町 12-8
　　　　　　　　　電　話　(075) 431-0361 代
　　　　　　　　　Ｆ Ａ Ｘ　(075) 431-9393
　　　　　　　　　振　替　01050-4-2083

編集・製作　本づくり工房　T.M.H.
装　　幀　　野田和浩
印刷・製本　亜細亜印刷（株）

ISBN 978-4-7628-3082-2　C3311　Printed in Japan© 2019
検印省略　落丁・乱丁本はお取替えいたします。

・ JCOPY 〈㈳出版者著作権管理機構 委託出版物〉
本書の無断複写は著作権法上での例外を除き禁じられています。
複写される場合は，そのつど事前に，㈳出版者著作権管理機構
（電話 03-5244-5088,FAX 03-5244-5089,e-mail: info@jcopy.or.jp）
の許諾を得てください。

産業・組織心理学会設立35周年記念出版
産業・組織心理学講座［全5巻］

- ■ 企　画………産業・組織心理学会
- ■ 編集委員長……金井篤子
- ■ 編集委員………細田　聡・岡田昌毅・申　紅仙・小野公一・角山　剛・芳賀　繁・永野光朗

第1巻は，すべての心理職が習得すべき産業・組織心理学の知見をコンパクトに解説した標準テキスト。第2巻から第5巻は，それぞれ「人事部門」「組織行動部門」「作業部門」「消費者行動部門」の研究分野をより深く専門的に扱う。研究者と実務家の双方にとっての必携書。

―― 第1巻 ――
産業・組織心理学を学ぶ
心理職のためのエッセンシャルズ
金井篤子 編

―― 第2巻 ――
人を活かす心理学
仕事・職場の豊かな働き方を探る
小野公一 編

―― 第3巻 ――
組織行動の心理学
組織と人の相互作用を科学する
角山　剛 編

―― 第4巻 ――
よりよい仕事のための心理学
安全で効率的な作業と心身の健康
芳賀　繁 編

―― 第5巻 ――
消費者行動の心理学
消費者と企業のよりよい関係性
永野光朗 編

各巻A5判・約240頁〜280頁
本体価格：第1巻 2400円／第2巻〜第5巻 3100円